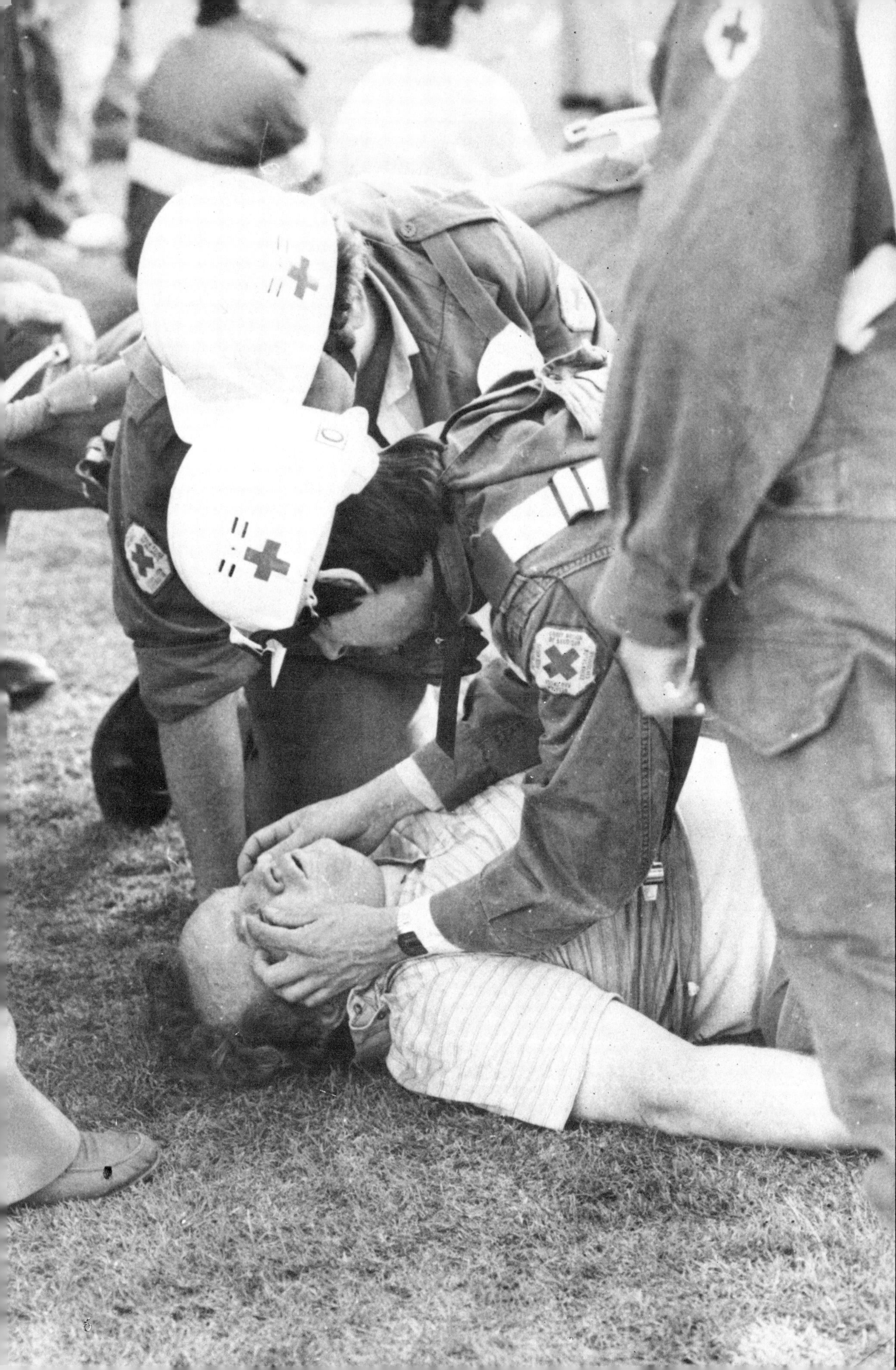

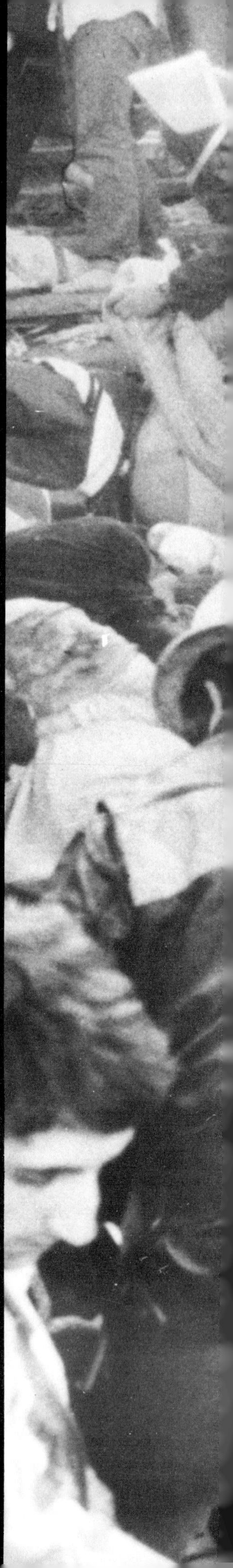

NON !

Aimer le football, c'est aimer le jeu, c'est aimer la vie. Camus déclarait ne se sentir innocent que sur une scène de théâtre et sur un terrain de football. « Quelque chose comme une purification, un retour à l'authentique. Rendre l'homme meilleur à travers le sport », c'est ce que nous souhaitions aussi et nos douze précédentes *Année du Football* tendaient vers cela : la dédramatisation de l'événement, la tendresse et l'humour. Nous étions, à notre manière, un peu innocent.

Le Heysel est arrivé et nous ne sommes plus tout à fait pareil. On nous a cassé notre jouet et cassé aussi, quelque part du côté du cœur, notre ferveur pour le jeu à travers le football-spectacle.

Soyons franc. Il y a déjà plusieurs années que nous sentions monter la nuit, portée par les vociférations imbéciles des stades et les excès en tous genres. Le football ne s'appartenait plus vraiment. Il devenait prétexte, défouloir, « écume d 'une société sans guerre ».

Dans ce livre que nous eussions préféré gai d'un bout à l'autre, nous avons laissé une image de mort. Une seule, ci-contre, terrible, odieuse, insupportable. Afin que ni vous ni nous n'oubliions jamais cette date maudite du 29 mai 1985.

Maintenant, nous allons tourner les pages pour tenter d'effacer notre peine. Et essayer de reconstruire notre château de sable annuel. Il arrive que les châteaux de sable laissent des traces, malgré tout.

CREDIT PHOTOGRAPHIQUES

NOIR & BLANC

Photos A.F.P. : pages 2-3, 8 (2).
Photos Presse-Sports : pages 4-5 (3), 6-7, 8, 30-31, 42-43, 47, 50-51, 54-55, 58-59, 60, 62-63, 64-65, 66-67 (2), 68-69, 70-71 (2), 74-75, 78-79, 86-87, 90-91, 106-107 (2), 134-135, 138-139, 140-141, 142, 144, 146, 148, 149, 152-153 (2), 154-155, 157, 162, 163, 167, 175, 178, 180-181 (2), 182-183, 184-185, 186-187, 188-189, 190-191 (2), 192, 194, 196, 198, 203, 206-207, 210, 211, 220.
Photos Olympia : pages 6-7, 8.
Photos Sven Simon : pages 10-11, 18-19 (2), 223, 225 (3), 227 (2), 228 (2).
Photos S.A.M./Bob Thomas : pages 14, 26-27, 108-109, 110-111, 118-119, 123, 214-215 (2), 226 ; *Hans Meus* : 26-27 ; *Colorsport* : 34-35, 86-87, 230-231 ; *Di Nicolo* : 64-65, 158, 170-171, 197, 199, 210 ; *Olympia* : 82-83 ; *Deschamps* : 224 ; *Stan Perec* : 229 ; *Platiau* : 229.
Photos Vandystadt/Dave Cannon : pages 15, 22-23, 224 ; *Trevor Jones* : 22-23.
Photos Richiardi : pages 38-39, 94-95, 126-127, 130-131, 221.
Photo Steve Hale : pages 102-103.
Photo Jean Zins : page 114.
Photo Lutz Bongarts : pages 218-219.
Photo Szwarc : page 222.

COULEUR

Photo Reuter : page 9.
Photo Olympia : page 16.
Photos Presse-Sports : pages 17, 56, 76-77, 97, 100-101, 132-133, 168-169, 176, 201, 204-205 (2).
Photos Richiardi : pages 12-13, 36-37, 124-125, 128-129 (2).
Photos Vandystadt/Dave Cannon : pages 20, 208-209 (2).
Photos S.A.M./Colorsport : pages 21 ; *Bob Thomas* : 80-81, 116-117, 120-121 (2), 2Z212-213, 216.
Photos Szwarc : pages 24-25 (2), 32-33, 36-37, 40-41, 44-45 (2), 48-49, 52-53, 116-117, 136, 151, 161, 164-165 (2), 172-173.
Photos Rusznievzski : pages 52, 73, 104,113.
Photos Steve Hale : pages 88, 100-101.

Photos de couverture :
Szwarc ; Vandystadt/Dave Cannon.

Texte et archives de S. Giraudeau, L. et D. Thibert, P. Urbini.

Maquette de
Jacques LEMAIRE

Composition par
COMPO RELAIS

Photogravure couleur par
LA PHOTOGRAVURE DE L'OUEST, Rennes

Tirage et reliure par
PRINTER, Barcelone

ISBN 2-7021-1411-3

N° d'éditeur : 11129
D.L.B. : 30335-1985

Dépôt légal : octobre 1985

Imprimé en Espagne

JACQUES THIBERT

l'année du football
1985

CALMANN-LÉVY

Du football et des hommes

Juventus et Liverpool, Everton et Real Madrid, Bordeaux, Vérone et Barcelone, ce sont quelques-unes des équipes reines de l'année. Elles possèdent en leur sein les meilleurs et les plus beaux des lauréats couronnés, cela va de soi, que vous allez retrouver tout au long du roman de la saison 1984-1985.
Mais une année de football, ce n'est pas seulement des lauréats. C'est tous ceux qui participent à la grande farandole et nous font vivre le moment privilégié d'un geste, d'un match réussi, d'une émotion que rien, parfois, ne vient gâcher. C'est une foule d'élans et de souvenirs, d'éclats et de vécu. C'est, avant tout, des hommes portés par une balle ronde qui nous touche et nous retient, tous ensemble, eux et nous.
Marchons donc sur l'avenue qui nous conduit au stade. A pied, comme autrefois. Discutons des matches à venir et des mérites comparés de nos champions. Admirons la pelouse drue, fraîchement rasée. Et, en même temps que nous vivons le football toujours recommencé, regardons encore ces hommes qui nous ont fait rêver. Cabrini, par exemple, le très impressionnant « terzino » de la Juventus qui, à vingt-sept ans, est l'un des trois seuls joueurs au monde (avec Scirea et Tardelli) à avoir gagné Coupe du Monde, C_1, C_2, C_3 et super-coupe européenne.
Des footballeurs et des hommes, pour l'éternité !

HAFNIA
EFC

Vieux chef et jeune chef

Elu meilleur footballeur anglais de l'année par ses pairs en crampons, Peter Reid est un grand chef ressuscité. L'équipe d'Everton, championne d'Angleterre, championne en C_2, finaliste de la Cup, respire à son souffle et à son rythme, vit de ses trouvailles et de ses décisions. Moins athlétique et plus romantique que son aîné anglais, Enzo Scifo est le jeune chef d'Anderlecht, champion de Belgique. Il a, du jeu, la perception d'un musicien et, dans le geste, la grâce du papillon. Parfois, un adversaire essaye de l'épingler au plafond.

MiSURA

Canon bègue et gros canon

L'Inter de Milan, en s'offrant Karl-Heinz Rum Menigge pour l'équivalent de trois milliards de centimes, pensait avoir trouvé le canon atomique. Ce n'était qu'un canon bègue (8 buts en championnat d'Italie), pas encore adapté aux particularités du football italien. Porto était convaincu de posséder en Fernando Gomes une belle arquebuse et c'était un canon européen (39 buts en championnat, 198 en huit saisons, Soulier de France-Football). Entre un canon bègue et un gros canon, on dit que la différence tient uniquement au bouton-pression.

L'empereur et le buteur

L'équipe de R.F.A. n'allait plus très bien et cherchait une nouvelle voie. On pensa à Franz Beckenbauer, empereur du jeu et capitaine des champions du monde 1974. Il s'avança sans broncher et, en un tournemain et trois intuitions, transforma les Germains froids en chauds Latins. Il voulait avec lui des purs, des durs, des techniciens, de vrais mécaniciens. Klaus Allofs le Colognois, meilleur buteur du championnat (26 buts), se proposa pour serrer quelques boulons. L'empereur le regarda et finit par dire : « Mon canard, tu as un joli plumage... ».

Le Danois et le Gallois

Jesper Olsen est un Danois. Mark Hugh est un Gallois. L'un est un goujon, l'autre plutôt un saumon. L'un regarde à droite et l'autre le suit. Tous deux portent le maillot de la célèbre armée rouge d'Old Trafford, celle de Manchester United qui gronde quand on l'affronte. Du tempérament, de la technicité, de l'œil et du pied, ce Danois et ce Gallois sont des compétiteurs, des conquérants, des vainqueurs. Ils aiment la Coupe d'Angleterre et ne craignent même pas Everton. C'est dire combien ils sont bons.

SHARP

La perche et le brasier

Le football, on vous l'a déjà dit, accepte toutes les originalités. Mark Hateley, perche à houblon de Portsmouth et gauleur de noix pendant ses vacances, avait tout pour plaire à Milan A.C. Il plut, amélioré et revu qu'il fut par Nils Liedholm, le sorcier. Graeme Souness, brasier de Liverpool, Ecossais obstiné, s'enticha de la Sampdoria de Gênes au point d'en faire le vainqueur de la Coupe d'Italie. Avec une perche et un brasier, quelques autres aussi, le calcio découvrit un peu de l'âme britannique, et s'en trouva bien.

SUD
RADIO

Trois cents et trois

Le 19 avril 1985, Bernard Lacombe le Bordelais transforme un penalty contre Rouen, en championnat. C'est le 300e but officiel de sa carrière professionnelle (241 en championnat à ce moment-là, 38 en Coupe de France, 9 en coupes européennes, 12 en équipe de France). Lacombe est un grand homme. Le 3 octobre 1984, Zvonko Kurbos le Messin marque 3 buts sur le terrain de Nou Camp, en Coupe des Coupes, contre le FC Barcelone, inspirant le grandissime exploit de son club (victoire 4-1 et qualification). Kurbos est également un grand homme. Lacombe et Kurbos peuvent se donner la main.

L'éternel retour

La vie du footballeur est faite de voyages, d'arrachements et de retours. Les Néerlandais du grand Ajax, après avoir conquis la gloire au pays, s'en étaient allés quêter fortune à l'étranger. Ainsi de Rep, mercenaire de Valence, de Bastia et de Saint-Etienne revenu soudain, pour cause de percepteur enragé, sous le doux ciel de Feyenoord. Didier Six lui, champion d'Europe privé du couronnement final, se fut retrouvé chômeur si Aston Villa ne l'avait hébergé pendant une petite saison avant de le rendre, tel qu'en lui-même, au F.C. Metz. Rep et Six, ensemble ou presque, retrouvaient leurs chers sabots.

mita

Cosi, Zico à Mexico

Zico, enfant du Brésil, ne rêvait que de football brésilien. L'appétit, le vent, les circonstances le poussèrent un jour, Dieu n'est pas toujours sympa, vers le froid Frioul de l'Udinese. Il eut froid aux pieds, Zico, froid au cœur et froid au porte-monnaie quand le percepteur italien, encore un, lui chercha des poux dans ses pesos envolés. Pour éviter la ruine et la prison, Zico retourna vers son Brésil et son ballon-perroquet de toutes les couleurs. Il est de nouveau heureux, Zico. Il sait déjà qu'il sera à Mexico et que, pour lui, on agitera les drapeaux.

POP
COCA
KODAK
Alka-Seltzer
FUJI FILM
KODAK
FUJI

LE SORCIER EST TOUJOURS VIVANT

En Irlande, une vieille chanson populaire dit que les vieux soldats ne meurent jamais et qu'après leur départ de la terre, leur esprit habite encore les lieux qu'ils ont fréquentés. Stanley Matthews n'est pas irlandais. Il n'est pas mort non plus puisqu'il vient de fêter ses soixante-dix ans à Toronto où il a décidé de résider. Mais il ne se passe pas une seule journée du championnat d'Angleterre sans que l'on évoque la magie de son dribble et son extraordinaire longévité.

Né le 1er février 1915 à Hanley, Stoke-On-Trent, Stanley Matthews devint professionnel à seize ans et débuta en première division de la Football League en 1932. Athlétiquement, il ne payait pas de mine mais son corps fin et harmonieux était celui d'un lévrier. D'un petit lévrier, car Gabriel Hanot le comparait à Charlie Chaplin pour son aspect de clown triste.

En fait, comme beaucoup d'artistes, Stanley Matthews devenait un autre quand il entrait sur le champ de jeu. Il se plaçait sur l'aile droite, le long de la ligne de touche et n'en bougeait guère, comme vissé à son couloir personnel. Il attendait le ballon et lorsque celui-ci, enfin, lui parvenait, la lumière descendait sur le stade tandis que son adversaire s'interrogeait. Fallait-il ou non attaquer ce numéro 7 d'apparence si tranquille ?

Le résultat était, de toute façon, le même. Sans s'agiter, d'un mouvement imperceptible, Stanley Matthews feintait son adversaire et s'enfuyait sur son aile, regard déjà tourné vers le centre, là où son ballon allait trouver la tête ou le pied du partenaire. En une inspiration de prestidigitateur, une course brève et un geste scientifique, il résumait à lui seul le football infini. On ne se lassait pas de cette scène toujours recommencée. On l'attendait et on la redemandait.

On la redemanda, tant que les jambes du clown portèrent dignement son génie. Et elles le portèrent longtemps puisque Stanley Matthews, battant le record de Billy Meredith, joua

A quarante ans passés, le 15 mai 1955 à Colombes, Matthews jouait encore contre la France. L'Angleterre y était battue (0-1, penalty de Kopa) mais Marche et Ujlaki ne résistaient pas à ses débordements.

son dernier match de championnat d'Angleterre en 1965, à plus de cinquante ans. Il était le même, à peine ridé, à peine moins vif et la feinte marchait toujours.

Malgré cette carrière exceptionnellement longue, Stanley Matthews ne se fit qu'un tout petit palmarès, hormis ses 54 sélections en équipe d'Angleterre, la première en 1934 contre le Pays de Galles, la dernière en 1957 contre le Danemark. On crut même, et ses compatriotes en étaient désespérés, qu'il ne réussirait jamais à gagner une finale de Coupe d'Angleterre après avoir perdu en 1948 (contre Manchester United, 2-4) et en 1951 (contre Newcastle, 0-2, deux buts de Milburn).

Heureusement, il gagna la troisième, à l'âge de trente-huit ans passés, devant un peuple en délire. Aujourd'hui encore, en évoquant le superbe match Blackpool-Bolton (4-3) de 1953, on parle de la « Stanley Matthews' Final » au cours de laquelle le magicien fit marquer trois buts en centrant de l'aile droite.

Partageant sa carrière entre Stoke City (1932-1947, 1961-1965) et Blackpool (1947-1961), Stanley Matthews joua 701 matches de championnat d'Angleterre et marqua 71 buts. On le surnommait « le sorcier du dribble » et c'est vrai qu'il y avait de la sorcellerie à faire prendre « deux directions en même temps » à son adversaire direct.

La longévité de Matthews, comme celle de Meredith, est un beau sujet de conversation pour les joueurs et les techniciens d'aujourd'hui. Mais elle est aussi source de polémique. « Je suis certain que, malgré tout son talent, le Matthews d'hier ne pourrait pas jouer jusqu'à cinquante ans dans le football contemporain, affirme Bob Paisley, l'ancien manager de Liverpool. Il ne supporterait pas le rythme des matches rapprochés et la rapidité du jeu. » On peut toujours causer. Stanley Matthews a existé et, ce qui est certain, c'est que son talent immense expédierait encore les arrières de 1985 sur leurs fesses musclées.

Sir Stanley Matthews (annobli par la reine, l'illustrissime) vit sans nostalgie. Son fils fut un excellent joueur de tennis et lui-même dribble encore quand l'envie lui en prend sur l'un de ces gazons canadiens qui ressemblent aux gazons anglais de son enfance. Le seul véritable regret qu'il ait dans sa mémoire est d'avoir été contraint, en 1938, avant un match Allemagne-Angleterre à Berlin (victoire anglaise, 6-3), d'honorer Adolf Hitler du salut nazi. « Il s'agit d'un geste normal de courtoisie, nous avait dit l'ambassadeur britannique Sir Nevile Henderson. Et nous, nous prenions plutôt cela pour une bonne rigolade que pour une démarche politique. Il n'empêche... »

Sir Stanley était un sorcier de la balle. Il n'avait pas appris toutes les sorcelleries de la vie.

MARADONA, MARADORO

Il court, il court, le génie Maradona. Vers la gloire, vers les sous, vers une expression footballistique plus brillante encore. Naples a fait de lui son roi et attend le jour prochain du couronnement.

MARADONA, MARADORO

Tandis qu'un gamin de seize ans nommé Hugo Maradona et surnommé « el Turco » (l'Arabe) est en train de révolutionner, à son tour, le football argentin, le vrai, l'ancien, le vieux de vingt-quatre ans, accentue son pouvoir sur l'une des plus grandes et des plus envoûtantes villes du monde. Napoli est aux pieds de Maradona et Diego est son roi. « Quand il allait tirer un coup franc, à Barcelone, les 108 000 socios se taisaient, retenant leur respiration. A Naples, c'est le délire, avant, pendant, après » (Guillermo Blanco, son attaché de presse).

Personne ne peut connaître Naples s'il n'y a vécu. Dans cette ville méditerranéenne de chair, de sang et de soleil, la vie et la survie se confondent dans un mélange de joie et de tristesse. Il faut se dépêcher de rire pour ne pas avoir à pleurer. Il faut se confondre dans le grand jeu et savoir en profiter. Mais si on naît Napolitain, on peut aussi le devenir. Et ceux qui réussissent ce transfert, avec l'accord des gens du lieu, ne sont rien d'autre que des surhommes. Ils ont aimé Naples. Naples le leur rendra.

Une longue tradition de joueurs étrangers s'est établie sur les pentes du Vésuve et le Guerin Sportivo voit à sa manière l'impact de Diego Maradona dans la suite de ses glorieux aînés : « Jeppson était trop suédois et jouait un sport très exclusif ressemblant au tennis ; Sivori avait trop de malice et Altafini trop de perversité. Elle a bien aimé Vinicio, Naples. Mais Vinicio était un géant. Maradona lui, est tout petit, un enfant. L'enfant-prodige de Naples. C'est cela, Naples sera la grande mamma pour Dieguito, un rôle qu'aucune autre cité au monde ne peut tenir comme elle. »

Il n'était pas prévu, en 1984, que Maradona quitterait le FC Barcelone. Il était, croyait-on, Catalan pour l'éternité, porté aux cieux par les supporters du Barça, porte-drapeau d'un cœur et d'une fierté particulièrement exacerbés. Mais le royaume d'Espagne est un foyer mordant de réalités, de jalousies et de haines. La Castille, la Catalogne, la Biscaye, la Galice et l'Andalousie, les Asturies ou l'Estramadure font de leur identité le rejet de toutes les autres.

Quant à l'étranger, l'homme d'outre-Pyrénées ou d'outre-mer, quand il a un visage d'Indien de surcroît, on lui apprend que les conquêtes se faisaient plutôt dans l'autre sens. L'Espagne est dure pour un Maradona. Elle lui envoie même Goicoechea.

Cela, ajouté au fait que le président catalan Nuñez avait plus le sens de la hiérarchie que celui du contact humain fit sauter le couvercle de la marmite. Suspendu pour trois mois par la Fédération espagnole après les incidents de la finale de la Coupe 84 (contre les Basques de Bilbao), Maradona estima qu'il n'avait plus rien à faire chez le calife du Nou Camp. Il le dit. Il exigea. Mais qui pouvait s'offrir Maradona ?

En 1982, le transfert du petit génie avait coûté 12,9 millions de dollars à Barcelone soit – le dollar n'était pas à dix francs – l'équivalent de 80 millions : 5,9 millions de dollars à Argentinos Juniors ; 1,8 à Boca ; 5 à Maradona, lequel recevait une mensualité de 65 000 dollars pour ses faux frais (400 000 francs).

M. Nuñez voulait rentrer dans ses jetons, c'était son droit. Il voulait aussi se venger du dédain manifesté par la star et le lui faire payer. M. Nuñez fit donc beaucoup souffrir les négociateurs du club napolitain, exigeant l'aval de la Banca d'Italia et faisant courir ensuite le bruit que Maradona était acheté par la Mafia.

Cette blessure, aujourd'hui encore, fait souffrir les Napolitains. « Quelle bêtise et quelle injure ! Notre stade de San Paolo, avec sa capacité de 85 012 spectateurs, nous vaut les plus belles recettes d'Italie, peut-être même les plus fortes d'Europe. Nous ne devons rien à personne. »

Maradona vint donc à Naples pour un transfert de quinze milliards de lires (75 millions de francs) et des revenus de pétrolier grec. Le San Paolo était plein le jour de sa présentation et les agents chargés de sa sécurité lui faisaient signer des autographes. Une vedette rapide l'emmenait dormir à Ischia. Des images pieuses à son effigie étaient vendues dans les ruelles du port. San Diego était descendu sur terre pour distraire les Napolitains.

Le seul ennui, pour l'artiste, était que les « *maglia azzurra, calzoncini bianchi* » formaient assurément l'une des plus tristounettes équipes de la Série A italienne. Tartes molles et guimauves sur nappe de crème tournée. Il eût fallu que Diego gardât la boule en permanence mais le football n'est pas un jeu pour seul virtuose. Heureusement, il y avait tout de même Daniel Bertoni, l'homme de Bahia Blanca, champion du monde 1978. Et quelques autres musclés pour compenser la tiédeur du niveau technique.

Naples termina huitième du championnat, juste derrière Juventus, Milan A.C. et Rome, ce qui n'était pas indigne. Et Maradona, avec quatorze buts, talonnait Altobelli (17) et Platini (18).

Naples, de toute façon, était en extase. Elle avait vécu, en une saison, dans l'intimité créatrice du plus grand des artistes contemporains. Elle avait disséqué les ressorts magiques du plus fabuleux des pieds gauches et assisté à de phénoménaux enchaînements. « L'interprète majeur du football... le serrurier qui possède toutes les clés... le fils de Dieu... » chantait-elle, écoutant avec ravissement les opinions des uns et des autres. « C'est un génie qui fait, avec les pieds, ce que d'autres ne sont pas capables de faire avec les mains » (Menotti). « Ce petit homme est fantastique, admirable d'habileté et de courage » (Robson). « C'est un funambule auquel il faut une équipe adaptée à son funambulisme » (Guerin).

Les dirigeants napolitains ont compris qu'ils doivent faire fructifier le trésor. Les recettes de la saison 1984-85, entre le championnat et la coupe, ont laissé dans les caisses un bénéfice de dix-sept milliards de lires (85 millions de francs). M. Ferlaino, le président, engage Italo Allodi, un diable d'homme qui participa, sous le règne du financier Moratti, à la construction du grand Inter de Milan et qui, en matière de négociation de transferts, tient de Talleyrand et de Kissinger réunis. Quand la chasse est terminée avec, notamment, l'engagement de l'avant-centre international Giordano (ex-Lazio) et celui du gardien-champion Garella (ex-Vérone), Maradona se fend d'un sourire : « Je crois que l'on va bien s'amuser. Le peuple va enfin avoir l'équipe qu'il mérite. »

Pour un tel diamant, il faut un superbe écrin. Naples décide donc, avec le concours des pouvoirs sportifs (le C.O.N.I., entre autres), de porter la capacité de son stade San Paolo à 105 000 places comme le FC Barcelone avait agrandi le Nou Camp pour les mêmes raisons. On abaisse le terrain de sept mètres, on sup-

MARADONA, MARADORO

Le pied gauche de l'artiste est une caresse, un pinceau et un maître. Il est si dangereux qu'on cherche à le mettre en boîte, lui et son propriétaire. Maradona est un éternel prisonnier sur la voie de l'évasion (contre Contratto, de la Fiorentina).

MARADONA, MARADORO

prime la piste d'athlétisme et on transforme le San Paolo en « Maracana d'Italie ». « Il était trop triste de voir des candidats spectateurs obligés de rentrer chez eux. Maradona appartient à tous. Nous devons assurer le spectacle. » (M. Ferlaino).

Maradona, dans sa vingt-cinquième année, approche du sommet de son art. On ne sait toujours pas expliquer comment et pourquoi il est né à ce football de virtuosité et d'inspiration et où il va chercher ses formidables accélérations. « Diego possède un corps incroyablement compact et deux cuisses énormes pour sa taille. C'est un athlète de jaillissement, très rapide dans ses démarrages et ses courses mais aussi dans sa perception des gestes à faire et de la balle à recevoir. Il récupère vite, aime l'effort et l'action. » (le médecin de la sélection argentine). Son adresse ? « Elle est naturelle mais certainement portée à son plus haut niveau par les jeux débridés de l'enfance. Cela dit, quand il avait à peine dix ans, ses copains hurlaient déjà dans la rue : Pelusa est un génie... Pelusa est un génie. » (Cyterszpiler, son manager et ami).

Pelusa ! Le petit duvet parce que Diego est un animal à poils fournis, devenu le héros romantique du royaume des Deux-Siciles. Le « nino de oro » n'est pas seulement le joueur de balle dont on admire les effets ensoleillés mais aussi un homme qu'on loue pour son humanité, sa disponibilité et sa fraîcheur d'âme.

Maradona est dorénavant l'ambassadeur de Naples à travers le monde. Quand il s'en va jouer avec l'équipe d'Argentine et qu'il se qualifie pour la phase finale de la Coupe du Monde 1986, l'orgueil et la fierté emplissent les Napolitains. Quand il prend un coup sur un genou sous le maillot de sa sélection, tout Naples lui dépêche deux médecins du club. Dieguito, notre enfant-prodige qui souffre !

Maradona, aux yeux des Napolitains, possède également l'un des sentiments humains les plus estimables : celui de la famille. Il les a beaucoup impressionnés en débarquant chez eux avec cinquante et un membres directs ou assimilés de sa tribu, véritable *Pater Familias*

malgré sa petite taille et son jeune âge. Et ils l'ont bien entendu quand il déclarait, avec beaucoup de sérieux dans la voix : « Si le football devait, un jour, me séparer de ma famille, j'abandonnerais le football ! »

Millionnaire en dollars à dix-huit ans, Diego Maradona vit comme un seigneur du vingtième siècle, interprète d'un conte des mille et une nuits. En 1982 déjà, la « Diego Armando Pro-

A vos objectifs, les chevaliers de la pellicule. Le personnage en vaut la peine, héros d'un conte des mille et une nuits, seigneur du vingtième siècle. Maradona ! La star en crampons habillée d'un numéro 10.

duccione S.A. » réalisait un bénéfice de cent mille dollars (un million de francs) par mois. Une heure de signatures à Tokyo, chez Seiko, en rapportait quarante mille et chaque paire de chaussures vendue sous le label Maradona fait tomber un mark (trois francs) dans l'escarcelle de la D.A.M. Ce n'est pas beaucoup, trois francs, mais multipliés par un million chaque année, ce n'est plus négligeable. Quant au transfert de Pepsi-Cola chez Coca-Cola, on peut penser qu'il ne s'est pas fait pour une gorgée de chianti.

Diego Maradona est riche. Riche de talent et riche d'avenir. Naples est riche de Maradona et riche de son âme. Qu'ils soient donc riches et heureux ensemble et qu'ils nous envoient, de temps à autre, des images de ce bonheur inégalable.

AMA

L'Equipe de France

Le petit frère du ministre

On n'aurait jamais osé en demander autant. Et on avait tout eu. Le titre de champion d'Europe des Nations. La médaille d'or du tournoi olympique. Le plus bel artiste et le meilleur buteur, en un seul homme, du vieux continent avec ce cher Platini. Et toute une gerbe de compliments par-dessus le marché à nous faire croire qu'avant les Français de 1984, on n'avait jamais vu sur terre un football si pur, si pimpant, si étourdissant.

C'est vrai qu'on avait vécu un fabuleux été, à désespérer de le voir finir. Nos yeux et nos esprits restaient emplis d'images merveilleuses, quasi surnaturelles. France-Portugal de Marseille valait bien R.F.A.-Italie de 1970 et nos papillons d'or olympiques rejoignaient dans la légende, trente-deux ans après, les prestigieux Hongrois de Puskas. La France du football se laissait voluptueusement griser, tellement consciente, au fond d'elle-même, que ces choses-là sont à consommer de suite, sans retard et sans remords. Il serait bien temps, après, de réfléchir sur la suite à donner et sur les moyens de préserver ce formidable acquis.

Après avoir, pendant tellement longtemps, battu en vain les tapis, nous étions vraiment en droit de nous acharner sur les tambours. Nous ne nous en privâmes guère, la Bibliothèque nationale en fait foi.

La vie cependant comme la « nave » de Fellini, va. L'instant de se demander si l'on descend du singe ou du kangourou, et l'on risque de s'étaler poussière. Alors, on avance et l'on se retrouve à l'orée de la saison 1984-1985, les yeux papillotant, l'estomac tourneboulé par pareil chambardement. Le président Fernand Sastre, après douze ans de mandat fédéral, a annoncé qu'il allait voir si les contribuables d'Annecy avaient autant de plumes que les canards du Bois de Boulogne. Michel Hidalgo a pendu son survêtement à la patère et s'est assis dans le fauteuil de Georges Boulogne, celui du directeur technique national. Il nous fait, dans la foulée, un deuxième affront en refusant l'offre de Laurent Fabius de devenir ministre des Sports, comme si le football français avait souvent l'occasion d'occuper le terrain gouvernemental. Et il manque peut-être alors l'occasion de fleurir mieux encore un destin assez exceptionnel, marqué par son intelligence, son bon sens, son amour du sport, son entregent et ses vertus humaines.

Monsieur le Ministre manqué a prévu sa succession depuis deux ans, lui et le président Sastre ayant jeté leur dévolu sur un très jeune retraité des crampons, le dénommé Henri Michel, Aixois d'origine, naturalisé nantais pendant seize ans, grand capitaine à 58 galons internationaux.

L'impétrant n'était pas vraiment candidat mais entre Guy Roux l'Auxerrois dont la bouche crache le feu, Jean-Marc Guillou dont le feu brûle les lignes et Gérard Banide dont la ligne de vie craint le feu, la Fédération a plutôt préféré convaincre un jeune homme bien sous tous rapports, tout à fait dans la ligne, sans objection de conscience vis-à-vis des trois bandes, souvenez-vous de Mar Del Plata et de la boîte à cirage. L'Aixois a interrogé ses amis d'Aix, le Nantais a scruté les nuages de Loire-Atlantique et le tricolore a fini par dire oui, avec tellement de prudence et de retenue qu'on s'est demandé, avenue d'Iéna, si un Napoléon risquait de percer sous ce Bonaparte-là. Henri Michel, malgré ses origines du dessous de la Loire et son accent qui roule pagnolesque, n'a pas le carafon qui chauffe ni le subconscient meurtri par l'appel de l'infini. Il portait classique, Henri Michel, sous la casaque du canari, formidable joueur de club dans son rôle de demi, relanceur toutes dimensions, long à la Beckenbauer quand l'instinct lui en prenait ou Nantais pas menus quand la collectivité commandait. L'équilibre, la technique, le jeu de tête, la frappe de balle, la vision, la rudesse dans le tacle et la santé, Michel avait tout. Sans oublier le culot et la sérénité qui lui ouvrirent la porte chance et le rendirent à la

Un Napoléon va-t-il percer sous ce Bonaparte-là ? (Henri Michel, 58 sélections).

vie civile sans genou qui grince et sans pièce métallique.

A dix-neuf ans, transféré d'Aix à Nantes (c'était en 1966), il demandait à Just Fontaine, alors président de l'U.N.F.P., et le faisait s'étrangler, si une prime à la signature de quinze millions de centimes lui semblait raisonnable. Quelques semaines plus tard, il faisait face fermement à la décision de son entraîneur José Aribas de le laisser sur la touche parce que sa jambe gauche était plus courte que la droite de deux centimètres, ou l'inverse. Le 17 septembre 1967, 42 jours avant son vingtième anniversaire, il débutait sa carrière internationale par une tonitruante victoire tricolore à Varsovie (4-1, deux buts de Di Nallo), sous Dugauguez. Il allait d'ailleurs, entre 1967 et octobre 1980 (7-0 à Chypre), réussir la performance étonnante d'être retenu en équipe de France par chacun des sélectionneurs (Dugauguez, Boulogne, Kovacs, Hidalgo) et d'offrir à Platini la balle de son premier coup franc international contre Viktor et les Tchécoslovaques en mars 1976.

En deux décennies, Henri Michel a tout appris, en sus de ses dons naturels. La longue patience notamment, celle qui permet de survivre aux revers internationaux et aux finales de Coupe de France perdues, dont une par cinq buts à zéro contre les terribles Verts de Batteux (1970). Les vertus du jeu nantais aussi, basé sur l'esprit offensif et sa solidarité, le fait persistant enfin qu'on ne réussit pas sans travail et sans passion.

Henri Michel prit donc possession, à trente-sept ans, de son bâton de maréchal. On eût été tenté de critiquer sa nomination osée que l'on eût renoncé après le triomphe olympique de Los Angeles et cette démonstration quasi diabolique d'un sélectionneur-débutant transformant le quatrième quart de l'élite nationale en génies d'un tournoi.

Personne ne sait encore ce que sera la durée d'existence du sélectionneur Henri Michel, ni son degré de réussite. Mais ce que l'on savait, à la fin de la saison 1984-1985, c'est que l'équipe de France marchait vers la qualification à la Coupe du Monde 1986, égale à son talent nouveau, digne de sa couronne européenne et seulement victime, à Sofia, dans le bout de sa course saisonnière, d'une réminiscence du temps passé.

L'équipe de France d'Henri Michel ressemblait comme une sœur à celle d'Hidalgo Michel. Et entre les deux frères-sélectionneurs, l'aîné et le cadet, on ne pouvait guère glisser que le faux maroquin d'un ministre manqué. On calculerait plus tard l'équation différentielle née du mouvement différentiel. Pour l'heure, le stimulus était rond, ainsi que le ballon.

Un nouveau Monégasque (Anziani),
un vieux Monégasque sacré champion olympique (Bijotat),
l'équipe de France respirait l'air de la Principauté contre l'Inter.
Malheureusement, ça la faisait éternuer.

F.F.F.
MiSURA

Vous n'auriez pas vu Platini ?

Les lendemains de triomphe comportent toujours des risques : l'eczéma du vainqueur, le rhume des foins, le gonflement du deltoïde. La circonstance peut ajouter au danger quand vient l'idée à une équipe championne d'Europe de renouer avec le jeu contre une équipe de club prestigieuse, en l'occurrence celle de l'Inter de Milan, un 5 septembre 1984, dans un Parc des Princes aux deux tiers vide, dans le seul but de remplir la cassette de l'U.N.F.P. (l'Union des footballeurs). Louable intention s'il en est mais si peu rationnelle qu'elle ne va pas tarder à passer à la trappe, remplacée qu'elle sera par une subvention directe du producteur au consommateur, de la Fédération-Ligue à l'Union.

On a donc quitté une équipe de France triomphante, saisie par le plus grand délire populaire de son histoire et l'on retrouve une équipe de France en chaussons bleus et roses avec sucette et bavette. Une équipe de France privée du trio magique (Tigana, Giresse, Platini) de son carré magique, privée aussi de Battiston, Six, Genghini, privée encore de Bernard Lacombe lequel a estimé qu'à son âge (trente-deux ans), vu l'état de ses varices (c'est une image, car la chair est encore ferme) et dans l'estime relative où on le tient, il était préférable pour lui d'aller lire les œuvres complètes de Bergson, dans un fauteuil d'osier, sous un tilleul, avec grand-papa Beethoven en fond sonore. On lui a bien dit, à quelques-uns, qu'on allait le regretter avec sa truffe de chasseur et sa carte du parti collectiviste mais il n'en a pas cru un mot, le gone.

Hormis Nanard le persécuté, où sont donc passés les autres héros (sans faire la liaison) ? Eh bien, ils coincent. « L'Euro 84 m'a vidé physiquement et nerveusement », admet Platini, dont le début de saison avec la Juventus se fait en demi-teinte. Giresse (adducteurs) et Battiston (ligaments du genou) ont laissé dans les cinq journées aoûtiennes du championnat leur intégrité athlétique. Tigana, lui, n'ayant même pas repris la compétition depuis son record de kilométrage en Grand Prix d'Europe.

Henri Michel a pris acte de la débandade, sans un murmure, signe qu'il a du sang-froid. Et il a bâti sa première sélection A avec six Monégasques, deux Auxerrois, deux Nantais et un Parisien, celui qu'on a trempé dans la potion magique quand il était petit, le dénommé Fer-Nandezix. Ce qui nous donne une équipe Bats-Bibard, Le Roux, Bossis, Amoros – Bijotat, Fernandez, Ferreri, Bravo – Anziani, Bellone, auxquels viendront s'ajouter Tusseau et Domergue en cours de jeu.

Ferreri, fort de ses sélections, est intronisé chef d'orchestre, associé à l'olympique Bijotat. Anziani, porteur de beaucoup d'espoirs et nouvellement monégasque, se voit offrir sur un plateau un poste d'avant-centre qui peut le mener loin.

L'affaire ne s'annonce pas simple comme bonjour, l'Inter de Milan ayant déplacé son ancienne armada (Zenga, Bergoni, Bini, Collovati, Baresi, Altobelli) plus ses trois nouveaux vaisseaux chargés d'or (Rummenigge, Brady, Causio).

« Nous cherchions la difficulté, déclare Michel, nous voici servis. »

Les Bleus de France le sont effectivement au-delà de leur attente et bien au-dessus de leurs capacités du moment. Ferreri et Bravo, si brillants techniquement, si vifs et si habiles dans le dribble, oublient le sage précepte de Boileau : « Travaillez à loisir. Et ne vous piquez point d'un folle vitesse. » Ils décollent comme des avions, engagent d'entrée leurs actions à toute allure, brûlent les relais et grillent les indispensables enchaînements collectifs par leur précipitation alors que le football, plus que de vitesse pure, vit et prospère d'accélérations. De très bonnes intentions sont ainsi gâchées d'une passe trop longue ou trop courte, d'un dribble en trop ou d'un tir mal ajusté.

La simplicité et l'efficacité sont italiennes,

Ferreri, fils de carabinier, trouve trois geôliers. M'sieur, où est la liberté ?

dans la tradition établie. Rummenigge cogne un coup franc sur un poteau (32e minute), un une-deux du même avec Altobelli creuse un cratère dans le mur bleu (pas exploité) et, d'une manière presque constante, la maîtrise et la personnalité vraie appartiennent à l'Inter.

L'échec tricolore se consomme six minutes avant la fin sur un coup franc de la gauche tiré par Brady que le stoppeur Collovati, intelligemment monté, frappe victorieusement de la tête en pleine surface de réparation. L'équipe de France, battue 1-0, vient de subir la rude épreuve du marquage individuel, du jeu en contre et du réalisme. Elle vient aussi de souligner deux des faiblesses chroniques du football français malgré ses deux titres internationaux : la frappe de balle et le jeu de tête. C'est un rappel à l'ordre, à la raison et à la modestie que *Le Méridional* conclut en écrivant : « Les anciens ont encore de beaux jours devant eux ! »

Henri Michel, dont l'invincibilité était en train de devenir légendaire (pas une seule défaite en deux ans avec les olympiques), souligne que « Platini nous a beaucoup manqué » et pirouette sur une pointe : « Je leur avais demandé d'être généreux, solidaires, combatifs, enthousiastes. J'avais oublié de leur dire d'être efficaces. »

Battiston est déchaîné. Il rêve d'espaces, de buts, de victoires.
Il devient grand, Battiston.
Il peut même être premier violon (Luxembourg-France, 0-4).

Il en manque quatre

Le problème de l'efficacité tricolore, il va pourtant bien falloir en parler et tenter de le régler dans l'approche d'une saison 1984-1985 tout axée sur la qualification à la Coupe du Monde 1986 et dans un cadre éliminatoire un peu oublié. La qualification d'office à la phase finale du Championnat d'Europe des Nations a en effet gommé dans les esprits tricolores, depuis quatre ans, les notions de calculs, de manœuvres et de conquêtes inhérentes à la formule.

L'équipe de France, pour aller à Mexico, doit prendre l'une des deux premières places du groupe IV zone européenne qui comprend la Bulgarie, la Yougoslavie, la R.D.A., le Luxembourg et elle-même. Mathématiquement, il lui faut onze points que l'on peut programmer ainsi : huit points à domicile et trois autres à aller chercher à l'extérieur, dont deux presque automatiques au Luxembourg. Aux yeux de tous et compte tenu de la dynamique du succès, de la qualité de la génération Platini et de son efficacité à domicile, l'équipe de France joue sur du velours. Elle est aidée dans sa tâche par un calendrier habilement négocié par le roi Fernand : début au Luxembourg, deux matches à domicile avant l'hiver – la période la plus faste du football français – contre deux des trois autres carnivores du groupe (Bulgarie, R.D.A.), deux matches à l'extérieur, au printemps, à Sarajevo et Sofia. Avec en baisser de rideau lors de la saison 1985-1986 et après un déplacement en R.D.A., deux rencontres à domicile contre le Luxembourg et la Yougoslavie, c'est-à-dire la possibilité d'affiner au mieux sa position par rapport aux autres prétendants.

Le 13 octobre 1984, l'équipe de France se retrouve donc au Grand-Duché par une superbe journée d'automne. Une solide impression de continuité se dégage de la sélection effectuée par Henri Michel, le nouveau sélectionneur n'ayant pas versé dans la tentation habituelle de faire radicalement autre chose

Platini passait par là, entre deux avions. Il ne laisse pas passer ces balles-là (centre de Bibard, au fond).

que son prédécesseur et Alain Giresse n'ayant pas donné suite à son intention de renoncement international.

Il manque tout de même et encore du beau monde, Le Roux ayant légué le ménisque externe de l'un de ses genoux à la science, Bellone souffrant d'un péroné et de stress nerveux, Tigana roulant sur les jantes et Bijotat, après 22 matches en 70 jours, entendant ses adducteurs siffler *le Pont de la rivière Kwaï*. Henri Michel a donc fait cinq choix particuliers sans modifier l'essentiel : Bibard l'olympique en numéro 2, préféré à Domergue ; charnière centrale Battiston-Bossis, avec Amoros à gauche ; Tusseau en milieu de terrain avec Fernandez-Giresse-Platini ; Stopyra avant-centre ; Brisson ailier gauche. « Nous devons, à mon avis, éviter l'effet entonnoir, c'est-à-dire buter dans l'axe central de la défense luxembourgeoise qui sera bien sûr renforcée, déclare Henri Michel. C'est pourquoi j'ai choisi Tusseau et Brisson chargés l'un et l'autre d'écarter le jeu dans leur zone. »

Le Luxembourg, lui, est dans l'expectative, las de jouer les enfants martyrs mais mal placé pour prétendre à autre chose. Son chef technique, l'ancien international Louis Pilot, a renoncé à sa charge après six saisons noires ponctuées par deux victoires sur la Thaïlande et la Corée du Sud, un match nul contre la Suède (1-1) en 1979 et... trente-trois défaites. Il a été remplacé par l'ancien international belge du standard de Liège, Joseph Vliers, qui a aussitôt fait fonctionner la tapette à mouches pour expulser quelques titulaires. Quand on lui dit qu'il prend un gros risque en alignant contre la France un axe central Van Rijswick-Scheuer-Petry-Schonkert qui ne totalise que trois petites sélections, il a le culot de répondre : « La première fois qu'Eddy Merckx a couru le Tour de France, il l'a gagné. »

Vliers veut ainsi oublier que le dernier succès officiel des Luxembourgeois remonte à 1972, contre la Turquie (2-0) et que les compé-

10

Stopyra est un aigle
et Giresse un petit moineau.
L'un oublie parfois la règle,
l'autre saute tous les ruisseaux.

« Quand je bombe le torse et que j'écarte les ailerons, le Luxembourgeois est dans mon rétroviseur » (François Brisson).

titions européennes de clubs viennent de souligner une fois de plus de manière criarde les insuffisances du football grand-ducal : Beggen a « pris » 9-0 à Goeteborg et les Red Boys de Differdange sont passés sous le camion d'Ajax, 14-0. Convaincu de la possibilité d'une révolte, il demande à ses troupes de « rééquilibrer le jeu » et de « ne pas rester constamment tous derrière ». Il a, en cela, un rude contradicteur : le gardien Van Rijswick qui, électricien dans le civil et ramasseur de pâquerettes sous la casquette, a deux raisons pour voir clair et prôner la prudence.

Le chronomètre court dans la deuxième minute de Luxembourg-France que Battiston-le-gentil (« Cette réputation m'a desservi dans ma carrière », dit-il) fait exploser un adversaire sous un tacle féroce mais régulier, récupère le ballon sur l'aile droite après une relance Bibard-Giresse et s'en va canonner de près, d'un tir croisé, l'électricien grand-ducal. « Collectivement, on avait décidé de partir pied au plancher pour ne pas avoir à courir après le premier but. »

Onze minutes plus tard (13e), toujours sur le côté droit, Giresse lance Bibard pour un centre en force et à ras de terre. Le ballon file sous le nez de Van Rijswick au premier poteau, échappe aussi à Stopyra et se fait récupérer par Platini, lancé à toute vapeur, qui marque ainsi son 35e but en équipe de France.

Onze minutes encore (24e) et Fernandez arrache le ballon à Scheuer, trop insouciant, avant d'expédier Stopyra vers le côté droit (dites trois droits) pour un tir croisé victorieux. Neuf minutes enfin (33e) et, cette fois-ci, c'est le côté gauche qui brûle avec un centre de Brisson, une volée de Giresse repoussée par l'électricien et une reprise à bout portant de Stopyra qui se prend soudain, avec deux buts, pour l'empereur des canonniers.

L'équipe de France joue alors avec une aisance, une autorité et un talent magnifiques, justifiant tout le bien que l'on pense d'elle et toutes les possibilités qu'on lui connaît. Elle court assurément, à ce moment-là – 4-0 après une demi-heure de jeu – vers l'un des succès les plus larges de son histoire, prête à dépasser le 7-0 de Chypre (11-10-1980). « Elle tourne comme un manège bien huilé autour de ses deux animateurs Platini et Giresse. On n'y sent pas l'effort, même s'il existe. Et le but naît de cette aisance avec une espèce d'évidence. » *(France-Football).*

Malheureusement, Platini est sur le départ. On l'attend le lendemain pour jouer le match de championnat d'Italie Vérone-Juventus, l'avion spécial de la Fiat chauffant ses réacteurs sur l'aérodrome tout proche du stade. Platini va quitter le terrain à la 57e minute, remplacé par Ferreri, et laisser l'équipe de France orpheline.

Celle-ci se déconcentre en effet, à la fois soumise au phénomène classique et inconscient du relâchement psychologique et à la déstabilisation causée par le retrait de son inspirateur. Curieux spectacle alors que cette équipe de France retrouvant sa maladresse, incapable de réaliser le dernier geste décisif, butant sur tout ce qui se présente y compris les barres (tête de Stopyra sur le poteau gauche, 53e ; tir de Giresse sur la transversale, 75e). Il faut même deux sorties au pied de Joël Bats, au-delà de ses seize mètres (86e, 87e), pour endiguer les échappées du traître Reiter (un Luxembourgeois jouant à Guingamp) et empêcher que le score ne se mue en un 4-1 ou un 4-2.

« On n'est jamais content » titre *L'Equipe.* « Avec et sans Michel Platini », éditorialise *France-Football* « Il ne faut pas faire la fine bouche », demande Henri Michel.

Il n'en reste pas moins qu'il manque quatre buts à l'équipe de France et qu'en se projetant dans l'avenir, au moment du décompte final du groupe IV, on souhaite ne pas avoir à regretter les poissons rouges laissés dans le bocal luxembourgeois par un pêcheur trop pressé.

F.F.F.
ILM

Bats regarde le grand Maxou courir après ses sous. « Si tu ne vas pas à Lagardère, Lagardère ira-t-à-toi » (Bossis, futur Racingman).

Bats, portier de nuit

Le but de Platini et de ses frères, but clairement exprimé, est de totaliser six points à l'amorce de l'hiver après leurs trois premiers matches de poule éliminatoire contre le Luxembourg, la Bulgarie et la R.D.A. quels que soient les circonstances et les obstacles imposés. « Il importe de l'emporter, même par la plus petite marge », rappelle sans ambages Henri Michel au matin du 21 novembre 1984. On s'en doutait un peu.

La situation est délicate. Il existe entre Français et Bulgares une sorte d'incompatibilité footballistique, une similitude-rejet qui provoque des étincelles et un quart de siècle de ressentiments. Les sélections des deux camps se sont rencontrées neuf fois en matches de compétition et se sont retirées sur le bilan égal de quatre victoires chacune, un match nul et un rapport de buts (14 contre 10) favorable à la France. C'est le premier point.

Le deuxième concerne l'état des troupes tricolores, trois champions d'Europe (Giresse, Battiston, Le Roux) et deux de leurs égaux (Rocheteau, Tusseau) étant encore indisponibles. A cela s'ajoute la volonté, une nouvelle fois exprimée, de Bernard Lacombe de ne pas repiquer à la folie bleue : « J'ai joué deux coupes du monde et un championnat d'Europe. J'ai fait mon temps... »

Le troisième enfin est d'ordre tactique et exige des choix de la part du sélectionneur. Anziani contre l'Inter et Stopyra au Luxembourg n'ont pas convaincu sous la panoplie du numéro 9. L'expérience Touré contre l'Angleterre, le 29 février précédent (deux buts de Platini, 2-0) mériterait, selon beaucoup, d'être reconduite. Mais Henri Michel, fidèle au 4-4-2 né du Mundial 82 et de l'Euro 84, souhaite continuer à « équilibrer la machine par son milieu » en maintenant sa confiance à la valeur technique et tactique des hommes. Le quatuor Fernandez-Tigana-Giresse-Platini ne pouvant être totalement reconstitué – Tigana est de retour mais Giresse est indisponible – il convient, dans l'esprit de Michel, de ne pas le dénaturer et donc de titulariser Genghini, homme de base de remplacement si l'on peut dire. Et, pour ne pas embouteiller le milieu de terrain avec un Touré de plus en plus influencé par sa position de demi offensif à Nantes, il est préférable, toujours selon Michel, de maintenir Stopyra en pointe, là où son jeu de tête peut servir contre des Bulgares supposés défensifs.

Reste le problème, gratiné, du stoppeur. Le Roux boîte, Battiston aussi, Specht amorce seulement son retour en grâce – il ne parle d'Hidalgo, son « tourmenteur », qu'en disant l'Autre – Bibard ne fait qu'appréhender, à Nantes, les subtilités du poste, Domergue n'est pas dans sa meilleure forme. Le sélectionneur fait donc appel à Didier Sénac le Lensois, « seul stoppeur de métier disponible » et titulaire olympique. Celui-ci rejoint ainsi son père Guy (2 sélections sous les couleurs du R.C. Paris au début des années soixante) dans le club des internationaux, tout comme Yannick Stopyra avec son père Julien. Les généticiens seraient sympa, soit dit en passant, de se pencher sur ces cas et de nous confirmer qu'il existe bien un chromosome du footeux, facile à repérer sous le microscope en raison de ses jambes arquées et de sa tendance à jouer collectif.

Michel s'explique sur tout cela, sauf sur la génétique, en disant : « C'est une option comme une autre, que j'assume entièrement. J'ai longtemps hésité et estimé, en définitive, que l'heure n'était pas aux expériences et aux risques. Si nous voulons pouvoir exprimer toutes nos forces, imposer notre manière de jouer, troubler les Bulgares en variant nos combinaisons d'attaque, nous devons le faire à partir de bases nettes. »

Les Bulgares, eux aussi, ont défini leurs bases avec un milieu de terrain copieux (Gotchev décroché) et une défense à tiroirs multiples. Ils rêvent tout haut d'un match nul. Ils ne sont pas manchots.

L'Allemand de l'Est est bon soldat.
Bibard ne l'est pas moins.
Et tout ça fait une belle tranchée.

Ils sont pourtant assaillis, dès le coup d'envoi, par une équipe de France très en jambes, mordante, ambitieuse, qui impose instantanément son rythme et ses idées et qui, très forte sur le côté gauche (l'axe monégasque Amoros-Genghini-Bellone), a donné un trombone à coulisse à Tigana pour occuper tout seul le flanc droit. En dix minutes, les Français se créent quatre bonnes occasions. Ils continuent dans les dix suivantes, déclenchent des mouvements pleins d'imagination et fort spectaculaires comme sur l'action Genghini-Platini où le capitaine glorieux va goûter la luzerne avec la bénédiction de l'arbitre.

Mais ne disons pas de mal de l'arbitre allemand M. Tritscher, surtout à ceux qui ont un coq à la place du cœur. Il va, le brave homme, donner un bon coup de main à l'équipe de France en train d'attraper une indigestion d'efforts et d'occasions manquées : tête de Stopyra, coup franc de Genghini, ballon de Platini pour Bellone sous le menton de Mikhailov, centre de Bellone pour la tête de Platini que le gardien bulgare va chercher en planeur, cadeau somptueux de Platini à Amoros que le droitier de l'arrière gauche se renverse sur le plastron. Un formidable spectacle qui dure depuis une heure et qui commence à transformer les mollets des uns et des autres en manches de pioches.

Henri Michel a rappelé Stopyra sur le banc de touche au profit de Touré (58e) depuis quatre minutes quand un centre court de Bellone fait rebondir le ballon avant le premier poteau, au niveau de la ligne des six mètres. Dans sa phase remontante, ce ballon heurte le corps de Markov, lequel sent la menace de Touré dans son dos. Utilise-t-il son épaule ou son bras ? Utilise-t-il son bras volontairement ? Il ne semble pas que son intervention soit intentionnelle ni même, soyons franc, qu'elle soit passible d'un penalty. Mais M. Tritscher est formel et, comme il est le chef, le soldat Platini s'exécute de l'intérieur du pied droit, ce

Un jeu d'enfant, semble-t-il. Mais derrière ce geste pur, le penalty requiert de l'adresse, de la force et du sang-froid. Tout ce que possède Platini, entre autres (France-R.D.A., 1-0).

qui fait 1-0 pour la France et une belle épine retirée de la semelle.

Pour obtenir leur onzième victoire consécutive, les Tricolores doivent alors faire appel à leur courage et leur esprit de corps car les Bulgares font donner la cavalerie et les lanciers. Il est heureux alors que Joël Bats, le portier de nuit, ne soit pas endormi car les tentatives de Zdrakov (67e), de Mladenov (59e) et de Gotchev (77e) n'étaient pas faites pour seulement moucher les becs de gaz. Le gardien auxerrois confirme là, en trois parades, que ses réflexes et son pouvoir de jaillissement, ajoutés à son sang-froid, sont de l'or pour l'équipe de France. Platini, qui voit tout et juge plus vite que son ombre, ne va pas tarder à vanter les mérites de son pendant de l'arrière.

On se retrouve ainsi au coup de sifflet final tout émotionné, la peur sur les talons et convaincu que l'art bulgare est difficile, même dans la plaine gauloise. Les chantres chantent le match plein des Bleus et la valeur du résultat. Mais une petite crécelle nous agace les oreilles. Elle nous parle d'avant-centre (Touré s'est claqué à la 85e minute) et nous répète qu'une attaque sans buts est comme un pot-au-feu sans sel. Ivan Voutsov, le sélectionneur bulgare, annonce qu'à Sofia, au mois de mai 1985, lui n'oubliera pas sa salière.

État de grâce et clé de douze

Dix-sept jours après avoir reçu et battu la Bulgarie, l'équipe de France accueille au Parc des Princes la redoutable République démocratique allemande. Tout en muscles, pas là pour plaisanter, graissée jusqu'au dernier des boulons, la sélection de Bernd Stange est construite selon les principes mécaniques de l'industrie lourde : un géant au milieu de la défense, le dénommé Dirk Stahmann, 193 centimètres au-dessus des pissenlits ; un vieux capitaine-libero, Hans-Jurgen Doerner, 34 ans bientôt, 92 sélections, présent en 1974 à Hambourg, lors du match historique de Coupe du Monde contre les frères de R.F.A. ; cinq hommes au milieu du terrain tous sortis du moule F.T.V., force, technique, vitesse ; plus deux graines d'artistes, le tout jeune attaquant de Dynamo Berlin, Andreas Thom, 19 ans, dont les tirs crucifient les corbeaux et le superbe technicien Rainer Ernst, 22 ans, de Dynamo Berlin également, malheureusement absent au Parc pour cause de réfection d'embiellage (claquage).

Le football est-allemand, dans un pays où le sport a droit d'école et de cité et produit dans toutes les disciplines individuelles quelques-uns des meilleurs champions, n'est pas à la hauteur des efforts faits en matière de détection et de préparation. Certes, il a été champion olympique en 1976 et Magdebourg a remporté la Coupe des Vainqueurs de Coupes en 1974 (2-0 contre Milan A.C.). Mais il n'était ni en Argentine, ni en Espagne pour les deux dernières Coupes du mondes, ni en France pour le dernier championnat d'Europe.

Cela s'explique, pour Jean-Philippe Réthacker *(L'Equipe* et *France-Football),* par deux causes fondamentales. « D'abord, les méthodes de travail rigoureuses et scientifiques qui sont si productives pour l'amélioration d'un athlète de compétition individuelle ne le sont pas pour une collectivité de onze footballeurs dont l'addition des valeurs individuelles ne constitue pas obligatoirement une équipe de grande qualité. Ensuite, les joueurs de R.D.A. sont des Allemands du Nord, plus forts que fins, plus disciplinés que créatifs. Dans le contexte d'un sport collectif comme le football qui ne peut se comparer aux sports individuels plus mécanisés, plus perméables aux théories scientifiques, la R.D.A. manque de personnalité à la fois au plan individuel et au plan de l'équipe, entité mobile et animée par ceux qui la composent. »

Sans l'audace, la fantaisie et l'inspiration que nous souhaiterions lui voir pousser sous le chapeau et aux pieds, le football est-allemand a tout de même régulièrement passé le football français au tamis : en 16 matches de compétitions de clubs, il en a gagné 10 et perdu seulement 3 ; en deux matches internationaux de championnat d'Europe, il nous a laissé un point à Paris (2-2 après avoir mené 2-0). Henri Michel s'en souvient comme si c'était hier : il était sur le terrain de Leipzig, le 12 octobre 1975, entre Bathenay et Guillou, avec Jean Gallice avant-centre (2-1 pour la R.D.A.).

L'important, dans la date choisie pour ce France-R.D.A. de l'automne 1984, c'est qu'il se situe dix-sept jours seulement après France-Bulgarie (21 novembre, 8 décembre). Maxime Bossis, qui va fêter sa 63e sélection (plus que deux pour rejoindre Marius Trésor), estime que c'est un avantage important : « Ça permet de rectifier certains détails et de conserver nos automatismes. Il n'y a pratiquement pas de coupure et la motivation se fait d'elle-même. Disputer ainsi deux matches de Coupe du monde, coup sur coup, en poule éliminatoire, je n'ai pas souvenir de l'avoir déjà fait. »

Le championnat de France ne se déroulant qu'une fois par semaine et les internationaux ayant bénéficié de trois jours de repos avant le stage (soit une semaine pleine), le « carré magique » tricolore se reconstitue. C'est la première fois de la saison et, si Henri Michel avait cru bon d'hésiter, le problème se fut réglé de lui-même, les adducteurs de Genghini ayant brutalement décidé, sur une pelouse de Jouy-

Lola

Le pompier, sur sa grande échelle,
n'a pas de droit de prendre une gamelle
(Bats, encadré par Sénac et Bibard).

en-Josas, de se transformer en bretelles, ce qui n'est plus la fonction adéquate.

Le sélectionneur décide donc, avec Rust, Domergue, Rocheteau, Xuereb et... Genghini parmi les seize, d'aligner la même équipe que contre la Bulgarie, seul Giresse récupérant son fauteuil de magister. Soit Bats – Bibard, Sénac, Bossis, Amoros – Giresse, Tigana, Fernandez, Platini – Stopyra, Bellone.

« A la force physique, il ne faut pas opposer la force, annonce Henri Michel. Nous allons donc miser sur ce jeu à la française qu'on nous envie, sur le mouvement et la finesse. Nous avons travaillé au plan tactique, mon souhait étant que se fasse une meilleure répartition des tâches sur le terrain. J'attache une énorme importance à l'équilibre entre toutes les lignes, à un quadrillage du terrain le plus proche possible de la perfection. En ce sens, le retour d'Alain Giresse est prometteur. »

Joël Bats, avant le coup d'envoi, a parlé de « dynamique du succès », ce qui sort un peu des attributions d'un poète mais pas du tout de celles d'un gardien très sensible aux réactions de la collectivité. Le public lui, craint de retrouver, avec la R.D.A. une autre Bulgarie, plus hérisson que bête de plein champ. Mais la R.D.A., on ne vous l'a pas encore dit, a commis l'impensable bévue de perdre deux points chez elle, contre la Yougoslavie (2-3), bien obligée soudain de se présenter au Parc dans une tout autre disposition que celle suggérée par sa nature, le voir venir et le contre.

C'est ainsi que naît un grand embrasement de quatre-vingt-dix minutes dont on va sortir, on ne le sait pas encore, les yeux émerveillés et le cœur en chaleur. Sous la baguette d'un Platini plus fort que jamais, dont l'art touche à une espèce de perfection pendant la première mi-temps, l'équipe de France « ajoute à son mémorable feu d'artifice 1984 quelques figures de lumière encore inconnues. On croyait avoir tout appris d'elle et en avoir épuisé les dons. Son match a pourtant une saveur parti-

Premier tir sur le poteau, deuxième tir au fond, Stopyra vaut 0,50 : juste la demi-mesure. Les Tricolores peuvent célébrer leur douzième victoire en douze matches.

culière. Comme un condensé de ses vertus ou comme le bis éclatant que le virtuose ajoute à son récital et qui va décrocher plus loin les applaudissements. » (J. Ferran, *L'Équipe*).

Occupant beaucoup mieux les espaces que contre la Bulgarie, ne perdant presque jamais la balle, baignant dans un jeu d'une totale limpidité, clairvoyante, inspirée, l'équipe de France domine un adversaire est-allemand pas décidé, lui non plus, à traîner en route, ni derrière, ni devant. Elle reste donc constamment, malgré ses nombreuses occasions, malgré le but qu'elle va marquer au terme de la première demi-heure, sous la menace d'un exploit allemand. On peut réaliser des prodiges et trembler quand même.

Yannick Stopyra (12ᵉ sélection) est encore au cœur du débat et des fausses notes de l'orchestre. Dynamique pourtant, volontaire, il incarne à la fois les insuffisances et la poisse qui collent désespérément, depuis des années, à la peau du numéro 9 tricolore. A la 1ʳᵉ minute, il a effleuré, au premier poteau, un centre de Bellone. A la 20ᵉ, il a oublié une talonnade magique de Platini qui lui ouvrait le chemin de Müller (René, portier de Lokomotiv Leipzig). A la 29ᵉ, lancé par Giresse, but bien ouvert, il déclenche une frappe brossée qui expédie le ballon sur le poteau est-allemand. Faut-il le pendre ou l'encourager ?

Il faut l'encourager. Trois minutes après ce raté, Maître Platini, de trente mètres, adresse une longue balle à revers dans le dos de la défense allemande, balle sur laquelle se précipite Bibard et qu'il prolonge comme il peut, du poitrail, au contact d'un défenseur adverse. Qui est là, au deuxième poteau, pour fracasser férocement l'objet de sa convoitise, soulager quinze millions de fadas et faire remonter sa moyenne de buts tricolore à 0,50, on a déjà vu pire ? C'est « Stop » et encore, ja pour les Allemands et la nique aux Bretons descendus en deuxième division.

Ah ! qu'il est bon de respirer à pleins poumons ! Anziani a remplacé Stopyra et maintenant, il mérite un chocolat (France-R.D.A., 2-0).

L'équipe de R.D.A., un genou au tapis, n'est pas loin de faire la bise à Fanny avant la mi-temps, Giresse expédiant un missile très aérien au lieu de solliciter Stopyra mieux placé (41ᵉ) et Amoros tapant sur un poteau (42ᵉ) qui n'était pas son poteau intime.

Attaquer, c'est bien mais il n'y a pas que ça dans la vie, il faut savoir défendre aussi. Au début de la seconde mi-temps, pendant un petit quart d'heure de réflexion et d'analyse, les Bleus font le ménage sur leur palier, époussetant dans les coins et imitant « Monsieur Propre », ce cher Luis et son plumeau. Il en reste quelques Allemands surpris, bons soldats pourtant et pas peureux, au point de soumettre Bats à deux alertes très sérieuses (Steinbach, 56ᵉ, Thom, 59ᵉ).

Les Bleus savent bien qu'il faut en finir. Leurs vagues se suivent, sans se ressembler, s'enflent et se brisent (Platini sur un poteau, encore, 84ᵉ). La menace est toujours là, épaisse, trapue, insistante. A la 89ᵉ minute, « Gentil » (Jean Tigana) tricote des gambettes de son propre camp jusque dans le rond central. Alerte Anziani (qui a remplacé Stopyra depuis cinq minutes) lequel lance Bellone vers un but semblable à celui de la finale européenne. Mais le gaucher monégasque, dans une illumination subite, géniale et inattendue, offre une passe en retrait, caviar et chocolat en

barre, à son nouvel ami monégasque Anziani. Ce qui nous fait en un seul match deux buts d'avant-centre, une véritable orgie pour affamés et l'envie de dévorer goulûment cette envolée montée en Chantilly : « Le but de Bellone-Anziani, éclos, comme celui de France-Espagne, des ultimes moments de la rencontre, explosa comme une divine délivrance et fit chavirer de tendresse une foule partagée jusque-là entre l'admiration et l'angoisse. » *(L'Équipe)*.

Douzième match de l'année 1984 pour l'équipe de France, douzième victoire, six points sur six dans son groupe éliminatoire de Coupe du Monde, ce n'est plus un bilan, c'est un triomphe, c'est Byzance. C'est aussi le 104e et dernier petit fanion offert à Fernand Sastre, président historique de la F.F.F. jusqu'à la fin des temps, « l'adieu au vieux prof du lycée Papillon » (Gérard Ernault).

Etat de grâce et « clé de douze », « les douze glorieuses », « le Wunderteam de 1984 », « le dénouement d'une année sans rides », l'équipe de France inspire et fait chanter. Susurrons-lui des mots doux, de belles phrases en forme de porte-bonheur. Erigeons-lui un monument, qui ressemblerait à une pyramide en verre et que l'on dresserait, par exemple, dans la cour du Louvre. Il paraît que certains y ont déjà pensé. Qu'ils en soient ici remerciés.

Il est libero, Battiste !

Sarajevo est en Bosnie-Herzégovine. On y fait du ski. Un archiduc y a manqué un virage. Platini et ses copains ont décidé d'aller y passer quelques jours autour du 3 avril 1985. Ecoliers, inscrivez : on ne reviendra pas sur ces détails élémentaires.

Pour la première fois depuis une éternité, l'équipe de France va jouer un match officiel de compétition sur terrain adverse. Indépendamment du Luxembourg qui était le jardin privé ou presque des deux Lorrains Battiston et Platini et qui, de surcroît, comptait pour du beurre, le dernier voyage sérieux remonte au 14 octobre 1981 à Dublin. Les tricolores avaient abandonné là quelques plumes (2-3) malgré le tir victorieux du débutant Bellone.

Les douze matches de 1984, sanctionnés par autant de succès, ont tous eu lieu dans notre doulce France, gommant les aléas de la diligence et des auberges inhospitalières. A Sarajevo, il va falloir réapprendre à regarder où l'on marche et repérer le nom des rues. Certes, quelques-uns parmi les observateurs font preuve d'un optimisme en béton armé : « ... Par la valeur individuelle de ses éléments, par leur expérience internationale et par la détermination qui les habite, l'Équipe de France représente un ensemble unique en Europe et sans doute au monde aujourd'hui. Un ensemble qui sera, jusqu'en 1986, capable de tout. » *(France-Football).*

Il est bien vrai que beaucoup d'éléments plaident en faveur d'une confiance raisonnée. La défense française n'a encaissé que cinq buts en quatorze matches, dont deux sur penalties et Michel Hidalgo, après France-R.D.A., a souligné le phénomène : « On dit depuis longtemps que nous possédons l'un des meilleurs milieux de terrain, ce qui est évident. Mais je dis qu'aujourd'hui, la France possède aussi la meilleure défense du monde. » A domicile, aurait pu ajouter Hidalgo. Et quand elle fait le jeu, ce qui risque de ne pas être tout à fait le cas en Bosnie-Herzégovine, chez la copine à Martine.

« A Bordeaux, j'suis libero. Chez les coqs, j'veux plus être le zozo du traîneau. » Battiste, t'es un affreux jojo !

Parlons-en d'ailleurs de cette défense tricolore invincible qui se met à faire parler d'elle dans toutes les gazettes. Cela a commencé par une surprenante déclaration de Patrick Battiston annonçant qu'il n'avait « plus les automatismes pour évoluer à la place d'arrière latéral » et qu'en conséquence il ne fallait plus compter sur lui sous la casquette, même galonnée, du troufion excentré. En termes clairs, à vingt-huit ans et grâce à son expérience bordelaise, Battiston annonce qu'il veut piquer la place du grand Maxou comme libero, là où l'on voit tout du haut de la dunette. L'affaire jette un petit froid. On craint pour l'unité du groupe, en considérant de surcroît que, même inférieur à Battiston-libero, il n'est pas certain que Battiston-latéral ne soit pas supérieur à ceux qui postulent à ce poste.

Bref, on entérine jusqu'au moment où Bossis se couche, victime d'une grosse angine qui le prive de sa 64e sélection. On rappelle alors Battiston, un peu gêné aux entournures et qui laisse entendre qu'il s'est fait sonner mâtines par Frère Platini. « Je reconsidérerai peut-être ma position plus tard, après y avoir réfléchi. Pour l'heure, je joue gros en sachant très bien que Maxime est au-dessus du lot et qu'il reprendra sa place au prochain match. »

Battiston n'est pas sans biscuits face à son défi. Henri Michel lui a adjoint son stoppeur préféré, Léonard Specht, qui écrase alors toute la hiérarchie des numéros 4 français. Il s'agit là d'un retour en grâce, l'Alsacien de Bordeaux n'ayant plus joué en sélection depuis la défaite contre le Pérou (0-1 au Parc) en avril 1982.

Specht-Battiston en charnière centrale et Ayache préféré à Bibard comme numéro 2,

Bruno Bellone voulait voir la Bosnie-Herzégovine. Il a vu une drôle de machine. Bruno Bellone voulait aller plus loin. Il est couché dans le foin (Yougoslavie-France, 0-0).

c'est en fait une formule défensive tout à fait nouvelle que le sélectionneur définit en ces termes : « La paire girondine présente toutes les garanties et Ayache me paraît très saignant en ce moment. » S'il faut du sang, il sera donc celui-là.

Pour le reste, le groupe est là, au coude à coude, classique et solidaire, accueillant seulement le Brestois Buscher en réserve et réinstallant le carré magique Tigana-Fernandez-Platini-Giresse aux commandes.

Le climat serait presque parfait s'il n'y avait pas des Yougoslaves derrière la glace. Des Yougoslaves que l'équipe de France n'a jamais réussi à battre chez eux depuis cinquante-trois ans et encore moins avant puisque l'on ne se rencontrait pas ; des Yougoslaves qui se trémoussent encore en songeant au 5-1 de 1968 au cours duquel Osim, Dzajic, Petkovic, Musemic et quelques autres transformèrent les tricolores de Dugauguez en purée de coqs.

La tradition yougoslave en a tout de même pris un coup depuis la Coupe du Monde 1982 et le Championnat d'Europe 1984. Le 0-5 contre le Danemark et les trois buts de Platini ont laissé des traces. Et le tout récent 1-0 devant le Luxembourg, pour le compte du groupe IV éliminatoire, a ajouté aux questions habituelles : sommes-nous ce qu'il croient que nous sommes ?

Heureusement pour les Yougoslaves, leur nouveau sélectionneur s'appelle Milos Milutinovic, une vieille connaissance des Français, un attaquant magnifique auquel le Stade Français de Pouchès doit encore six millions de centimes 1964, c'est dire s'il sait tout de nos mœurs. « Ce qui m'intéresse surtout, dit-il,

L'instant où le féroce suspend son vol (Luis Fernandez à la touche).

c'est le jeu de mon équipe. Et la qualification. » Pour ce faire, Milos Milutinovic a deux idées dans le match de Sarajevo : réduire le champ d'action de Platini, ce qui n'est pas idiot ; et rappeler Halilhodzic le Nantais, ce qui est vicieux.

Contre des Français champions d'Europe partisans déclarés d'un match nul, les Yougoslaves vont commettre trois erreurs : le décrochage très rapide, au bout de cinq minutes, de leur attaquant Sestic qui vient encombrer le milieu de terrain ; l'installation du débat au niveau du muscle et des irrégularités, ce qui déplaît à l'arbitre suédois M. Fredriksson et encourage des adversaires comme Fernandez à sortir, eux aussi, leur pied de fonte ; le tir légèrement trop croisé de Zlatko Vujovic, seule véritable occasion, à la 40e minute.

Malgré l'atmosphère quasi irrespirable en début de rencontre – moins virulent que la peste, tu meurs – rien ou presque de couleur yougoslave ne parvient à troubler la sérénité et la maîtrise collective de l'équipe de France. La valeur individuelle des Tricolores (qui jouent en blanc), leur bonne organisation (Battiston a raison, il est bon libero) et leur choix délibéré de faire tourner le ballon derrière pour désemparer l'adversaire réduisent en fait à peu de chose les chances de victoire de la sélection de Milutinovic.

On peut même dire que si Ayache, mis en position de dernier attaquant par Giresse à la 28e minute, n'avait pas trop croisé son tir vers la gauche, les Yougoslaves auraient pu plier leurs gaules. « Je n'ai pas l'habitude de me retrouver seul devant le gardien, expliquera Ayache. Surtout à ce niveau. »

Si l'on ajoute un coup de canon de Bellone qui réduit les poumons de Stojic à une petite éponge pour ardoise (21e), un tir de Battiston (37e, sur ouverture de Giresse) qui dévisse la tête d'un défenseur yougoslave et un gâchis de Fernandez, à dix mètres de la cible, après une offrande de Platini (45e), on constate que l'équipe de France a largement équilibré la balance, les Bleus de Bosnie ayant à leur crédit un tir de vingt mètres de Sestic bloqué par Bats (19e), une reprise acrobatique d'Halilhodzic qui ne coucherait pas un roseau (31e), une très bonne tête du même dégagée sur la ligne par le spécialiste du sauvetage Amoros, dit « le marin breton » (33e) et le tir de Vujovic évoqué précédemment.

En deuxième mi-temps, entre des Français qui ne veulent pas alors qu'ils le pourraient et des Yougoslaves qui ne peuvent pas alors qu'ils le voudraient, le match sombre dans la monotonie. Platini défend à l'italienne, « Monsieur Propre » Fernandez utilise eau de Javel, Ajax ammoniaqué et brosse métallique pour gratter dans les coins et Stopyra joue au loin le *poor lonesone cowboy* qui a perdu sa selle et son harmonica.

Touré a fini par rentrer (69e). Au milieu de terrain, où l'oxygène est pourtant rare, compte tenu du nombre d'habitants au décimètre carré. Il ratisse, lui aussi. Puis soudain, dans le match finissant (86e), une inspiration le saisit : une accélération, une percée, un espoir palpable et... un tir trop enlevé peut-être dû à une taupe trop curieuse.

Les Français sont ravis. « Un point positif », dit Michel. « Les Bleus font leur pelote », titre *L'Equipe.* Mais certaines bonnes âmes n'apprécient que modérément la démonstration de force faite par les champions d'Europe et, notamment, par Luis Fernandez, impressionnant de présence, d'énergie et de terrible efficacité. A cela, le sélectionneur répond avec un peu de vivacité : « On nous a tant reproché, dans le passé, de ne pas être capables de tenir un résultat à l'extérieur qu'il serait malvenu aujourd'hui de faire des restrictions sur la conduite de notre match. Dans des conditions difficiles, dures, nous avons su résister à l'épreuve de force qu'on nous imposait. Tout en essayant de bien jouer. Nous n'y sommes pas toujours parvenus mais nous avons essayé. »

Sans mains ni têtes

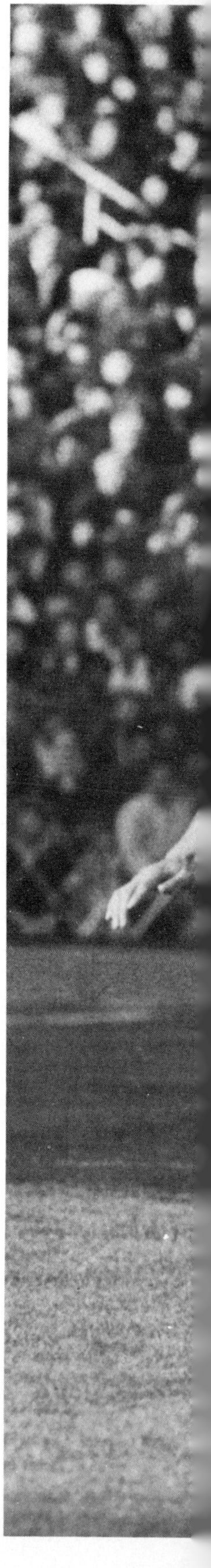

Sur sa lancée de Sarajevo et grâce à la manière dont elle s'est rassurée, l'équipe de France envisage sereinement d'aller gagner à Sofia. « Sofia, opération coup de point », peut-on lire et entendre.

C'est osé : Raymond Kopa en personne, malgré son allure et sa capacité napoléoniennes, n'a jamais gagné au stade Vassil-Levski. Et il rôde, dans ce stade maudit par les Tricolores, des fantômes d'arbitres qui n'étaient pas très nets dans leur habit noir, le Tchécoslovaque M. Fencl de 1961 et l'Ecossais M. Foote de 1976 que Thierry Roland a fait passer à la postérité en le salant d'un terme populaire et pas très samaritain.

Le dernier grand héros en maillot bleu frappé du coq, capable de rouler des épaules autour de l'église Alexandre Nevski, possédait un nom de sapeur, Jean Cesember. Le 9 juin 1932, au cours d'une tournée balkanique de trois matches (Belgrade, Sofia, Bucarest), il se jouait de Baichoucheff et, encadré par Joseph Rodriguez et Pepito Alcazar aux postes d'inters, marquait la bagatelle de quatre buts. L'équipe de Frace gagnait 5-3, quatre jours après avoir été battue en Yougoslavie (1-2) et trois jours avant de se faire écraser en Roumanie (3-6). C'était le bon temps, celui de l'Orient-Express et des dames en crinolines.

Les tricolores d'Henri Michel, qui n'ont pourtant pas la photo du sapeur Cesember sur leur table de nuit, rêvent donc de mettre Sofia en bouteille et les Bulgares en pot. Pas gênés pour deux sous, ils causent, oublieux de la tradition, du match-aller et de la fierté sofiote, laquelle s'est remise un jour du passage d'Attila, c'est dire qu'elle est vivace. Les Français commettent là un gros péché de gourmandise et piétinent la plate-bande de la diplomatie. « Comment ? remarquent Ivan Voutsov et ses hommes. Vous annoncez que vous souhaitez prendre un point en Yougoslavie, ce que vous faites. Et vous prétendez maintenant en prendre deux chez nous. Pourquoi ici et pas à Sarajevo ? Souhaiteriez-vous donc plus la qualification des Yougoslaves que la nôtre ? »

Ainsi amorcée, la discussion est difficile. Les Bulgares de Voutsov, étrillés un peu plus tôt en R.F.A. par la sélection renaissante de Beckenbauer (4-1 en match amical), préparent leur affaire avec un grand souci du détail, le magnétoscope dévidant et fixant les images excitantes du rayonnement français. « Nous avons une idée assez précise de la façon dont se déroulera la rencontre, déclare placidement Voutsov, un sélectionneur aussi bavard qu'une huître à marée basse. Nous avons préparé un bon schéma tactique et nous avons les hommes pour l'appliquer. »

C'est d'autant plus inquiétant que, la veille du 2 mai 1985, à Plovdiv, les Espoirs de Bourrier ont reçu une terrible déculottée (4-0), amorcée par deux buts particulièrement gratinés sur lesquels le gardien remplaçant de Sochaux, Gilles Rousset, malgré sa grande taille (194 centimètres), n'a pas œuvré pour la cause.

Le même jour, ce qui fait beaucoup causer dans les deux camps français et bulgare, la Yougoslavie de Milutinovic est passée au ras du couperet à Luxembourg, ne marquant qu'un but par Vokri à la 87e minute mais prenant la première place du groupe IV avec 8 points en 5 matches (3 victoires, 2 partages) et 5-2 de goal-average. Tous estiment qu'elle prend la lune avec les dents et que l'aisance qu'elle affiche pour blanchir les corbeaux a quelque chose d'insolent. Faudra-t-il donc l'abattre à la hache pour voir « sa tête, mollement, pencher sur sa poitrine » ?

La préparation de l'équipe de France à Jouy-en-Josas, avant le voyage, a été enjolivée (et perturbée, estime le sélectionneur) par la remise de la Légion d'honneur à Platini et des Croix du Mérite national à Tigana, Lacombe, Rocheteau, Giresse etc. au Palais de l'Elysée par le président de la République. Ce lundi, Platini a également inauguré sa statue en cire du musée Grévin et reçu son deuxième Ballon

Stopyra a réclamé la confiance et on la lui a donnée. Touré n'a rien demandé et il n'a rien eu.
Les Tricolores ont vu Sofia et ils n'ont pas chanté (Bulgarie-France, 2-0).

L'idée était bonne
mais il y avait du monde aux Balkans.
Mikhailov, gardien bulgare,
maître de sa maison.

d'or de *France-Football,* signes indiscutables que son règne est total et reconnu.

Platini libéré par la Juventus ainsi que le stipule sa lettre de sortie établie par la Fédération, l'équipe de France possède pour Sofia son essentiel. Mais elle n'a pas son Giresse préféré dont les élastiques d'un genou s'embrouillent, chose courante quand ils ont beaucoup servi.

Henri Michel se trouve donc devant plusieurs choix, aussi intéressants les uns que les autres mais avec le souci logique de ne rien vouloir changer de fondamental pour un match aussi périlleux que celui de Sofia. Il pourrait, par exemple, confier le poste d'avant-centre à José Touré, celui-ci ayant succédé à Halilhodzic blessé dans son rôle nantais. Il le pourrait mais il y renonce pour deux raisons : « D'abord, il n'est pas souhaitable de modifier notre formule habituelle. Ensuite, je tiens à donner tout au long de la saison à Stopyra la confiance qu'il m'a réclamée. »

La formule habituelle, c'est le milieu de terrain harmonieusement complémentaire et équilibré entre deux demis plus défensifs (Fernandez-Tigana) et deux demis plus offensifs (Platini-Giresse régulièrement, Platini-Touré cette fois-ci). Touré présente le plus de garanties dans le moment présent par rapport à Ferreri (resté à la maison) et à Bravo (un peu handicapé). « José jouera dans la même position que Giresse, plutôt sur le côté droit. » Comme Bossis récupère sa place d'empereur (64e sélection, à une longueur de Marius), l'équipe de France passe à sa cinquième charnière centrale de la saison (Le Roux-Bossis, Battiston-Bossis, Sénac-Bossis, Specht-Battiston, Specht-Bossis) et s'aligne ainsi : Bats – Ayache, Specht, Bossis, Amoros – Touré, Tigana, Fernandez, Platini – Stopyra, Bellone.

Elle est motivée, l'équipe de France, sûre d'elle, bien articulée, agressive en diable et en proportion de ce que son adversaire lui offre généreusement. Dès le coup d'envoi, devant 70 000 spectateurs bulgares passionnés, elle

prend le jeu à son compte, comme chez elle, comme à Sarajevo, comme partout. En dix minutes, elle s'approche à trois reprises du but de Mikhailov par Platini (2e), Stopyra (6e, sur centre de Bellone) et Touré (9e).

L'équipe bulgare n'a pas encore bougé une oreille lorsque, à la 11e minute, sur une percée de Velichkov, le ballon se trouve repoussé en corner par la défense française. Ce n'est pas un drame, un corner, si la concentration et le coup d'œil sont bons.

Le tireur Guetov adresse un tir tendu vers le deuxième poteau. Bats, face au soleil couchant, est sûr d'avoir cette balle, il le dira. Mais il la laisse filer au bout de ses doigts et le stoppeur Dimitrov, une grosse bête insensible, la propulse à vitesse météorique dans la cage. « Totalement pour moi, dira encore Bats. Cela arrive. »

Cela arrive, certes, mais c'est très gênant. Car le beau scénario élaboré par l'équipe de France sombre dans la minute même du but de Dimitrov. Survoltage des Bulgares et enterrement de la promenade tranquille pour les Français désormais condamnés à la course en avant, à l'ouverture des vannes offensives, à l'héroïsme et au clairon.

Dans son désir de refaire surface au plus tôt et de reprendre la partition choisie, l'équipe de France se bouscule le tempérament. Elle présente aussi quelques failles, « nettement en dessous de sa valeur tactique et physique », selon Henri Michel, fébrile, mal inspirée, souvent très maladroite dans la dernière passe, ce qui ne pardonne pas.

Ainsi, Yannick Stopyra manque à peu près tout ce qu'il veut dans le domaine concret des contrôles, des remises et des têtes et il est inexistant dans le domaine des anticipations et des créations que lui suggère Platini. Il va s'en tirer, le pauvre, avec une note de 3,42 sur 10 dans les colonnes de *L'Equipe* et bientôt hurler

Bats saute dans sa poële, l'huile est bouillante et le désastre est consommé. Ça devait finir par arriver !

qu'on veut l'assassiner, qu'on ne l'a jamais aimé. Pourquoi n'aimerait-on pas, grands dieux, ce beau jeune homme aux yeux si doux ? Mais pourquoi ne préférerait-on pas, chez lui ou un autre, un avant-centre de gros calibre qui crache la mitraille quand il éternue et qui traverse les murs quand on lui ferme la porte ? Ou alors un malin qui se sert des mottes de terre et siffle pour distraire le gardien ? Un Gerd Muller ou un Onnis en somme, à défaut de ce traître de Bernard Lacombe qui, quoi qu'en disent certains, était un sacré bonhomme « dans un environnement et dans un style de jeu où la précision des remises, la vivacité de geste et d'esprit, la tenue habile et rassurante du ballon, l'adresse devant le but sont les qualités indispensables du numéro 9 appelé à coordonner ses efforts avec ceux de Platini, de Tigana et de Giresse » (J.-Ph. Réthacker).

D'ailleurs, sans évoquer la note de *L'Equipe*, Henri Michel ne va pas se moucher du pied pour dire que Stopyra n'a pas « complètement répondu à mon attente », qu'il est encore « trop statique dans le jeu » et qu'il « manque un peu d'envergure pour l'instant ».

L'équipe de France court donc après son ombre dans la foulée d'un Platini moins rayonnant que d'habitude (5,92 dans *L'Equipe*,les sauvages !) mais suffisamment habile pour offrir trois louches de caviar à trois ingrats, si l'on constate l'usage qu'ils en font, c'est-à-dire tapisser les murs (Amoros, 16ᵉ ; Stopyra, 27ᵉ ; Fernandez, 44ᵉ). Dans le même temps, et par la force des choses, elle s'offre aux contres terribles des Bulgares, Bossis étant obligé d'étaler Guetov avant la surface de réparation (22ᵉ) dans un style peu courant pour un garçon bien élevé, et Bats en faisant autant sur le même pour bien lui faire comprendre la traduction (60ᵉ).

A force de tirer sur l'élastique sans mettre de lunettes, l'équipe de France va se faire salement amocher un œil dans des conditions une nouvelle fois impardonnables. 61ᵉ minute : Guetov (ah ! celui-là) tire un corner du côté droit, pour changer, à la mode tendue qui est la sienne. Bats est au deuxième poteau, ce qui est logique. Mais Sirakov largue Touré au démarrage et, vers le premier poteau, se fait un soleil de sa tête. Ce qui fait 2-0 et pourrait bien faire 3-0 – « J'ai eu peur d'un carton », avouera Bossis – si Amoros ne dégageait sur la ligne de but après un détournement de Bats (67ᵉ).

Carottes cuites et corners qui tuent, trois cartons jaunes à Fernandez, Specht, Platini et caquet rabaissé, l'équipe de France termine sa saison 1984-1985 un peu en queue de poisson même si, comme le dit justement Henri Michel : « L'héritage de Michel Hidalgo est intact. »

La défaite de Sofia contre une équipe de Bulgarie excellente, équilibrée, redoutable dans toutes ses lignes rend le programme à venir des Tricolores plus délicat (4 points à prendre en 3 matches dont 2 à domicile contre le Luxembourg et la Yougoslavie, l'autre se jouant en R.D.A.). Elle ouvre également quelques sujets de discussion intéressants : le poste d'avant-centre (Touré favori pour la succession), le jeu de tête, la charnière centrale défensive (Specht-Bossis ont des problèmes aériens, plus que Specht-Battiston et Sénac-Bossis semble-t-il), la tendance platinienne à liquéfier les avants-centre des équipes où il joue (allô, Paolo ?), la présence indispensable de Giresse, même vieillissant, dont les dribbles d'attente, la clairvoyance et son entente avec Platini auraient sans doute fait beaucoup de bien à Sofia.

Après quinze matches sans défaite, les demi-dieux étaient tombés au seizième round. On ne leur donnerait plus le bon Dieu sans confession. Et, entre Dieu me damne et Dieu merci, ils auraient intérêt à choisir le bon numéro dans l'annuaire. Sinon, Dieu nous pardonne, vieux et fieux pourraient bien leur faire la peau dans la cour de Saint-Cloud-les-cieux. La voix du peuple est la voix de Dieu.

Everton, le plus beau des trois champions d'Europe (C2) : Bracewell, Gray, Sharp, Ratcliffe, Stevens faisant le mur.

Les Coupes européennes

Platini fils de Kopa

C'eût été une magnifique image en temps normal. Mais c'était à Bruxelles et il y avait trente-huit morts.

Un grand joueur, c'est un artiste qui défie le temps et sème, sur le chemin de son jeu, des exploits et des souvenirs. La légende des footballs brésilien et anglais par exemple se nourrit d'une centaine de noms dont la seule évocation fait naître sourires et extase. Ils n'ont pas tous été rois mais leurs chaussons valaient bien un duché. Aujourd'hui, le champion footeux ne peut se contenter d'offrir de l'art à l'état pur. Cet art doit être gagnant, sinon il n'est pas. Curieuse déviation, parmi d'autres infiniment plus cruelles, pour un sport de balle qui ne devrait être qu'un jeu et ne pas oublier ceux qui le font chanter.

Quand Michel Platini s'en fut en Italie – c'était en 1982, après le Mundial espagnol – sa carte de visite comptait trois lignes : vainqueur de la Coupe de France 1978 avec Nancy, champion de France 1981 avec Saint-Etienne, 35 sélections en équipe de France.

Après trois saisons passées sous le maillot de la Juventus, le plastron de notre grand homme ressemble à celui d'un maréchal de l'armée soviétique : Coupe d'Italie 1983, champion d'Italie 1984, Coupe des Vainqueurs de Coupe 1984, Coupe d'Europe des Clubs Champions 1985, Supercoupe européenne 1984, trois fois meilleur buteur du Championnat d'Italie consécutivement (record de Nordahl égalé), champion d'Europe des Nations 1984, meilleur buteur de l'épreuve (9 buts), deux Ballons d'Or de *France-Football* récompensant le meilleur joueur européen de l'année (1983, 1984) et peut-être un troisième en préparation, 58 sélections en équipe de France.

Cette extraordinaire diversité dans le palmarès correspond pleinement à la géniale personnalité du maître sur le terrain, soliste inspiré toujours au service de la collectivité (celle-ci, à la Juventus, le lui rendant bien). Elle pousse une question, celle de savoir qui, de Raymond Kopa ou de Michel Platini, est le plus grand de l'histoire du football français. Nous ne trancherons pas car, si l'un, « Napoléon », illumina sa carrière française par quatre titres de champion de France et sa carrière espagnole par deux titres nationaux et trois Coupes d'Europe des Clubs Champions (1957, 1958, 1959), il ne gagna jamais une coupe nationale ni ne fut meilleur buteur. Et l'autre, Michel, que les Italiens surnomment « le roi », s'il peut présenter une réussite à l'étranger bien plus éclatante que celle de son aîné (encore que trois Coupes d'Europe...), n'a pas encore, en constance et en durée, exercé le prodigieux rayonnement de Napoléon.

Laissons là le faux débat et félicitons-nous d'avoir connu, à vingt ans d'intervalle, ces deux phénomènes capables de conquérir l'Europe. En nous souhaitant, au passage, de connaître les deux suivants, ce qui nous fera centenaire et n'est pas à dédaigner.

Le 29 mai 1985, avec son Platini inspiré, la Juventus s'avançait à Bruxelles pour mettre fin à une malédiction sportive (deux finales perdues en 1973 et 1983). Elle allait y réussir, dans le sang et les larmes, victime elle aussi, comme Liverpool, comme nous tous, d'une autre malédiction bien plus tragique. Celle de trente-huit morts dans un stade de football. L'échec d'un rite, comme dit un psychiatre. L'échec d'une civilisation surtout, sur lequel il va falloir se pencher afin que le jeu retourne à ses racines, celles du bonheur partagé.

Zubizarreta a un pied de mule

Les Girondins de Bordeaux, champions de France 1984, n'ont encore jamais participé à la Coupe d'Europe. A la vraie, à la grande, à celle qui établit la hiérarchie des valeurs et enrichit la légende. Mais les Girondins sont prêts, rodés qu'ils sont par trois participations successives à la Coupe de l'U.E.F.A. qui les ont vus mêler les exploits retentissants (Iéna, Split) et les échecs décevants (Lokomotiv Leipzig en 83-84).

L'équipe bordelaise a incontestablement pris du volume depuis quelques mois, confortée par son titre national et par sa tenue dans le championnat en cours (invaincue, 16 points en 9 matches). La perspective d'avoir à affronter le champion d'Espagne, l'Athletic de Bilbao, ne l'émeut ni ne la rassure, tellement sont évidents les périls de l'aventure dans une phase d'évolution à problèmes. Bordeaux est, en effet, privé de Chalana et de Tigana ; Giresse n'a pas totalement récupéré des fatigues de l'Européen ; et l'équipe, elle-même, collectivement, fait naître des doutes sur sa capacité à vraiment favoriser un jeu d'attaque. Elle gagne mais elle n'emballe pas.

La volonté est claire, cependant, chez les Girondins, de s'affirmer au plan européen et même d'être « le premier club français à remporter la Coupe des Clubs Champions » (Bez dixit) puisque « la France est championne d'Europe et que Bordeaux est son chef de file » (Couécou).

Plusieurs faits plaident également en faveur des Girondins : l'arrivée de Dropsy, l'expérience internationale consommée de plusieurs de ses cadres champions d'Europe, la maturation de toute l'équipe selon les principes chers à Aimé Jacquet, la motivation par l'argent installée par le président du club, la poussée d'une région, la moyenne d'âge assez élevée, etc. A cela s'ajoute la grève des footballeurs espagnols entreprise après la première journée du championnat pour appuyer des revendications sociales et qui prive Bilbao de son rythme de compétition. Seul point noir : Bordeaux sait que la qualification se jouera à San Mamès lors du match retour.

L'équipe basque n'est pas la première venue. Deux fois championne d'Espagne, elle symbolise lumineusement la renaissance et l'hégémonie du football d'une province sur le pouvoir central et sur la puissance des grands clubs madrilènes et catalan. Songez que les quatre derniers titres nationaux, de 1981 à 1984, sont allés deux par deux à la Real Sociedad de San Sebastian et à l'Athletic de Bilbao (sans compter la Coupe d'Espagne 1984). On ne combat pas facilement la force, l'engagement, le rythme, le caractère des équipes basques au sein desquelles s'affirment la volonté d'une identité spécifique – rien que des Basques dans ces équipes – la fierté, voire la révolte liée aux événements politiques. On ne peut pas oublier, par exemple, que les deux vedettes du Barça, Schuster et Maradona, tombèrent l'une et l'autre sous les coups inadmissibles de Goicoechea et de ses copains. Ni que Liverpool, vainqueur de la C1 en 1984, n'élimina Bilbao en huitièmes de finale que par un petit but (0-0, 1-0).

L'un des nouveaux internationaux espagnols sécrétés par le football basque s'appelle Zubizarreta. Vingt-deux ans, gardien de but, finaliste du Championnat d'Europe des Espoirs et finaliste de l'Européen 1984, il est considéré par beaucoup comme supérieur au gardien titulaire de la sélection, Arconada. « Lui n'aurait jamais encaissé le but sur coup franc de Platini en finale. » Ce Zubizarreta est un phénomène du dégagement au pied. A la relance, lointain imitateur de René Vignal, il est capable d'aller chercher la tête de son avant-centre aux vingt mètres adverses ou la course de son ailier droit ou gauche près des poteaux de corners. Zubizarreta est à la fois gardien et joueur d'attaque.

Le 19 septembre 1984 (23 989 spectateurs), les Girondins ne sont pas à l'aise. Ils démarrent à tâtons, mis dans l'impossibilité d'imposer leur jeu habituel en passes courtes, coincés par les Basques qui bouchent les angles au milieu pour

Non, Platini, t'es pas tout seul !
Ils sont tous là, les copains,
Boniek parle même avec les mains.
Et Tardelli se demande où est le tracassin.

ARISTON
ARISTON

Au royaume des buteurs.
Bernard Lacombe le Bordelais (contre Bilbao)
et Ian Rush le « Liverpoolien » (contre Benfica)
font cracher la poudre.
Malgré les apparences,
celle de Rush n'était pas mouillée.

les empêcher d'alerter Thouvenel et Rohr, leurs arrières latéraux, sur les ailes, privés enfin de Giresse lequel, pris « en individuelle » par De Andres, est rayé de la carte du jeu. Collectivement, athlétiquement, moralement, les joueurs de Bilbao font une formidable impression. « Ils évoluent comme Liverpool et ils ont tout pour nous contrarier », admet Jacquet.

Sans beaucoup de solutions – « s'il n'y a pas de liberté, il n'y a pas de passe constructive possible », dit Giresse – les Bordelais font appel à leurs qualités morales, à leur cohésion et à la présence physique de chacun. Ils mènent d'abord 1-0 (but de Dieter Müller, 28e minute, sur une passe de Martinez) avant de se faire rejoindre à 1-1, puis 2-1 (but de Battiston, 61e, sur passe de Müller) avant de se faire rejoindre à 2-2.

Sur les deux buts de l'Athletic, c'est Zubizarreta qui a allumé la mèche d'un grand coup de godasse, expédiant d'abord Noriega sur l'aile droite pour une passe décisive à Endika (30e) puis Salinas en ligne directe pour l'exploitation d'une mésentente entre Dropsy et Battiston (70e). « Nous nous sommes fait des politesses », expliquera Battiste.

Le Battiste en question, ayant beaucoup à se faire pardonner, monte une nouvelle fois à l'assaut et balance une longue diagonale au second poteau, là où Lacombe se détend au ras du sol et, de volée, du pied gauche, exploite victorieusement un ballon qu'il semblait ne pas pouvoir toucher.

A 3-2, les Bordelais soupirent d'aise. On les juge bien confiants pour le match-retour mais ils le sont réellement. « Dans un match pareil, la saison dernière, nous y avions droit. Le moral que nous manifestons est un atout extraordinaire, une force que nous ne possédions pas à ce point la saison dernière. » (Aimé Jacquet).

L'entraîneur bordelais, estimant avoir en sa possession tous les éléments d'analyse, conclut qu'un but d'avance est un trésor et qu'un trésor nécessite une protection rapprochée. Il bâtit donc un système à verrous multiples en incorporant le jeune Lassagne au poste d'arrière gauche, en confiant à Rohr un rôle défensif dans l'entrejeu et en demandant à Girard de se conduire en véritable demi-centre passant constamment des récupérations de balle à la relance offensive. Pour piéger encore un peu plus Bilbao, les arrières girondins remontent très vite le terrain pour mettre leurs adversaires hors-jeu. Et, afin de rendre complète la panoplie, ils lui adjoignent une efficacité totale dans le domaine aérien.

Que reste-t-il alors aux Basques ? L'impuissance. On les voit, avec surprise, user et abuser des longues balles en profondeur, des centres aériens aveugles et des coups de boutoir. Face à eux, Dropsy s'interpose des deux poings, Battiston coupe les trajectoires au ciseau et Girard affiche une forme étincelante dans son rôle de chef. Les dernières minutes sont longues mais les Girondins obtiennent un 0-0 tout à fait impressionnant par sa programmation et par la manière efficace dont il a été obtenu. « Nous nous étions préparés à subir. Nous avons donc réagi en fonction de cette pression » explique Jacquet. « Sans Dropsy, je ne crois pas que nous serions parvenus à nos fins. C'est fou, l'impression de solidité qui se dégage de lui » ajoute Gernot Rohr.

Dropsy n'a pas le pied de mule de Zubizarreta. Mais il a le pied marin ce qui, pour un Alsacien, n'est pas tellement commun.

Ce premier tour des Coupes Européennes, C1, C2, C3 confondues, entraîne l'écroulement presque total des clubs espagnols avec l'élimination de Bilbao, Barcelone, Athletico Madrid, Bétis et Valladolid, seul le Real Madrid se tirant d'affaire en C3.

Il consacre aussi Michel Platini, nouveau recordman français – avec Nestor Combin, mais plus pour longtemps – des buts marqués en Coupe d'Europe : 17, 9 avec Saint-Etienne, 8 avec la Juventus. Permet à Ifk Göteborg de laminer les Luxembourgeois d'Avenir Beggen (8-0, 9-0) et à Austria de Vienne de marcher sur les Maltais de la Valette (4-0, 4-0). Réveille quelques buteurs dont Monsieur Paolo, Rossi pour les non-initiés, auteur de trois buts contre les Finlandais d'Ilves Tempere. Et qualifie, en définitive, pour les huitièmes de finale de la C1, Dynamo Berlin (aux penalties contre Aberdeen), Levski Spartak Sofia, Panathinaïkos, Sparta Prague, Liverpool, Bordeaux, Dinamo Bucarest, Juventus, Austria, Benfica, Göteborg, Grasshopper Zurich, Beveren, Linfield, Lyngby le Danois et Dniepropetrovsk. Qui c'est celui-là ?, demande Claude Bez. On le lui dit ou il l'apprendra tout seul ?

Rush est Rush, nom d'un Red

Quatre fois vainqueur de la Coupe d'Europe en sept ans, Liverpool est un club heureux, fier de sa réussite, de sa tradition et de son habileté quasi-démoniaque à prolonger à travers le temps un style, une volonté, une hégémonie.

Liverpool, vainqueur de l'A.S. Roma à Rome, en 1984 et aux penalties, commet pourtant une erreur fondamentale durant les jours qui suivent son quatrième triomphe européen. Il accepte de transférer son Ecossais Graeme Souness à la Sampdoria de Gênes contre la somme assez fabuleuse pour un joueur de cet âge (31 ans) de douze millions de francs. Une offre qui ne se refuse pas et que Souness lui-même refuserait de refuser tant le statut qu'on lui fait dans la péninsule est digne d'un prince de la Renaissance. « C'est la chance de ma vie » dit-il à ses amis.

Or, Souness est depuis trois ou quatre ans l'âme, le régulateur, l'inspirateur du jeu de Liverpool même s'il n'en est pas le seul chef.

crown
paints

« Le meilleur joueur de Grande-Bretagne, assurément ! » (Kenny Dalglish, 34 ans et 95 sélections écossaises).

Tempérament de feu discipliné, personnalité affirmée, il exprime à haut rendement un ensemble de qualités techniques, athlétiques, collectives et morales qui en font l'un des meilleurs joueurs du vieux continent. Il voit court, il voit loin, il imprime sa marque au jeu et il sait se faire respecter. Il semble invulnérable.

Souness parti, Liverpool pique du nez en championnat d'Angleterre, quinzième place et pire encore. Joe Fagan, le manager-successeur de Paisley, se débat dans d'énormes problèmes de milieu de terrain, changeant de formule comme de chemise et n'y trouvant pas son compte. Pour ajouter aux difficultés, Ian Rush est contraint de se faire enlever un ménisque, lui qui vient d'inscrire 49 buts durant la saison précédente et d'obtenir le Soulier d'Or européen de *France-Football* pour ses 32 buts en championnat national. Il n'est donc plus là pour concrétiser les occasions nées du jeu collectif ni celles sorties de son imagination, ce que Joe Fagan appelle joliment « l'instinct du renifleur ».

En seizièmes de finale, Liverpool a sauté aisément l'obstacle polonais de Lech Poznan. Mais Benfica, en huitièmes, représente un adversaire beaucoup plus redoutable qui brûle de venger son échec du Stade de la Luz, au printemps 1984 (1-4 en quart de finale retour). Les Reds, battus par Everton dans le 92e derby de leur histoire, ne vont pas bien fort. Ian Rush notamment, après deux matches en équipe réserve, a manqué une franche occasion. Il a beau dire que « la prochaine, je ne la manquerai pas », une certaine inquiétude, pour ne pas dire une inquiétude certaine, habite le Kop et ses alentours !

Pour le match-aller à Anfield, Joe Fagan se livre à un rééquilibrage périlleux de son équipe avec Gillespie en défense centrale, Lawrenson et Lee au milieu avec Whelan et Wark, Dalglish en pointe au côté de Rush.

Pour Kenny Dalglish aussi, c'est l'heure du retour et de la revanche. Fagan l'a laissé plusieurs fois sur la touche, compte tenu de son âge et d'un déclin supposé (34 ans en mars) mais une 95e sélection en équipe d'Ecosse et un match exemplaire ont souligné à l'évidence que Kenny-le-conquérant n'était pas vraiment mort. « Le meilleur joueur de Grande-Bretagne, assurément », dit de lui Ian St John, l'ex-star de Liverpool. « Un grand joueur, bien meilleur et plus naturel que Keegan », ajoute Jock Stein, le sélectionneur écossais qui fut son entraîneur au Celtic de Glasgow.

Dalglish inspire un respect total, pour ses qualités individuelles certes mais aussi pour sa disponibilité et son sens de la solidarité. « Personne d'autre ne crée autant d'espace pour ses coéquipiers » estime l'arrière international Sansom. « Si Rush est aussi souvent en position de marquer, Dalglish n'y est pas pour rien » complètent tous les observateurs.

A Anfield, Rush frappe trois fois : à la 44e minute, sur un centre de Wark ; à la 71e, sur un tir manqué de Whelan dont il redresse la trajectoire ; à la 77e, sur un autre tir de Whelan repoussé par le gardien. Ce sont ses trois premiers buts de la saison, un parfait hat-trick à l'anglaise. Si Gillespie n'avait commis une erreur (but d'égalisation à 1-1 de Diamantino), le sort de Benfica serait réglé avant terme.

Au lieu de ça, à 1-3, il ne l'est pas tout à fait et il l'est encore moins quand le « Portugais » Manniche (il est Danois) marque un penalty à la 6e minute du match-retour après une faute de Grobbelaar sur Jorge Silva. L'ambiance devient chaude car Benfica sent la qualification à sa portée et Liverpool gèle le ballon dans les coins. C'est ainsi que Dalglish se fait expulser pour la première fois de sa carrière par l'arbitre français M. Vautrot pour s'être vengé d'une faute commise sur lui par Pietra (43e).

Mais, même réduits à dix, les « Liverpooliens » sont des durs à cuire. Ils ne mollissent pas, ne cuisent pas et figent le score en l'état (1-0 pour Benfica). Les Portugais crient à l'injustice divine, à la malchance. Que n'ont-ils un Rush dans leur cantine !

Léonard, lion de Bucarest

Les Bordelais affirment qu'il s'est produit pour eux un déclic à Bilbao, qu'ils ont soudain jaugé le niveau de leur évolution et de leurs possibilités nouvelles. Leur capitaine, Alain Giresse, a, pour expliquer cela, des mots très chaleureux : « Il m'arrive, avant un match important, de me poser des questions et de douter. Mais quand je retrouve mes coéquipiers, une confiance extraordinaire m'envahit. Plus que les progrès tactiques et collectifs que nous avons pu faire, je suis persuadé que c'est cette conviction d'appartenir à un bloc indestructible qui nous pousse et nous porte. »

De plus en plus, il y a du Saint-Etienne dans ce Bordeaux-là, la rigueur tactique et défensive de l'équipe girondine s'accompagnant, comme chez les Verts de la belle époque, d'un esprit de corps, d'une motivation et d'un appétit de vaincre assez exceptionnels. Ancien Stéphanois lui-même (quatre titres de champion de France d'affilée en 1967, 68, 69, 70 et deux Coupes de France), Jacquet a réussi à transmettre son expérience et son savoir personnels à un ensemble construit de toutes pièces et à lui donner maîtrise collective et fonds de jeu.

Ce bel échafaudage va être soumis à rude épreuve, on le devine, on en est persuadé, face aux Roumains de Dinamo Bucarest. Représentants d'un football plus latin qu'européen central, plus vifs et plus malins que la plupart de leurs frères socialistes, les compatriotes de Stefan Kovacs sont souvent les bêtes noires des Français. Ils ont d'ailleurs, par Université Craïova interposée, éliminé les Girondins en 1982-83 (1-0, 0-2). Ils possèdent les armes nécessaires pour coincer le collectif bordelais.

Chalana n'est toujours pas disponible pour affronter Dinamo au stade municipal, le 24 octobre 1984. Et l'on sait qu'il ne sera pas compétitif avant le printemps, si tout va bien. Tigana lui, a fait sa rentrée et il forme, avec Girard, Martinez et Giresse le quatuor-charnière appelé à dépêtrer le jeu des mailles et des vices de son homologue roumain.

Dinamo Bucarest exprime, en effet, sur le territoire girondin, une opposition « extrêmement rigoureuse à la fois dans les attaques de l'homme, les tacles et les contacts » et dans son organisation défensive où deux stoppeurs utilisent un barbecue devant le libero. Le but de Dinamo est évidemment de limiter les dégâts par tous les moyens, y compris en retenant volontairement ses possibilités d'attaque pour ne pas en subir les éventuels retours de bâton. « Je me sentirais mal à l'aise si je devais évoluer dans une équipe roumaine et brider constamment mon tempérament » remarque en passant Alain Giresse.

Les Girondins imposent un rythme très intense durant les vingt premières minutes, se créent quelques occasions (tête de Girard, dégagement de Rednic sur sa ligne), marquent un but refusé pour hors-jeu (Müller) mais se montrent très gênés par les remontées systématiques des défenseurs roumains. Il faut que Léonard Specht se livre à une chevauchée fantastique pour que Dieter Müller, magnifiquement alerté, croise une balle victorieuse devant Moraru (35e) et obtienne la moitié de l'addition souhaitée : les sempiternels deux buts d'avance avant le match-retour.

La deuxième moitié ne viendra pas car les Roumains de Dinamo multiplient les truquages et les actes d'anti-jeu pour répondre au credo de la « percussion » défini par Jacquet (« Celui qui fait le jeu doit toujours provoquer l'adversaire et le fixer pour libérer un ou plusieurs coéquipiers. »). Malgré plusieurs occasions bordelaises en seconde mi-temps – lob de Giresse, tir puis tête de Müller, frappe de Battiston – le score reste figé à 1-0, à la déception relative d'un public peu gâté par le spectacle, à celle des joueurs girondins et même à celle de l'entraîneur roumain Cornel Dinu (« Ma troupe a joué à 60 % de sa valeur. »).

Défendre une qualification à Bucarest ressort des travaux d'Hercule. Parfaitement prévenus et avec Tusseau au poste d'arrière gau-

Léonard, vous êtes un lion.
Un coup de volant pour redresser le camion et j'arrive le premier à Bucarest.

che (Rohr passant à droite), les Girondins passent à la casserole dès la 9e minute sur un but de Dragnea, de la tête, après un centre de Talmar. « Nous avions tous les jambes lourdes et Dinamo nous posait des problèmes insolubles. J'ai bien cru que nous ne nous en sortirions pas. » (Specht)

Heureusement pour eux, les Girondins retrouvent rapidement leurs jambes, leur organisation et leur sang-froid. Ils serrent les boulons et entreprennent de faire courir les Roumains, patients comme des paysans en attente de récolte. Giresse et Dieter Müller manquent des occasions, par exemple celle où Gigi se présente seul devant Moraru et, au lieu de lever sa balle, la frappe à ras de terre sur le corps de son adversaire. A un quart d'heure de la fin, le capitaine bordelais quitte le terrain, remplacé par Audrain. Où va Bordeaux, à part vers la prolongation?

Si les Français, devant leur poste de télévision, ne sont guère optimistes, les joueurs bordelais le sont, ce qui est le principal : « Se faire éliminer par cette équipe qui ne valait pas la nôtre m'était une idée insupportable. Je sentais bien que nous étions les plus frais. » (Specht)

Le dénommé Léonard trouve, presque à lui tout seul, la juste réponse au problème roumain. A la 106e minute, alors que Tulba s'est présenté seul devant Dropsy et l'a lobé, il réussit à détourner la balle sur la transversale. A la 111e, il se lance dans une montée offensive furieuse, résiste à une double charge de Nicolae et confie le soin à Lacombe d'inscrire le but du 1-1 qualificatif. Puis il se bouche les oreilles et ferme les yeux, de peur d'entendre l'arbitre écossais M. Mac Ginlay siffler quelque chose. « Parce que, inconsciemment, je me suis un peu aidé du bras pour écarter le Roumain. »

Les Girondins viennent de passer là un deuxième test très probant après celui de Bilbao, confirmant qu'ils sont capables de voyager et d'aller imposer leur style loin de leur base. « Pas étonnant, écrit Gérard Ejnès dans *France-Football,* la moyenne d'âge de Bordeaux est la plus élevée de toutes les équipes en compétition. En mai prochain, date de la finale, elle sera de trente ans et un mois. Liverpool, à Rome, avait une moyenne d'âge de vingt-sept ans et sept mois. »

Pour la première fois, Bordeaux accède aux quarts de finale de la C1 et se trouve devant la situation délicate d'avoir à intégrer un grand joueur comme Chalana alors que son équipe semble admirablement équilibrée : « On verra cela demain, répond Jacquet. Mais, tout Chalana qu'il est, il doit savoir qu'il n'est pas attendu comme le messie. »

Victorieuse 2-0 de Grasshopper Zurich au match-aller, la Juventus de Michel Platini séduit toute la Suisse par un match d'attaque emballant : 4-2, buts de Briaschi (20e), Vignola (40e), Platini (61e, 86e sur penalty) contre deux buts de Koller (30e) et Schaellibaum (71e). « *Ha giocato da Platini* » (il a joué à la Platini) se félicite Trapattoni, soulignant l'extraordinaire influence du Français sur la Juve, qui n'a perdu qu'un seul de ses vingt-deux matches européens (la finale d'Athènes) depuis qu'elle l'a enrôlé en 1982.

Liverpool, Bordeaux, Juventus sont imités par Goeteborg, difficile vainqueur de Beveren (1-0, 1-2 après prolongation), Austria de Vienne (3-3, 2-1 devant Dynamo Berlin), Dniepropetrovsk (1-3, 2-0 devant Levski), Sparta Prague (0-0, 2-1 contre Lyngby) et Panathinaïkos (2-1, 3-3 contre Linfield).

Lors de cette dernière opposition, l'Europe a confirmation que l'Irlandais Martin McGaughey est bien un buteur d'élite et pas un Chypriote à la Kaïafas, un ancien Soulier d'Or, roi borgne chez les aveugles. McGaughey marque deux buts contre Panathinaïkos et en marquerait peut-être quelques autres s'il n'était chauffeur-routier durant la semaine pour faire chauffer sa marmite. Le football, pensez, ne lui rapporte que 120 livres (1 400 francs) par mois. « Moi, je n'ai aucun problème avec mon percepteur. Je ne suis pas imposable » précise-t-il en se marrant. Heureux homme !

Le général aime la boue

Quant vient le mois de mars 1985 et le temps des quarts de finale (6 et 20 mars), la Juventus n'est plus la reine d'Italie. Elle a laissé s'envoler Vérone et son Briegel vers le scudetto et permis à un autre quarteron de provocateurs – Inter, Torino, Sampdoria, Milan A.C. – de lui tailler des croupières. Est-ce le seul départ de Gentile (à la Fiorentina) qui a pu provoquer cette instabilité défensive que l'on constate (22 buts encaissés en 21 journées, le double de Vérone) ou n'est-ce pas plutôt une certaine forme de dégénérescence collective en même temps qu'une difficulté à se concentrer sur les tâches ménagères, en l'occurrence le championnat d'Italie ?

Trapattoni assure que non : « Je pense au contraire que la Juve n'a jamais été aussi forte dans son approche des grands événements parce qu'elle dispose de joueurs capables de s'adapter à toutes les circonstances. » C'est vrai que, quelques semaines plus tôt, en plein cœur de l'hiver, mais au Stadio Comunale, la Juve a conquis la Supercoupe européenne (vainqueur de la C1 contre vainqueur de la C2 1984) au détriment de Liverpool (2-0). La presse italienne l'en a abondamment glorifiée mais les Reds ont minimisé la portée de l'événement . « C'était chez eux et, en plus, cette Supercoupe n'a pas beaucoup de valeur ! »

C'est encore chez eux que les Turinois débutent leur double affrontement avec le Sparta de Prague alors que le Piémont pleure toutes les larmes de son ciel et que le terrain, en conséquence, ressemble à une éponge savonneuse. A l'inquiétude de ne pas pouvoir, peut-être, exprimer sa véritable valeur, s'en ajoute une autre pour la Juventus : le football tchécoslovaque, avec son classicisme et sa sûreté technique, empoisonne la squadra azzurra depuis plus de trente ans.

Pendant une mi-temps, la Juventus patauge, c'est le cas de le dire mais une colère de Tardelli lui montre le chemin. Descendu par Beznoska (cousin du Girondin ?), le beau Marco s'est vivement rebellé et a reçu de l'arbitre M. Prokop une fleur de pissenlit toute jaune, ainsi que son Tchèque préféré, cela va de soi (27e minute). Huit minutes plus tard, il se défoule sauvagement en reprenant de vingt mètres et du pied droit un corner de Rossi sur lequel Stejskal, le gardien de Sparta, laisse échapper le ballon. 1-0 pour la Juve.

Véritables bonshommes de boue dans un football de glissades et de tacles pas toujours bien intentionnés, Italiens et Tchécoslovaques réussissent à donner du rythme et de l'ampleur à un match que l'on croyait condamné. L'international Berger, que l'on connaît bien, s'oppose farouchement à la prise de pouvoir du milieu turinois. Mais le processus est en route, inéluctablement. La Juve emballe les actions, exerce un pressing de toutes les minutes, fait permuter ses joueurs dans un tourbillon incessant. « Notre meilleur match de Coupe d'Europe depuis que je suis à la Juve » dira Platini.

Tardelli marque à nouveau sur coup franc : but refusé par M. Prokop qui n'avait pas sifflé. Coup de génie de Platini avant la mi-temps : Bielik sauve sur sa ligne de but.

On joue depuis 19 minutes en seconde période quand Platini ouvre pour Briaschi sur l'aile gauche. L'attaquant vif argent poursuit l'action et va chercher d'un centre millimétré la tête de Paolo Rossi lequel, soudain, retrouve sa précision du Mundial 82 et l'art de crucifier les gardiens, ce qui fait 2-0 pour la Juve. Mais Paolo l'incorrigible, celui dont Platini critique parfois le manque de rigueur devant la cage adverse, manque douze minutes plus tard, seul devant Stejskal, un tir croisé de cours élémentaire (première année).

La Juve appuie encore, au-delà du don complet de soi-même, follement tendue vers sa conquête. Ce que veut la Juve, dans ces moments-là, relève de l'inexorable. A la 82e minute, la défense tchèque vole en éclats sous les coups répétés des juventini, repoussant les deux premiers tirs de Briaschi et Boniek mais ne résistant pas au troisième asséné par Briaschi.

Les bains de boue, c'est bon pour les articulations. C'est bon pour tout (Juventus-Sparta Prague, 3-0).

Massimo-maximum, enfant de la province de Vicenze, a bien mérité de la patrie. Mais « le général Platini » (ainsi promu par la *Gazzetta dello Sport),* crotté comme un mulet de campagne, est le héros des héros de la soirée. « Notre marche en Coupe d'Europe est galvanisante. Cinq matches, cinq victoires et surtout un niveau de jeu pleinement satisfaisant », souligne-t-il d'un large sourire.

Le général aurait mieux fait de se taire. Car, à Prague, ce n'est pas tout à fait la même musique. Une tempête de neige a obligé l'Iliouchine 62 de la délégation turinoise à atterrir à Bratislava, aux confins de l'Autriche et il a fallu six heures au car pullman réquisitionné pour franchir les 350 kilomètres restants. Quinze heures de voyage au total et un coucher à l'aube du mardi matin au lieu d'un vol de 45 minutes comme c'était prévu.

« C'est les risques de la Coupe d'Europe, minimise Trapattoni. Quant aux terrains lourds ou enneigés, nous connaissons par cœur ».

Le 20 mars, à Prague, la Juventus défend, défend encore, forte de ses trois buts d'avance et d'un Bodini sûr et omniprésent dans sa cage. Certes, Brio sort à la mi-temps, os frontal et nez enfoncés dans un choc avec Scirea. Et Berger transforme un penalty généreusement offert par M. Hackett (78e, 1-0 pour le Sparta). Mais rien de fondamental n'est vraiment changé et Trapattoni ne manque pas de faire remarquer que « peu d'équipes européennes auraient été capables de réussir ce que nous avons fait à Prague ». Ce qui n'engage à rien mais fait toujours de l'effet dans une conversation.

Chalana a un pied droit

Tout baigne dans l'huile ou presque pour les Bordelais, leaders du championnat de France avec cinq points d'avance sur Nantes, qualifiés en Coupe de France pour affronter Lille et quart-finalistes de la Coupe d'Europe, on ne risque pas de l'oublier. Ils ont, en effet, récupéré Fernando Chalana et commencé à l'intégrer : à Marseille, contre Bastia. Ce qui ne fait pas l'affaire de Tusseau, rejeté au poste d'arrière gauche qu'il n'aime pas ou même carrément laissé sur le banc au profit de la somptueuse ligne intermédiaire Girard-Tigana-Giresse-Chalana, laquelle vaudrait bien sept à huit milliards de centimes sur le marché des transferts italiens.

Les experts s'interrogent seulement sur les aptitudes du moment de Fernando Chalana à honorer le collectif bordelais et à ne pas le trahir par ses improvisations. « J'y ai réfléchi, dit Jacquet, et plutôt deux fois qu'une. Il faut que Chalana joue pour retrouver le rythme de la compétition. »

Le Portugais est donc sur la pelouse et Tusseau dans son survêtement (Thouvenel et Rohr arrières d'aile) pour accueillir Dniepropetrovsk, champion d'U.R.S.S. Les Soviétiques sortent à paine d'une longue hibernation mal compensée par des matches amicaux ici ou là. Et ils sont privés de Litovchenko, le meilleur joueur d'U.R.S.S. en 1984, ce qui n'est pas rien et ne saurait être compensé par les 120 kilos de leur entraîneur Yemets.

35 067 spectateurs (record du stade) assistent avec enthousiasme au départ en trombe de leur équipe bordelaise qui pousse son adversaire soviétique au bord de l'asphyxie. Son football est clair comme de l'eau de roche, vif, cohérent, aussi juste qu'une horloge. Rien n'y manque, pas même le but de Bernard Lacombe acquis dans la 10e minute grâce à une passe rectiligne de Specht et un ultime coup de patte en plein déséquilibre.

Au bord de la rupture, les défenseurs de Dniepropetrovsk commettent faute sur faute. Luiti reçoit un avertissement pour une faute grave sur Chalana et, peu après le but bordelais, Lacombe est bousculé par Poutchov, un grand sentimental. L'arbitre hollandais M. Keizer montre aussitôt le point de penalty ce qui, dans l'esprit de chacun, signifie 2-0, pas une ombre de doute là-dessus.

Il a été convenu, dans le camp bordelais, que les trois tireurs de penalties seraient Giresse, Lacombe, et Müller, à charge pour eux de se répartir la tâche selon les circonstances et leur humeur du moment. Gigi n'est pas chaud, il a raté sa dernière tentative. Finalement, Dieter Müller se dévoue et frappe à la droite de Krakovski, un grand faucheur dont la réputation déborde largement des limites de son village. Il détourne la balle, le gardien de Dniepropetrovsk et il ne devine sûrement pas, en cet instant, les dégâts psychologiques qu'il commet dans la tête de Dieter Müller et dans celles de tous les Bordelais. « A 2-0, c'était fini. Dans ces cas-là, tu te mets en place. Tu es en confiance, serein. Le troisième but vient tout seul » (Lacombe). « Si nous réussissons le penalty, ça change tout, évidemment. C'est peut-être du 3-0 ou du 4-0 » (Specht). « Les Russes étaient à la dérive. Nous étions libérés » (Jacquet).

Dieter Müller trimballe sa peine en hochant la tête sur tout le front de l'attaque. Le public scande son nom pour lui manifester sa compréhension, on lui tapote l'épaule en passant mais, dans le camp girondin, les araignées courent sous les plafonds. Ce n'est plus tout à fait le même football, ce n'est plus la même inspiration ni la même légèreté : le rythme baisse et la précision dans les échanges se dilue. Toujours recroquevillés sur le jardin de leur faucheux, les joueurs de Dniepropetrovsk manifestent en quelques occasions leur goût de l'escapade, encouragés en cela par le gâchis offensif des Bordelais et par la ratatouille brûlée de Maître Dieter. A trois reprises (36e, 38e, 42e), le ballon a échappé à l'attaquant allemand qui hoche toujours la tête. A deux reprises (35, 40e),

Laissez-le respirer, le moustachu, le droitier du peno,
l'ailier gauche excentré.
Et donnez-lui à boire à défaut de lui tendre un miroir (Chalana).

Giresse a fait briller Krakovski. Alors, deux minutes avant la mi-temps, le demi Luiti prend sa valise, grille la défense en ligne des Girondins sans se faire siffler hors-jeu et va marquer le plus injuste, le plus invraisemblable des buts qu'on ait vu en Coupe d'Europe.

L'équipe d'Aimé Jacquet, pour ce que l'on peut en juger dans ce match de fous qui résiste un peu à l'analyse, et malgré son somptueux début de partie, est critiquable sur au moins deux points : elle persiste à jouer dans l'axe central alors que Müller est manifestement carbonisé sur le plan psychologique ; et elle ne prend pas le temps de construire et d'attendre le moment décisif. « La mécanique tournait trop bien. Il y avait plein de possibilités, d'ouvertures. C'était trop ! » (Giresse). D'autre part, Chalana, dans sa position d'ailier gauche excentré, s'éteint au fil des minutes et, en deuxième mi-temps, regarde passer les avions. Il sera d'ailleurs remplacé par Tusseau, un peu tard (81ᵉ).

Krakovski multiplie les exploits, bloquant des tirs de Lacombe (53ᵉ), Tigana (55ᵉ), Girard (59ᵉ), fermant les angles, rameutant ses troupes épuisées. Et, quand il est battu, le ballon rebondit sur la transversale (tête de Müller le maudit, 89ᵉ).

Mais le paradoxe veut que les Girondins n'aient pas trop à se plaindre car un but de Protassov, apparemment très valable (80ᵉ), est refusé par M. Keizer, ce qui est bien aimable de sa part. « C'est un match que nous pouvions très bien perdre » remarque M. Bez.

Les joueurs girondins n'en reviennent pas et tombent de haut. « En un match, nous avons eu plus d'occasions que dans les quatre autres réunis. Ça fait drôle » (Giresse). « C'est impensable. Le match aurait dû être joué à la mi-temps » (Girard). « On a fait exploser cette équipe de Dniepropetrovsk et nous n'en avons pas été récompensés » (Jacquet).

Quand le vin est tiré, il faut le boire. Mais avant de le boire, il faut trouver un verre. Et les Soviétiques s'ingénient à le cacher dans les placards dans l'approche d'un match-retour qui restera dans les annales.

Tout a pourtant été réglé dans les moindres détails pour le voyage des Bordelais, ainsi que c'est l'usage. Ils doivent atterrir directement à Krivoï-Rog, lieu du match, et y séjourner du lundi au mercredi soir. Mais ils atterrissent à Kiev où on leur dit qu'ils doivent renoncer momentanément à rejoindre Krivoï-Rog parce qu'un brouillard épais y sévit. Un hôtel leur a été retenu jusqu'au... mercredi et il n'y a pas plus de brouillard à Krivoï-Rog que de beurre en branches.

Les dirigeants girondins découvrent tout cela, s'indignent que le vice-ministre des Sports soviétique puisse leur proposer de rejoindre Krivoï-Rog par train de nuit en six cents kilomètres et onze heures de temps, vendez-leur donc un T.G.V., et décident d'alerter l'U.E.F.A. tout en menaçant fermement de ne pas jouer. « J'approuve la décision de Claude Bez si l'on nous refuse le droit de rallier le lieu du match dans des conditins décentes, dignes d'athlètes de haut niveau », déclare Aimé Jacquet.

Le mercredi matin, tout s'arrange comme par enchantement. Départ de Kiev pour Krivoï-Rog par avion et, trente-cinq minutes plus tard, la troupe girondine se trouve à pied d'œuvre.

Cette manœuvre soviétique d'intimidation et de déstabilisation – comment l'appeler autrement ? – n'a pas de prise sur le groupe de joueurs bordelais très expérimentés. Elle a même un effet boomerang et provoque une réaction collective d'exaspération et de concentration. « Allez jusqu'au bout de vous-mêmes, dit Jacquet à ses joueurs. Montrez-leur que vous n'êtes pas des enfants que l'on promène en train autour d'un bassin ».

Résultat : toute la frustration accumulée par le déroulement du match-aller et par les tracasseries du voyage éclate au coup d'envoi du match-retour. Certes, Dniepropetrovsk marque

BORDEAUX
adidas
SUD

un but dès la 12e minute sur une reprise de la tête, au premier poteau, par Lyssenko, d'un corner de Tcherednik. Mais, aussitôt après, son bel ordonnancement se dérègle. « Leur défaillance physique était très perceptible, raconte Battiston. Ils avaient du mal à contrôler le ballon. Et leurs passes devenaient de plus en plus approximatives ».

Au début de la deuxième mi-temps, Krakovski doit stopper successivement quatre reprises de volée de Giresse (49e), Tusseau (51e), Rohr (53e) et surtout Müller (64e) dont le ballon revient vers Lacombe, celui-ci aussitôt aplati comme une crêpe.

Thierry Tusseau a pris la place de Girard, blessé, dès le coup d'envoi, aux côtés de Tigana, Chalana et Giresse. Il s'intègre bien dans le jeu, serein, sûr de lui. A la 75e minute, un coup franc est offert à son pied gauche, un peu sur la droite. Le ballon, magnifiquement brossé et enveloppé, s'envole dans une lucarne du but soviétique, Krakoski craquant comme un Crakers.

Les Bordelais viennent de remporter la bataille psychologique et le défi physique. Il leur reste à faire tourner le tableau d'affichage, par n'importe quel moyen. Une volée de Lacombe rase le poteau gauche de Krakovski (83e). Le Soviétique Vichnievski se fait expulser au début de la prolongation (96e) pour avoir fauché Chalana. Et des occasions s'offrent successivement aux deux camps par Battiston (98e), Protassov (99e), Giresse (101e), Lacombe (103e).

Tout cela n'est pas suffisant et c'est aux penalties que la qualification va se jouer. Quand ses joueurs viennent vers lui, Aimé Jacquet désigne dans l'ordre Battiston, Giresse, Lacombe, Specht et Chalana. Sans discussion et sans concertation. « Je me devais d'être tout à la fois rassurant et convaincant. J'étais sûr de mon coup » (Jacquet).

Dès le premier essai soviétique, Litovchenko voit son tir détourné par Dropsy sur un poteau. Battiston, Giresse, Lacombe, Specht marquent. Alors, Chalana s'avance et, d'une merveilleuse frappe brossée du pied droit, alors, que Krakovski « zieutait » son gauche, expédie le ballon dans la lucarne et Bordeaux en demifinale.

« Bordeaux super tsar », « le retour des morts vivants », titre *L'Equipe.* « Le condamné à mort s'est échappé », ajoute *France-Football.* Il semble bien qu'on ne croyait plus guère aux chances des Girondins avant ce 20 mars 1985. Et pourtant, ils étaient au rendez-vous.

*

Liverpool et Panathinaïkos y sont également, le premier comme il se doit, le second pour la deuxième fois (finale contre Ajax en 1971).

Après avoir contenu les efforts de l'Austria à Vienne (1-1, buts de Polster, 25e et Nicol, 85e), les tuniques rouges de Liverpool ont attaqué plein champ à Anfield Road pour mener 4-0 (Walsh, 16e ; Nicol, 37e ; Obermayer contre son camp, 46e ; Walsh, 58e) et finalement gagner 4-1 (Prohaska, 62e). « Qui peut battre le meilleur club du monde ? » interroge un journaliste anglais.

Panathinaïkos lui, s'est imposé dans des conditions difficiles, voire troublantes, face aux champions de Suède du SK Göteborg : victoire 1-0 à l'extérieur grâce à un penalty imaginaire sifflé par l'arbitre écossais M. McGuinlay ; match 2-2 à domicile grâce à un autre penalty, imaginaire sifflé par l'arbitre allemand M. Roth (buts de T. Nilsson, 10e ; Holmgren, 53e ; Dimopoulos, 44e ; Saravakos, 79 e). A leur décharge, il faut préciser que les deux hommes en noir avaient été très sollicités : 7 cartons jaunes et 2 rouges à l'aller, 3 cartons jaunes et un rouge au retour. Aimez-vous, le bon dieu fera le reste.

L'armateur n'est pas assez riche

Panathinaïkos n'est pas un club comme les autres. Sous le trèfle de son emblème, battent les cœurs de milliers d'Athéniens et respire une tradition. Olympiakos, c'est le club du Pirée, le port et le bord de mer. A.E.K., c'est celui des étudiants, voire des aristocrates. Panathinaïkos, c'est vraiment les enfants de l'Acropole, aimés du peuple et porteurs d'une mission. Ils jouent au football avec la passion que tout Grec met au jeu mais leur raison est plus forte que le sang. Ils bâtissent leurs victoires sur la force collective et la réflexion. En six matches de Coupe d'Europe 1984-1985 (Feyemoord, Linfield, Göteborg), ils n'en ont perdu aucun.

Panathinaïkos n'est pas un accident de l'histoire. En 1971 déjà, il jouait la finale de la Coupe d'Europe contre Ajax, avec Ferenc Puskas aux commandes techniques, un avocat au milieu de terrain (Maître Kamaras) et un avant centre-girafe qui gobait tous les ballons, Antoniadis. C'était l'époque des colonels grecs et ceux-ci avaient fortement appuyé sur la meule pour récupérer les effets de « l'opium du peuple ». Ils avaient même prévu des hélicoptères pour déposer les vainqueurs sur les marches de l'Acropole. Mais Julian Cruyff et les siens, attendus au palais de leur reine Juliana, n'avaient rien compris et bêtement gagné 2-0 à Wembley.

Le Panathinaïkos 84-85 ne doit plus rien aux colonels mais tout à un richissime armateur qui distrait quelques milliers de tonnes de pétrole de leur destination naturelle pour graisser son effectif footballistique. Il n'est pas le premier et M. Goulandris, dans ses belles années de l'Olympiakos, n'agissait pas autrement. C'est ainsi que l'entraîneur polonais Gmoch est en charge du trèfle vert, que le demi international argentin Rocha fait admirer sa brillante technique, que le Yougoslave Zajec commande la défense et que les internationaux grecs se marchent sur les pieds dans le vestiaire.

Dire que Liverpool craint Panathinaïkos serait exagéré. Les Reds s'y intéressent, comme l'on s'intéresse à un menu. Ils ont retrouvé, après leur catastrophique début de saison (cinq défaites à domicile, élimination de la Coupe de la League, quinzième place en championnat) un rang plus digne d'eux. On a d'abord cru que leur régénération était dûe principalement à l'arrivée d'un jeune type assez doué, Kevin Macdonald, transféré en détresse à l'amorce de l'hiver. Mais on a fini par s'apercevoir que ce Macdonald, aussi doué fût-il, ne possédait pas encore le mental indestructible des Reds traditionnels, celui de Dalglish par exemple, toujours à son meilleur niveau. Un Dalglish dont le seul véritable problème est celui de la récupération et à qui Joe Fagan accorde un jour de repos supplémentaire par semaine.

Le vieux guerrier écossais est présent, le 10 avril 1985, pour accueillir Panathinaïkos à Anfield Road. Car on se souvient qu'il était suspendu par l'U.E.F.A. pour s'être occupé personnellement de son agresseur portugais. Le milieu de terrain des Reds est donc formé de Whelan-Lee-Dalglish-Macdonald et Jim Beglin, au poste d'arrière gauche, joue son premier match de coupe européenne.

Liverpool, habité par la vertu de la longue patience, a commencé par où il commence toujours : le test de l'élastique qui lui fait expédier le ballon dans les coins et sur tous les espaces afin de jauger les capacités d'adaptation et de résistance de son adversaire.

Les Grecs en sont si peu troublés que leur Argentin Rocha, à la 12e minute, inflige une grosse humiliation à Monsieur Grobbelaar en lui faisant glisser entre les mains une balle vicieuse en forme de toupie. Mortifié, Bruce va chercher l'objet au fond de ses filets puis, libéré d'un grand poids, constate que l'arbitre hollandais Keizer a sifflé hors-jeu de position de Dimopoulos.

Neuf minutes avant la mi-temps, c'est au tour de Laftsis, le gardien grec, de pleurnicher dans son casque. Il a mal vu partir un tir-guimauve de Macdonald et, en se détendant

T'as une belle casquette,
Grobbelaar, et t'es un fin limier.
Dommage que t'aies des petits mollets.

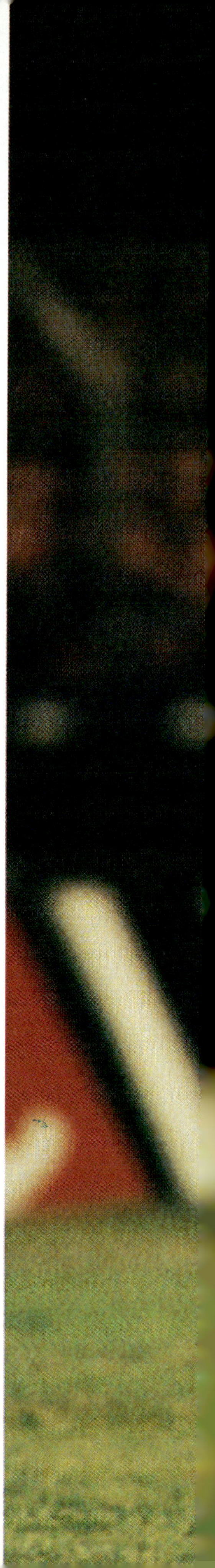

T'as de gros mollets, Thouvenel,
t'es un vrai enragé.
Dommage qu'tu tombes sur des Soviets.

En anglais, ça s'appelle un « bicycle kick ». En grec, soyez aimable de prendre votre dictionnaire. (Ronnie Whelan contre Panathinaïkos).

avec un métro de retard, a repoussé la balle sur un poteau. Au rebond, Wark-le-prédateur vaut tous les basketteurs du monde : il ouvre le score et lance Liverpool vers le succès. Car Ian Rush, en deux minutes du début de seconde période (48ᵉ, 49ᵉ), exploite deux erreurs défensives des Grecs et, notamment, « le placement de malade de Laftsis » (Daily Telegraph) : tête sur un centre de Whelan, tir de onze mètres sur une passe de Lee. Comme Jim Beglin, d'un coup de tête canon, exploite un coup franc de Dalglish (85ᵉ), Panathinaïkos s'en repart chez lui avec un wagon plein d'oignons (4-0).

Le match retour, malgré 60 000 spectateurs, est sans passion ni surprise. « Même les tronçonneuses restent au vestiaire » (*France-Football*), Lawrenson marque un but (60ᵉ, 1-0) et Fagan admet que « ça n'a pas dû être très agréable à regarder ».

Liverpool, une nouvelle fois, est qualifié pour une finale de Coupe d'Europe des clubs champions. Il n'en a encore perdu aucune et Ian Rush, déjà estimé à trois millions et demi de livres sterling (38,5 millions de francs) en transfert durant l'été 1984, prend une hauteur de financier de la City. Il ne lui manque que le chapeau melon pour séduire l'armateur de Panathinaïkos mais celui-ci, après tout, n'est peut-être pas assez riche pour se l'offrir.

Platoche, t'es un faux-frère

Quand les gens de la Juve ont appris que les Bordelais s'étaient tirés à leur profit du guêpier de Krivoï-Rog et qu'ils allaient les retrouver en demi-finale, ils ne se sont pas cachés pour faire la moue. Trapattoni, très informé (son adjoint, Bizzotto, était présent en U.R.S.S.), craint « le collectif des Girondins » et « le meilleur milieu de terrain d'Europe ». Il croit « Bordeaux supérieur à Liverpool ». Michel Platini lui, aurait préféré autre chose que ce tirage au sort : « Ça m'embête, dit-il. Mais c'est la vie. Bordeaux n'a vraiment pas de chance de tomber sur nous. »

Les grandes manœuvres psychologiques sont commencées. Mais elles ne prendront jamais – et c'est tout à l'honneur d'Aimé Jacquet et de ses joueurs – une tournure acide ou excessive. L'entraîneur girondin connaît l'estime et l'admiration dans laquelle Battiston, Lacombe, Tigana, Giresse tiennent leur maître à tous. Il connaît aussi les réalités : « Prendre Michel en marquage individuel ? C'est une possibilité, oui. Mais cette disposition ne risque-t-elle pas de nous mettre en difficulté dans le placement ? On peut élaborer des tas de plans, Michel peut toujours les déjouer d'une autre façon. Dans la préparation, dans la réalisation. C'est un sacré client ! »

Bordeaux choisit donc de faire confiance à son organisation habituelle avec Tusseau au poste d'arrière-gauche (Rohr à droite) et Chalana sur le côté gauche du milieu de terrain pour aller jouer, en premier, sur le terrain des champions d'Italie. Sa meilleure arme, celle qu'il utilise avec tant de bonheur depuis deux saisons, est la vivacité, vivacité de geste et vivacité d'esprit. La seconde, pour noyer le très remarquable milieu de terrain de la Juve (Bonini, Tardelli, Platini, Boniek), doit être le pressing intense et soutenu. Ces deux tendances sont évidemment conditionnées par une bonne fraîcheur physique dans un temps où, justement, les internationaux bordelais en sont à leur troisième match en huit jours alors que le championnat d'Italie à seize clubs, dans son exemplaire limpidité (matches le dimanche, à quinze heures), est un atout incomparable pour ses représentants européens.

La Juve n'est cependant pas tout à fait dans son meilleur équilibre puisque son géant Brio, en panne de calandre, laisse la place à une charnière Caricola-Scirea et que Briaschi se plaint d'un genou qui grince. Mais on ne s'en aperçoit guère dans l'emballage d'un match sans concessions de la part de l'équipe italienne. D'emblée, éclate l'incroyable distorsion entre un Bordeaux émoussé (« ensommeillé » dira Jacquet), incapable d'exprimer ses qualités individuelles et son rendement collectif habituels et une Juventus irrésistible dans tous les aspects du jeu, une Juventus à l'italienne « où toutes les courses, tous les gestes défensifs, toutes les frappes courtes ou longues, le jeu en mouvement, sont essentiellement axés vers l'efficacité. »

« A force d'en entendre parler, on a peut-être fait un complexe Juventus. Mais, sur le terrain, le réalisme connu de la Juve se révèle encore plus impressionnant » (Battiston).

Michel Platini flotte comme un poisson dans l'eau, orientant tout le jeu de la Juve, les phases d'attentisme comme les plongées de Boniek, échappant à tout contrôle. Il est libre, Michel et il en profite. A la 28e minute, de cette manière instantanée et prodigieuse qui est l'une de ses marques de fabrique, il frappe de quarante mètres une balle admirablement dosée pour Boniek, déjà lancé à toute vapeur. Le Polonais grille les défenseurs bordelais et glisse la balle, du pied droit, sous le ventre de Dropsy sorti à sa rencontre.

A ce premier handicap, pour les Girondins, s'en ajoute instantanément un autre : la sortie de René Girard (31e, remplacé par Thouvenel), à la suite d'un choc sévère avec Cabrini dès l'entame du jeu (8e minute). Il est évident que cette défection porte un sérieux préjudice à l'organisation des Bordelais et qu'elle va peser lourd dans la suite des événements, tout autant

ARISTON

C'est à moi, c'est pas à lui.
Rohr, Cabrini ouvrent leur parapluie.

que le machiavélisme tactique de l'équipe italienne.

Jacquet a bien observé la Juve et averti ses joueurs de ce qui allait se passer : Platini à la manœuvre, les plongées de Boniek, les ruptures de rythme. La Juve exécute le plan mais les Girondins sont impuissants (« Nous n'avons jamais pu faire ce que nous voulions », dira Lacombe). Ils manquent de vivacité, de réflexes, de spontanéité, de clairvoyance tactique aussi, tardant à relancer et à se replacer offensivement. Cette lenteur, si elle était voulue et étudiée, devrait les aider à contrôler les contre-attaques fulgurantes des Italiens. Mais la défense de zone girondine, l'effacement de Giresse, une lassitude collective prononcée et une naïveté certaine sont autant de motifs à punition.

A la 67e minute, Platini expédie encore, de loin, une balle admirable à Briaschi lequel, à la lutte avec Rohr, profite d'une légère hésitation de l'Allemand au rebond avant de l'épauler vigoureusement, de le faire tomber et de frapper victorieusement. Faute ou pas faute? L'arbitre suisse M. Galler ne se pose pas la question et il a peut-être tort si l'on en croit Léonard Specht : « Il y avait faute mais ce n'était à ce moment-là qu'une péripétie tant nous étions dominés. »

Trois minutes après cet événement contraire, les Girondins explosent définitivement. Boniek s'engage sur le côté gauche, se livre à une diabolique polka et, après une dernière feinte sur Specht, adresse un centre en retrait à Platini dont la reprise de volée troue les filets girondins. 3-0 pour la Juve à vingt minutes de la fin et 3-0 final parce que ce résultat convient à merveille aux Italiens et les qualifie pratiquement pour la finale.

Ce 3-0 a une énorme résonance en France et en Europe. « C'était un autre monde... La Juve, c'est autre chose... » titre l'Equipe, en ajoutant dans ses commentaires : «... Il est bien vrai qu'entre ces deux rivaux, l'Italien et le Français, qu'on s'imaginait assez proches l'un de l'autre, un monde de différence est apparu. La Juve n'a pas seulement battu Bordeaux, elle l'a accablé et détruit.. »

Accablés, les Girondins le sont, même en évoquant le match-retour. « A 1-0, ils jouent déjà derrière. Alors, à 3-0, vous vous rendez compte ! » (Battiston).

Les Italiens, eux, jubilent et ils n'ont pas tort. « Une Juve exceptionnelle » *(Tuttosport)*. « Les Girondins ont donné l'impression de véritables poussins peureux devant un obstacle qui les a fait trembler avant de les anéantir définitivement. » L'opinion de Trapattoni est plus précise : « Ce qui fait la force de la Juve à pareil niveau, c'est avant tout sa forte personnalité, son approche particulière de l'événement, son don de soi-même. Nous savions, par exemple, que la seule façon de placer les Bordelais dans l'impossibilité d'exprimer la créativité, l'imagination et la haute technicité qui sont les armes de prédilection du football français actuel, était de les agresser tactiquement, d'opposer à leur volonté de réussir une rage de vaincre supérieure. Et le propre de la Juve, justement, est de disposer dans tous les cas, indépendamment bien sûr de Platini, de Boniek et de ses quatre champions du monde, de joueurs adaptés à toutes les circonstances. A valeur technique égale, les miens ont opté pour le pressing à jet continu, pour l'interchangeabilité dans les secteurs-clés, pour la rationalité tous azimuts, entendez par là pour le réalisme, la détermination mentale, la soif de qualification et le réalisme qui s'y attache. Disons qu'entre deux écoles également méritantes, c'est la force de caractère propre au calcio qui a prévalu. »

Les deux grands hommes de cette Juve extraordinaire et dominatrice ont été ses deux étrangers : « notre » Platini, créateur des deux premiers buts et auteur du troisième ; et « Zibi » Boniek que Chalana a trouvé « terrifiant » mais qui s'apprête à quitter Turin. Il n'a pas aimé, Zibi, que l'avocat Agnelli le fustige

Le ballon passe mais Cabrini va à la casse. On appelle cela, en langage courant, une serpette Girard.

durement pour des matches manqués en championnat d'Italie en disant : « Boniek me fait penser à ces lanciers polonais qui attaquaient à cheval les chars allemands en 1939. » Mais les supporters de la Juve adorent leur Zibi : à 79,5 %, ils se sont prononcés pour son maintien en 1985-86.

Accablés, conscients de leurs faiblesses, peu optimistes sur leurs chances de qualification, les joueurs bordelais n'admettent pas cependant l'extrême sévérité des commentaires à leur égard. Ils en conçoivent d'abord de l'amertume, puis de la révolte, poussés par une vague populaire comme on n'en a jamais vu en Aquitaine (42 000 spectateurs, record du stade).

Pour cette rencontre que l'on croit de prestige mais qui est bien loin d'être seulement cela, Aimé Jacquet utilise les grands moyens. 1. Il écarte Chalana de l'équipe de départ, estimant qu'après sept mois et demi d'indisponibilité, il n'a jamais rattrapé son retard physique. 2. Il modifie le système de défense et fait adopter un marquage individuel à ses joueurs. 3. Il confie à Rohr une mission spéciale de surveillance de Platini pour l'empêcher de balancer ses flèches. 4. Il demande à Tusseau, arrière-gauche nominal de se conduire en vrai demi offensif, à la manière de Cabrini qui a fait un festival au match-aller.

La Juve, sûre d'elle-même et de son fait,

Le ballon est au fond, Battiston se pince le nez. On appelle cela, en Italie, une « Viva Platini ».

accepte d'emblée la domination girondine. Elle s'en gargarise même sûrement à l'avance. Mais elle ne s'attend pas aux problèmes tactiques que lui pose son adversaire et à la lente érosion de sa situation privilégiée. Un premier but de Dieter Müller ne l'affole guère mais lorsque, à la 80e minute, à la suite d'un pilonnage à distance effectué par les Girondins (« nous avions le vent dans le dos, il fallait utiliser cette arme »). Battiston réussit « l'un de ces tirs qui portent tous les défis du monde », elle se met à trembler. Et Aimé Jacquet à jubiler sur son banc : « C'est une satisfaction, une fierté pour nous d'avoir réussi à déboussoler totalement une équipe de ce calibre. Nous avons mené ce match comme nous l'avons voulu et prouvé que nous possédions des ressources extraordinaires. »

Avec un peu de réussite, les Girondins marqueraient un troisième but et réussiraient un immense exploit. Mais Bodini empêche Tigana d'être l'instrument du renversement de situation. Bordeaux reste à la porte de la finale et la Juventus la franchit. Entre les deux destins, il y a l'épaisseur et le rayonnement d'un grand homme décoré de la Légion d'honneur : Michel Platini. « De toute façon, dit celui-ci pour consoler les Girondins et son pays natal, un Français gagnera la Coupe d'Europe à Bruxelles. Je m'en charge. » Si Platini le dit, on peut lui faire confiance.

A quelle heure, l'express polonais ? A l'heure juste, sur l'autre quai. Boniek s'envole. Reste Steve Nicol. Au bout, 1-0 pour la Juve.

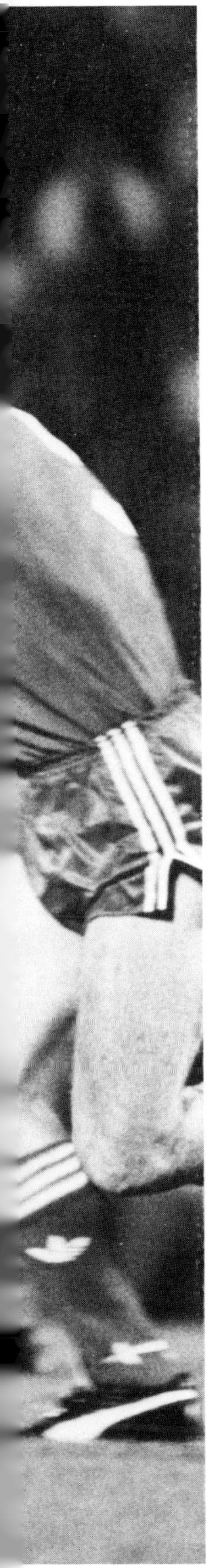

La nuit des barbares

On ne pouvait guère rêver mieux, pour la troisième finale de la Coupe d'Europe des Clubs Champions, qu'un affrontement Juventus-Liverpool. Il était d'ailleurs quasiment programmé par les gens du football dont le sixième sens les avertit toujours, longtemps à l'avance, des vraies valeurs.

La Juve n'est pourtant pas en position de force. Elle a déjà perdu deux finales de C1, en 1973 (contre Ajax) et en 1983 (contre Hambourg). Elle n'a rien gagné cette saison, sinon cette supercoupe européenne d'un soir ramassée contre... Liverpool à Turin (2-0). Elle est surtout représentante d'un football latin qui, « dans le dialogue Nord-Sud engagé depuis seize ans », a régulièrement laissé la place de vainqueur aux Anglo-Saxons. (Et ce qui est valable pour la C1 l'est également pour la C2 et la C3 : sur les quarante-cinq finales de compétitions européennes disputées de 1970 à 1984, trente cinq sont revenues aux Anglo-Saxons).

Liverpool, au contraire, est un maître de l'Europe. Ses quatre victoires (1977, 1978, 1981, 1984) témoignent d'un tempérament, d'une richesse technique et d'une personnalité exceptionnels. Son style collectif, quels que soient les époques et ses managers, s'appuie sur les mêmes principes d'organisation (4-4-2 mouvant), de pressing constant et de large occupation du terrain et des espaces. Mais, pour la première fois depuis Bill Shankly, c'est-à-dire depuis longtemps (le vieux Bill est mort et ses cendres ont été dispersées sur le terrain d'Anfield Road, merci pour le gazon), les Reds de 1984-1985 n'ont pas été tout à fait fidèles à leur légende. Ils n'ont rien gagné eux non plus, ni le championnat (gagné par leur voisin, Everton), ni la Cup (battus en demi-finale par Manchester United), ni la Coupe de la League.

On se pourlèche donc les babines en vue de cette finale chargée de promesses et on essaye d'en deviner les contours tactiques. Liverpool va-t-il prendre Platini en marquage individuel ou lui laisser la bride sur le cou ? La Juve va-t-elle s'appuyer sur sa défense instable pour jouer le contre ou bien participer au jeu pour échapper au pressing anglais ? Ainsi que l'écrit *L'Equipe* dans son numéro de présentation du 29 mai 1985, « Liverpool-Juventus est donc, pour un trentenaire sans rides, le duel vrai. Celui qui nous consolera, par sa vie, par son exubérance, par son authenticité, de l'oubli de ce que fut son passé. » (L'U.E.F.A. ne fête pas cet anniversaire).

L'organisation a été confiée à Bruxelles, donc à l'Union Belge. L'Union Européenne a transmis le cahier de charges habituel à la fédération nationale, lui a demandé de veiller au respect des normes, à la présence policière. Or les Belges ont, en matière de sécurité, une certaine philosophie, respectueux de leur art de vivre et de leur tempérament démocrate. Ils ne croient pas vraiment, malgré les mises en garde de leurs collègues anglais, aux dangers d'une guerre de supporters. Ils font confiance à la civilisation du XXe siècle, ce qui part d'un bon sentiment mais ne cadre pas forcément avec les réalités.

Plusieurs faits n'ont pas été suffisamment contrôlés et leur conjonction va aboutir à une catastrophe. D'abord, 2 500 faux billets, « très bien imités », ont été saisis parmi une masse inconnue en nombre. Ensuite, 6 000 vrais billets ont été vendus à des habitants de Belgique dans un secteur de virage que l'U.E.F.A. souhaitait réserver uniquement aux supporters anglais : parmi ces 6 000 acheteurs, se trouvent une majorité d'Italiens émigrés, supporters de la Juve, cela va de soi. Ensuite encore, le cordon de policiers (80) prévu pour séparer les secteurs Y et Z du virage incriminé, n'a pas été mis en place et, sur les 2 000 policiers demandés au cahier des charges, les autorités belges n'en ont convoqué que 300. Enfin, le stade du Heysel ne présente pas des installations suffisamment sûres : ses grillages de séparation ressemblent à des cannisses et son béton s'effrite (ce qui fera d'excellents projectiles).

Platini le chirurgien opère à chaud.
Il n'y avait pas penalty mais il y eut but.

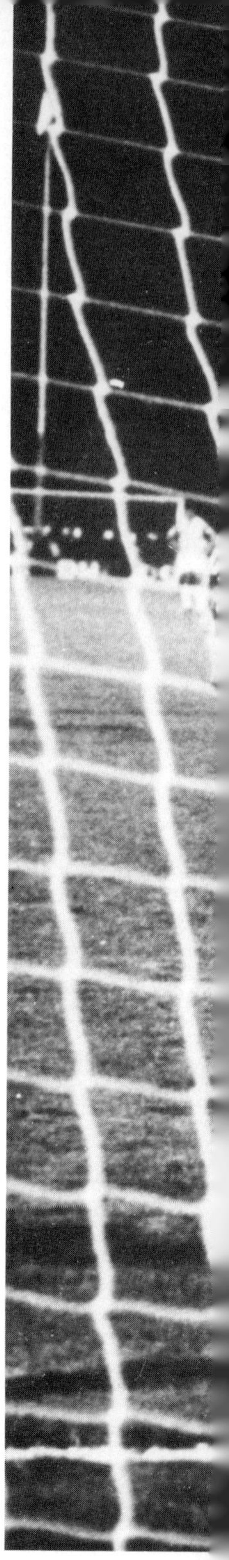

Une heure avant le coup d'envoi, le ton monte dans le stade. Supporters anglais et italiens s'invectivent, les premiers ruisselants de bière, les autres excités comme des puces. De multiples incidents, d'Ostende à Bruxelles, ont déjà émaillé le parcours des hordes sauvages venues du nord. Le stade est le terminus-défouloir, l'endroit où l'agressivité atteint son paroxysme. Or, « l'agressivité, c'est la destruction de l'autre, le but n'étant pas forcément de tuer, mais d'exercer son pouvoir, d'être supérieur à l'autre » (un psy).

A ce jeu d'imbéciles, les Anglais sont rois. Les voici qui écrasent les grillages et assaillent les paisibles habitants du secteur Z. Mitraillés de pierres, matraqués, pourchassés, ceux-ci refluent vers un mur de soutènement, tombent, se font piétiner. En trois minutes d'horreur, de guerre et de honte, des dizaines de corps jonchent les gradins : trente-huit morts, trois cents blessés, dont de futurs morts (deux le 28 juin).

Les autorités belges ont enfin compris. De tout le pays, elle rameutent des forces de police. Des hélicoptères tournoient dans le ciel. Un Britannique arrêté avec une barre de fer à la main et en train de taper sur un Italien est mis en camisole de force par les infirmiers. Le football a perdu la boule.

Tandis qu'on soigne et qu'on pleure, les dirigeants de l'U.E.F.A. discutent avec ceux de la Juve et de Liverpool. Peut-on jouer, faut-il jouer dans ces conditions tragiques ? Huit joueurs de la Juve, dont Platini, sont contre. Walsh, de Liverpool, également : « Qui a besoin de jouer au football après ça ?

Un autre courant se dégage, impulsé par le président Jacques Georges : « Il faut jouer pour ne pas risquer une tragédie plus terrible encore. » « Le retour au calme a primé sur le respect des morts. Il fallait jouer », dira l'arbitre suisse M. Daina.

Tandis que trente-huit corps sans vie sont allongés le long du mur de la tribune centrale, on assiste donc au spectacle hallucinant de vingt-deux joueurs qui entrent sur le terrain. Peu de temps avant, Phil Neal et Gaetan Scirea ont parlé au micro pour calmer la foule. La fête païenne aura lieu. Mais pour quel match ? Comment envisager, soyons franc, la possibilité d'une victoire de Liverpool alors que trente-six Italiens ont laissé leur vie sur les gradins ?

On joue donc. « Mais chaque fois que mes yeux se portaient vers le virage maudit, j'avais honte » (Nicol). Les Reds ont adopté leur dispositif habituel avec quatre arrières en zone et Wark évoluant dans la zone de Platini sans recourir cependant au marquage individuel. La Juve, elle, a mis Favero sur Walsh, Brio et Bonini sur Dalglish. Michel Platini se tient souvent loin derrière ses attaquants pour organiser le jeu et mieux relancer les attaques.

A la 2e minute, Lawrenson, mal remis d'une blessure, est sorti. Molby est rentré et Gillespie a glissé en défense centrale. Liverpool tient le jeu et la Juve joue le contre. A la 39e minute, un contre fantastique de Boniek se termine par un avertissement pour Wark, qui a descendu le Polonais. Craig Johnston remplace Walsh, mal remis de blessure lui aussi, à l'entrée de la deuxième période. Le jeu se ralentit et, à vrai dire, comment se passionner pour lui ?

A la 57e minute, c'est le scénario classique Platini-Boniek, celui qui a détruit Bordeaux et quelques autres. En un éclair, le presse-bouton a vu le cheval fou entamer son galop. Alors, la balle est partie. Elle arrive devant les sabots de Boniek, déjà en train de se dégager des coudes de Neal et de Gillespie. Le Polonais va entrer dans les seize mètres pour régler son compte à Grobbelaar de façon très probable quand il est volontairement déséquilibré par Neal. Cinquante centimètres avant la ligne, tout le monde l'a vu et le reverra à la télévision. Mais M. Daina accorde à la Juve le penalty réclamé, un penalty tout à fait inexistant si l'on s'en tient au règlement. Platini marque et ouvre le chemin de la victoire à la Juventus, grand moment attendu dans un autre temps.

Les joueurs de Liverpool sont alors grandioses. Ils savent bien que la sentence qui les accable est la punition infligée à l'Angleterre des voyous. Mais ils jouent et respectent le spectacle exigé, avec leur cœur et leur professionnalisme. Ils exercent une formidable pression sur le camp de la Juventus et sans un Tacconi éblouissant dans la cage italienne (il a enfin supplanté Bodini), les Reds referaient leur retard.

Mais la Juve gagne 1-0 et ça arrange tout le monde. Pas de prolongation, pas de penalties, on tire le rideau noir et on ferme.

L'Europe en état de choc entre dans sa nuit footballistique, « la nuit des barbares », « la honte finale », « le champ de la mort ».

Combien de temps faudra-t-il pour effacer Bruxelles ? Et quand le football retrouvera-t-il ce qui fait sa magie et notre fête ?

Les Messins ont le feu au cœur

Quand ils ont gagné la Coupe de France 1984, les joueurs messins de Kasperczak ont pensé atteindre leur nirvâna. Eux, « petite équipe de province », au coffre-fort en osier, comment pouvaient-ils prétendre, on vous le demande, à une carrière européenne ? Et comment le pourraient-ils, ils en sont bien convaincus, après le tirage au sort du premier tour de la Coupe des Vainqueurs de Coupe qui leur alloue le prestigieux, le grandissime F.C. Barcelone ?

Le club lorrain a changé d'entraîneur (Kasperczak à Saint-Etienne, remplacé par Husson) et d'avant-centre (Pecout à Strasbourg, remplacé par le Belgo-Sénégalais Bocande). Dans la phase initiale du championnat de France, il souffle comme un phoque dans du fromage blanc avec un 0-7 à Monaco qui lui fait un œil au beurre noir.

Au soir du 19 septembre 1984, date de la visite du F.C. Barcelone dans son stade Saint-Symphorien, le F.C. Metz cache son regard derrière des lunettes fumées. Jean-Pierre Bernad, son capitaine, pique une énorme colère, trouvant intolérable le 2-4 subi à domicile : « Inadmissible. On commet des erreurs incroyables en défense et ça dure depuis trôis ans. En deuxième mi-temps, j'ai carrément arrêté de jouer. J'ai même failli sortir en rendant mon brassard. » Bernad n'est pas le seul furieux. « Sur quatre buts, on s'en est mis trois » grogne Husson. « Pareille naïveté, c'est de l'autodestruction » déclare le président Molinari qui va plus loin encore en agressant directement ses joueurs : « Si vous n'êtes pas capables de piloter en Formule 1, conduisez donc en rallyes. »

Les Barcelonais, qui ont marqué trois buts en dix-sept minutes au début de la deuxième mi-temps (Sonor, 12e contre son camp ; Schuster, 47e ; Calderer, 53e, Carrasco, 64e) contre deux aux Messins sur l'ensemble du match (Kurbos, 44e ; Rohr, 85e sur penalty) devraient savourer tranquillement leur promenade de santé. Mais ils en rajoutent, comme on dit. « Une bonne petite équipe de charlots » (Archibald). « On va offrir un jambon à Ettore pour le remercier de tous ses cadeaux » (Schuster).

Le thème des conférences de l'entraîneur Husson est tout trouvé : « On n'a pas le droit de dédaigner ainsi son adversaire. Si on ne vous respecte pas, faites-vous respecter... Avez-vous remarqué que leurs deux arrières centraux Migueli et Alessanco ressemblent à deux Jumbo ? Il faudrait les bouger un peu... Voici ce que nous allons faire, si vous le voulez bien : marquage individuel strict sur Schuster, Archibald, Carrasco et Calderer ; et la manette à fond sur les contres. »

Le Barça, utilisant l'alignement et le piège du hors-jeu, s'enivre de passes redoublées et ouvre le score par Carrasco (33e). Il possède alors trois buts d'avance et pratiquement quatre avec ses deux buts marqués à l'extérieur. Il est en droit de se dire qu'il a fait l'essentiel puisque 24 000 spectateurs seulement (pour un stade de 120 000 places) sont venus pour le soutenir.

Les Messins eux, ont toujours le jambon de Schuster en travers de la gorge. Sans jamais s'énerver – le match restera d'une correction exemplaire – ils gênent les Catalans par leur vivacité et leur vitesse de course. En une minute, ils mènent soudain 2-1 : but de Kurbos (38e), but concédé par Sanchez contre son camp (39e). A la mi-temps, les Messins pensent qu'il y a « un truc à faire ». Ils se le disent. Et ils mènent 3-1, grâce au formidable Kurbos (55e) qui tire sur tout ce qui bouge et arrose les cibles.

Jean-Philippe Rohr, le champion olympique, remarque que les Barcelonais sont blancs comme des linges. « Ils faisaient peine à voir. Même Schuster ratait des passes faciles. Ils étaient paniqués. » Metz continue donc à expédier des balles-fusées derrière le dos des défenseurs barcelonais et sur l'une d'elles, à la 85e minute, c'est encore Kurbos qui étend Amador pour le compte, pour son troisième but

Sonor semble avoir très faim. Il mangerait même volontiers du Catalan. C'est bien meilleur que des ortolans.

SOLLAC

L'incroyable exploit !
Les Messins gagnent au Nou Camp
et Barraja se prend pour un avion.

du match et pour son quatrième en 180 minutes.

4-1 au Camp Nou, c'est extravagant. Mais c'est aussi un exploit sans précédent, « plus grand que notre finale de Coupe de France gagnée » (Ettore) et « une belle leçon d'intelligence et d'humilité » (Venables, entraîneur anglais de Barcelone).

Ainsi installés dans la gloire européenne, les Messins devraient songer à faire fructifier leur capital. Ils y pensent, sans aucun doute mais leur professionnalisme garde les échos d'une place de village. La veille de leur huitième de finale à Dresde, contre Dynamo (l'une des meilleures équipes de R.D.A.), on apprend qu'ils s'en vont de la caisse, c'est le cas de le dire, et qu'ils n'acceptent pas la prime offerte par leurs dirigeants. Certains joueurs, dit-on, menaceraient de tomber malades. Cela jette un froid sur toute la chaleur sentimentale qui entourait les Messins car enfin, 30 000 francs par tête pour une qualification, 22 000 pour une victoire ou 15 000 pour une participation, ce n'est pas du pipi de chat.

Les Messins jouent, tout de même et jouent bien puisqu'ils mènent 1-0 sur une intervention malencontreuse de l'arrière Trautmann face à Hinschberger (8e minute) et qu'après l'égalisation de Dynamo (penalty de Haefner, 24e), ils pourraient se détacher encore si le ballon repris par Rohr, sur une passe de Bernad, n'atterrissait sur la barre.

Les Allemands ont compris. Ils accentuent leur pression sous la baguette d'un vieux renard des gazons, le dénommé Hans-Jurgen Doerner. Et, à la 36e minute, sur un centre parfait de Kirsten, Stuebner marque de volée à bout portant. Cela ne serait pas trop grave si l'équipe lorraine, complètement remise en selle en deuxième mi-temps et fort séduisante par l'inspiration de son jeu, ne se laissait piéger sur un corner tiré par Haefner et repris de la tête au deuxième poteau par Gutschow (51e, 3-1).

Ce handicap, les Messins estiment pouvoir le combler au match-retour. Mais Kurbos n'est pas de la fête, ce jour-là et le terrain abominable de Saint-Symphorien gomme tout ce qui fait le charme et l'efficacité de l'équipe lorraine, c'est-à-dire sa vivacité et son habileté. Elle a beau déployer, cette équipe au maillot grenat, des trésors d'efforts et d'énergie ; bénéficier du soutien et des vibrations de 20 000 spectateurs (19 928 exactement) ; multiplier les accélérations et les infiltrations par Micciche (vingt et un ans) ; se créer des occasions, elle échoue totalement sur le mur de Berlin. Et si la faute n'en incombe pas totalement à Bocande, on remarque tout de même que l'avant-centre messin n'a pas réussi grand-chose, enterrant beaucoup de ballons, prenant des initiatives à l'envers. « Il y a un problème Bocande et il en est le premier conscient, confirme Bernad. Il n'a toujours pas marqué un but depuis son arrivée à Metz. »

Le lendemain, après avoir visionné deux fois la cassette de la rencontre, Rohr est plein de regrets : « C'est fou ce que nous avons eu comme occasions de but. Si Kurbos avait été là, je suis sûr qu'il aurait marqué trois buts. »

Kurbos n'était pas là et Metz avait presque battu Barcelone pour rien.

Le loup serre trop les dents

Le Bayern de Munich a laissé partir Karl-Heinz Rummenigge à l'Inter de Milan pour un transfert-record de trois milliards de nos centimes mais il n'est pas tout à fait démuni sur le plan de l'effectif, ayant récupéré l'international de Moenchengladbach, Matthäus. Il va même très bien puisqu'il va être champion d'Allemagne 1985.

Le Bayern a une tradition européenne, même s'il n'a plus décroché aucune couronne depuis le retrait du trio fameux Beckenbauer-Maier-Müller. Il fait donc de la Coupe des Coupes son objectif naturel et, après avoir éliminé les Norvégiens de Moss F.K. (4-1, 2-1) et les Bulgares de Plovdiv (4-1, 0-2), prépare très sérieusement son quart de finale contre l'A.S. Roma, finaliste malheureux de la C1 précédente devant Liverpool (battu aux penalties).

Les « giallorossi » n'ont plus du tout le même visage que durant les saisons précédentes. Nils Liedholm, leur technicien d'élite, est parti à Milan A.C., emmenant avec lui le capitaine Di Bartolomei. Il a été remplacé par le Suédois Eriksson, jeune sorcier suédois qui, après avoir fait de Goeteborg le vainqueur de la Coupe de l'U.E.F.A. 1982 a failli réussir de la même manière avec Benfica en 1983 (battu par Anderlecht). Malheureusement pour lui, Eriksson n'a pas pu obtenir le statut légal d'entraîneur en Italie et, assis dans la tribune, il regarde son adjoint Claglund lui faire des rateaux en refusant de faire appliquer ses consignes. De surcroît, le Brésilien Falcao a dû être opéré d'un genou défaillant aux Etats-Unis et sa saison est gâchée. « Comme il n'est pas possible d'inventer un autre Falcao, nous devons nous forger d'autres armes : le moral, le sang-froid, la concentration » explique Eriksson.

En fait de concentration, les Romains appliquent surtout, au Stade Olympique de Munich (60 000 spectateurs), une concentration défensive aussi épaisse que de la purée de marrons, le Brésilien Cerezo étant chargé de distiller quelques ballons utilisables à Pruzzo. L'absence de Bruno Conti est cependant très préjudiciable à l'efficacité du système face à un milieu de terrain bavarois où Matthäus, Lerby, Mathy, Nachtweih sont très envahissants.

L'équipe allemande semble devoir se casser les dents sur le hérisson d'en face. Mais à la 44e minute, le capitaine du Bayern Augenthaler, dit « les yeux », frappe de trente mètres un ballon sauvage qui cogne à l'intérieur l'angle de la barre et d'un poteau. Et, à la 77e, le très cabossé Dieter Hoeness, dit « le loup », réalise un exploit tout à fait inusité pour sa grande carcasse : il amortit de la poitrine un ballon passé par Lerby, élimine élégamment le gardien Tancredi d'un dribble court, échappe encore au tacle désespéré de Righetti et marque son vingtième but de coupe européenne.

Du coup, alors qu'il souhaitait, à trente-deux ans, prendre sa retraite (« Je suis tout le temps blessé et je ne le supporte plus »), Dieter Hoeness se voit proposer une prolongation de contrat d'un an. Mais, en attendant, après le match-aller contre Rome, il souffre affreusement des dents. « Tu les serres trop, le loup » lui disent ses copains.

Au retour, les « giallorossi » ont des velléités de victoire. Avec une grosse prime à la clé et Bruno Conti sous le numéro 7, l'affaire semble jouable. Mais elle se heurte à un super-Pfaff, à un penalty sifflé pour une faute de Tancredi sur Mathy (32e, but de Matthäus) et, d'une manière plus générale, à la force collective des Bavarois qui, rejoints à la marque (80e, Nela), réaccélèrent pour préserver leur victoire en terre romaine (81e, Kögl).

Un seul Bavarois est triste : Dieter Hoeness qui, pour n'avoir plus mal aux dents, s'est blessé à un muscle de la cuisse. Nous qui croyions que les cuisses de loup sont plus solides que les cuisses de grenouille.

Que fais-je ici, qui suis-je, où vais-je ?
Lerby, le Danois du Bayern,
n'avait pas les réponses à toutes ses questions.

As-tu vu le petit oiseau ? Entends-tu son la, si, do ? Andy Gray avait l'âme bucolique et Konsel croyait qu'il lui faisait la nique (finale Everton-Rapid, 3-1).

Rythm and Blues d'Everton

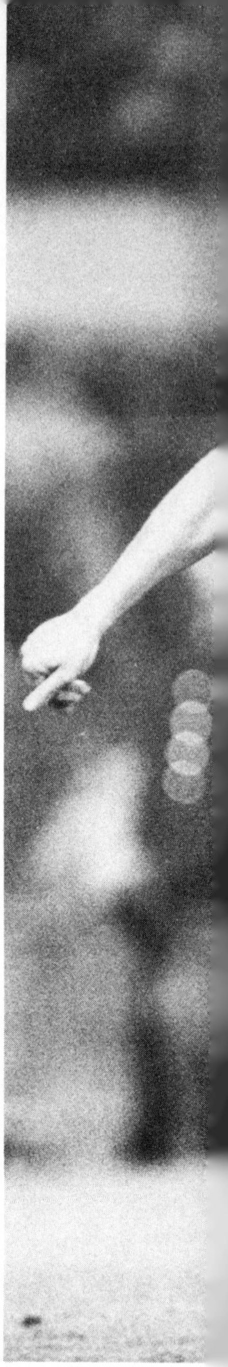

La ville de Liverpool compte deux clubs de football et la cave qui vit naître les quatre Beatles. Les Reds sont les plus forts. Dans tout autre pays que l'Angleterre, ils auraient réduit les Blues d'Everton au rang de zombies, leur volant leurs spectateurs et, par-là même, leur droit à la vie. Mais, en Angleterre, monsieur, on aime son club pour l'éternité et sans doute au-delà. De toute façon, les Blues viennent de plus loin que les Reds. Fondés en 1878 (1892 pour Liverpool), professionnels en 1885 (1892 pour les autres), ils ont occupé Anfield Road pendant huit ans avant de le vendre aux Reds et de s'acheter Goodison Park. Et, avec sept titres de champions d'Angleterre et quatre coupes, leur palmarès n'est pas blanc.

Everton illustre même la légende du temps passé. Son fabuleux Bill « Dixie » Dean (qui joua également à Tranmere Rovers et Nottingham County) détient toujours le record des buts marqués en un seul championnat : 60 en 39 matches au cours de la saison 1927-1928. Et, accessoirement, 379 buts en 437 matches durant toute sa carrière, dont 37 hat-tricks (trois buts d'affilée).

Dixie Dean, né en 1907, est mort à l'âge de 70 ans dans une tribune de Goodison Park en assistant à un derby contre les Reds. Il s'y croyait encore et son cœur ne valait plus ses jambes.

Dean aurait beaucoup aimé l'équipe d'Everton de la saison 1984-1985. Elle a du souffle, de l'abnégation, de l'entêtement. Elle pratique un pressing d'enfer pour la récupération du ballon et offre alors deux visages : une phase préparatoire du jeu avec une progression et une observation très continentales (passes latérales, jeu à terre) ; et une phase d'attaque à la britannique où toutes les tendances sont autorisées, surtout le jeu aérien dans lequel règne en maître l'Ecossais Andy Gray (ex-Dundee United, Aston Villa, Wolverhampton).

Hormis Gray, Everton est une équipe de non-vedettes. Vingt-deux de ses vingt-huit joueurs professionnels sortent des « apprentis » du club. Howard Kendall, le jeune manager, a été Blue balle au pied, demi d'attaque très épicier dans son style (poids juste, balance équilibrée, efficité). Il a donc bâti l'équipe qui a coûté le moins cher de la division I anglaise, celle qui dorénavant comptabilise le plus de kilomètres à l'entraînement et se couche le plus tôt chaque soir.

Kendall a défini également des principes de jeu complémentaires et systématiques : par exemple, les rentrées en touche dans le camp adverse doivent être des passes de but au point de penalty. Toutes les situation de jeu offensif ont leurs signes d'appel et leurs trois solutions avant la prise de risque. « Everton, en ces temps de crise dure qui frappe l'île, avec son jeu simplifié à son expression originelle, milite pour un retour aux sources autarciques du ballon rond » (Jean Hatzfeld, *Libération*).

Le grand homme d'Everton parmi tous ces joueurs exemplaires est l'étonnant gardien de six pieds un pouce, Neville Southall. Oreilles faites pour écouter la musique, mains prêtes à égorger les moutons, Southall revient de Port Vale, en division IV, où son club l'avait prêté, quand débute la saison. Il vient à l'entraînement en bicyclette, n'ayant jamais voulu passer son permis et achète lui-même ses pulls de gardien, refusant de porter « leurs cochonneries de mailles synthétiques ». Il possède une admiration sans bornes pour Pat Jennings et beaucoup d'humour. Un attaquant adverse raconte qu'après un choc aérien, Southall lui a dit : « Je ne peux pas t'aider. Je m'amuse trop. »

L'équipe d'Everton s'amuse follement sur le terrain et en toutes circonstances. On a vu Southall se plier en deux de rire lors du match contre le Bayern à Munich. Il venait, dans une détente désespérée, de détourner le ballon sur la barre et l'un de ses coéquipiers avait lâché : « C'est ça, Neville, on se débrouillera sur le corner ! »

Southall, élu meilleur footballeur de l'année

Avantage devant pour Peter Stevens.
Peter Hrstic conservera son désavantage dehors.
Observez comme les mains ne servent pas à rien.

en Angleterre, n'apprécie pas les réserves que l'on peut faire sur le style mécanique d'Everton : « Il n'y a pas meilleur que nous chez les Brésiliens et le but de Trevor Steven contre Sunderland était proprement incroyable, je vous le jure. Quand cela est possible, nous savons faire du spectacle. »

Invaincue depuis le 22 décembre 1984, l'équipe d'Everton fait à la fois du spectacle et des résultats, faisant grimper la moyenne de spectateurs de son club de 19 000 à 38 000, écrasant le championnat d'Angleterre, se qualifiant pour la finale de la Coupe d'Angleterre et faisant trembler tout le monde en Coupe des Coupes.

En C_2, elle élimine en effet l'University College of Dublin (0-0, 1-0), Inter Bratislava (1-0, 3-0), Fortuna Sittard (3-0, trois buts de Gray ; 2-0) avant d'affronter le Bayern en demi-finale.

Les Allemands y croient, champions d'Allemagne qu'ils vont être. Mais à l'issue du match-aller sanctionné par un 0-0 et au cours duquel les Anglais ont fait une démonstration d'efficacité défensive et d'intelligence collective, Uli Hoeness le manager (ancien champion du monde en 1974) déclare de façon péremptoire : « Je ne nous donne pas 10 % de chances de qualification. Everton est un monstre. »

Hoeness ne s'est pas trompé. Le Bayern, après avoir ouvert le score par son loup Hoeness (37e), est balayé en deuxième mi-temps au cours d'un match fantastique (« Je n'ai pas connu beaucoup de soirées comme celle-là », dira Kendall). Trois buts de Sharp (48e), Gray (70e) et Steven (83e) laissent les Allemands désemparés mais très remontés aussi contre Gray. « Chacune de ses interventions est une faute » (Pflügler). « S'il jouait comme cela en Allemagne, il serait expulsé à chaque match » (Mathy).

Andy Gray possède un jeu de tête phénoménal et un tempérament de feu. Comme beaucoup d'attaquants écossais, il va furieusement au contact, « à la limite de la blessure corporelle » (Uli Hoeness), « sortant volontiers les ailerons » pour appuyer sur les épaules adverses ou repousser les têtes. Il est lui-même souvent blessé « mais cela fait partie des risques ».

Everton se retrouve donc en finale contre le Rapid de Vienne qui a réalisé un parcours difficile en éliminant successivement Besiktas (4-1, 1-1), le Celtic (3-1 ; 0-3, résultat annulé pour jets de bouteille et agressions sur deux joueurs autrichiens ; 1-0), Dynamo Dresde (0-3, 5-0), Dynamo Moscou (3-1, 1-1).

L'équipe viennoise n'est pas favorite, loin de là. Elle a survécu dans la compétition grâce à son Tchécoslovaque vieillissant Panenka (3 buts contre Besiktas, 1 contre Dresde, 1 contre Dynamo Moscou) et à son renard ar-

*L'idée de la feinte
n'était pas idiote, en soi.
Mais le Viennois Kranjcar
a tardé à sortir les aéro-freins.
Et l'Anglais Ratcliffe,
pleine piste, bien posé sur ses patins,
va lui faire le coup
du petit père François.*

genté Krankl. Mais les deux hommes commencent à se voûter sous les poutres de l'édifice.

Rotterdam est bleue le 15 mai 1985. On chante « *Here We Go* » dans les tribunes et les « toffees » (caramels, surnom donné aux Evertonians à cause d'une fabrique de bonbons située à côté de leur stade) sont partout.

Sur le terrain, ils le sont aussi, inondant le jeu de leur présence, de leur enthousiasme et de leur art collectif si particulier. « C'est dommage de n'utiliser qu'une moitié de terrain pour une finale de Coupe des Coupes », dit quelqu'un. Pendant une heure, les Blues dominent, écrasent, laminent les Viennois à coups de centres, de tirs et de têtes. Ils sont éblouissants mais rien ne rentre.

Emmenés à leur limite de rupture, les défenseurs autrichiens craquent à la 57e minute : Lainer fait une passe en retrait trop molle à son gardien que Sharp intercepte pour faire profiter Gray d'un ballon victorieux. Un quart d'heure plus tard (72e), Kevin Sheedy, dit « le Platini bleu », spécialiste des coups de pied arrêtés, expédie de la gauche un tir sur corner que les Viennois regardent passer : Steven, extraordinaire dribbleur, exécute une danse du scalp et marque un très joli but.

Les Viennois vont-ils subir une défaite d'ampleur historique ? Non, car Mountfield commet une erreur d'appréciation et permet à Krankl de réduire le score (85e, 2-1). Un dernier but du Platini bleu, gaucher et très habile, ponctue finalement le triomphe d'Everton (86e, 3-1) et l'avènement d'une très grande équipe.

Peter Reid est salué comme le roi du « Rythm and Blues Orchestra ». Curieux destin que celui de ce meneur de jeu scientifique qui, entre 1978 et 1982, n'a joué qu'une cinquantaine de matches pour guérir successivement d'une entorse à un genou, d'une rupture des ligaments croisés (janvier 79), d'une rupture d'un ménisque (81) et d'une fracture d'un tibia (82). « J'ai aussi joué pendant six mois avec deux côtes fracturées », précise-t-il en riant.

Avec trois Gallois (Southall, Ratcliffe, Van Den Hauwe), deux Ecossais (Sharp, Gray) et six Anglais (Reid, Bracewell, Steven, Stevens, Mountfield, Sheedy), Everton vient de révolutionner l'Europe. Malheureusement, avec la décision de l'U.E.F.A. de suspendre toutes les équipes anglaises de compétitions internationales, on ne saura jamais quelles étaient ses limites. Liverpool, une nouvelle fois, empêche Everton de vivre sa vie.

Butragueno le dieu en herbe

La Coupe de l'U.E.F.A. n'a pas la valeur ni le rayonnement de la Coupe d'Europe des Clubs Champions ni même ceux de la Coupe des Vainqueurs de Coupe. Elle représente cependant un beau lot de consolation et un banc d'essai idéal pour les équipes en voie de devenir ou de régénération. Elle couronne en général un club méritant et valeureux. Mais il peut lui arriver d'être le théatre d'une déviation et l'objet d'une conquête à tout prix. En 1984-1985, par exemple, un grand club comme le Real Madrid, six victoires en C_1 et des statues dans son jardin, entreprit de sauver sa vie en noyant son chien. Véritable chiffonnier des gazons, il crocha dans tout ce qui présentait, sans lésiner sur les moyens. La C_3 devint ainsi une bouée de sauvetage, ce qui manquait à son palmarès. Et le Real Madrid, sauvé par l'Europe, put ne pas baisser les yeux devant le F.C. Barcelone, champion de toutes les Espagnes.

Les espoirs français dans la compétition reposaient sur Paris Saint-Germain, Monaco et Auxerre. Ils semblaient fondés. Mais le gag monégasque au niveau continental a la vie dure et se répète chaque année en même temps que tombent les feuilles mortes. Au premier tour, chez lui, à l'aller, Monaco semble vouloir montrer aux Bulgares de CSKA Sofia les armes des Frères de la Côte : but de Genghini à la 9e minute et tout le train des dorures. En une minute contraire (14e, 15e), deux coups francs de Slavkov et Markov transforment Stambouli (remplaçant d'Ettori) en pâtée ronron. Et un nouveau but de Genghini (19e) n'estompe pas le penalty manqué par Amoros (2-2 final).

Il est dit qu'une malédiction bulgare pèse sur les enfants du prince. A Sofia, le C.S.K.A. marque deux buts dans les treize premières minutes : celui de Mladenov est hors-jeu (6e), le penalty du deuxième (Slavkov) est imaginaire. Comme Bellone, blessé, sort à la mi-temps et que Benoit se fait expulser (69e), Monaco est battu et éliminé (1-2, but de Tibœuf, 75e).

Auxerre ne tombe pas de la même manière. Très dominé à Lisbonne par le Sporting du Gallois John Toshack, il retarde au maximum l'échéance grâce aux exploits répétés de Joël Bats (0-2, buts de Manuel Fernandez, 54e ; Pacheco, 81e) et se lance, au match-retour, dans une frénésie d'attaques. L'équipe de Guy Roux (Cuperly-Fiard-Ferreri au milieu, Garande-Szarmach-Danio devant) domine si largement la situation qu'elle devrait se qualifier durant le temps réglementaire. Elle ne marque malheureusement, pas chanceuse, que deux buts : deux buts de Szarmach qui fête son 34e anniversaire ce jour-là (16e, 84e). Et se fait prendre en contres en prolongation, à la surprise générale, par deux buts d'Oceano (93e) et de Litos (119e). C'est une grosse déception, en même temps qu'une bonne leçon, car les Auxerrois ont bien l'intention de revoir les Coupes d'Europe et vont agir en conséquence.

Le Sporting de Lisbonne ne va pas bien loin, éliminé au tour suivant (et aux penalties) par Dynamo Minsk, lui-même éliminé par Sarajevo.

Cette C_3 devient en fait la proie de trois voraces et d'un têtu : Real Madrid, Inter de Milan, Manchester United d'un côté, Videoton le Hongrois de l'autre.

Ce Videoton ne paie pas de mine avec son jeu carré et bleu de travail. Mais la passe dans l'axe et le boulonnage à la chaîne y sont tellement systématiques que l'artiste peu porté sur la mécanique a rapidement deux tours de clé de retard. Le P.S.-G. en a même quatre au Parc des Princes, mené qu'il est par 4 buts à 0 après 71 minutes de jeu (Szabo, 2e, 27e ; Csongradi, 53e, 71e) lors du match aller. 2-4 puis 0-1 au retour et l'affaire est proprement emballée. Exit le P.S.-G. !

Videoton lui, continue, éliminant Partizan de Belgrade (5-2, 0-2), Manchester United (0-1, 1-0) aux penalties et Zeljeznicar (3-1, 1-2) pour se retrouver en finale. Contre qui ? Contre le Real. Comment, le Real, que l'on croyait mort ?

Vingt ans, un style, un talent (Butragueno, Real Madrid).

Eh bien oui ! le Real agonisant surmonte toutes les extrême-ontions qu'on lui applique bimensuellement. Il domine ses mauvais résultats en championnat, les débordements caractériels de Juanito (suspendu par son club), son jeu de cochon, la mise à l'écart de son entraîneur Amancio (remplacé par Molowny), l'hépatite de Stielike. Tout, et même les adversaires qu'on lui propose.

Par exemple, après avoir éliminé le SSW Innsbrück au premier tour (5-0, 0-2), il se fait dominer par l'équipe yougoslave de Rijeka (1-3) qu'entraîne notre vieille connaissance Josip Skoblar et, au match-retour, ne réussit pas à marquer pendant 68 minutes. L'arbitre belge M. Schoesters qui a déjà réussi à ne pas siffler un penalty pour fauchage de Desnica (42e) en première mi-temps et qui a injustement expulsé Milenkovic, entre alors en action. Il siffle un penalty imaginaire que transforme Juanito (68e), expulse un deuxième joueur yougoslave (Desnica) pour protestation alors que celui-ci est... sourd et muet, et encore un troisième (Ticic) pour une agression qui méritait effectivement la sanction suprême. A huit, les joueurs de Skoblar encaissent deux autres buts (Santillana, 80e ; Valdano, 88e) avant de hurler, tous ensemble, au scandale.

Au tour suivant (huitièmes de finale), les Madrilènes explosent au Parc Astrid d'Anderlecht (0-3) face à une équipe mauve et blanc largement supérieure dans tous les aspects du jeu. Mais au retour, sans Agustin, sans Juanito, le Real jette au feu quatre gamins sortis de sa filiale de deuxième division, Castilla : Butragueno, Martin Vasquez, Michel, Sanchis. Contre des Belges beaucoup trop confiants, Butragueno, nouveau prodige, marque trois buts et réussit trois autres passes décisives, ce qui fait 6-1.

En quart de finale, le capitaine de Tottenham Perryman fait la bêtise de marquer contre son camp à White Hart Lane : 1-0 à l'aller, 0-0 au retour pour le Real.

En demi-finale, c'est le choc terrible et la répétition historique des célèbres duels d'antan : l'Inter de Milan de Rummenigge-Brady-Altobelli contre le Real vacillant de Camacho. Chacun est persuadé que la formidable machine de guerre de l'Inter va écrabouiller le malade. Effectivement, à San Siro (80 000 spectateurs), c'est la curée, deux buts de Brady (25e sur penalty) et d'Altobelli (57e), plus un énorme écart apparent entre les deux équipes. Mais, au retour, l'arrière de l'Inter, Bergomi, reçoit une grosse bille en agathe derrière la tête et doit quitter le terrain. Les Madrilènes marquent trois buts (Santillana, 12e, 42e ; Michel, 59e) et, inexplicablement, sont absous par l'U.E.F.A.

En finale enfin, le Real Madrid retrouve Videoton. Un Videoton très las, très impressionné, contre une équipe espagnole revitalisée par la rentrée de Stielike et sublimée par l'importance de l'enjeu. Le Real gagne 3-0 à l'extérieur sur le terrain de Szekesfehervar (on ne parle pas la bouche pleine) et peut se permettre de perdre 0-1 sur le sien devant 90 000 spectateurs.

D'un bout à l'autre de la compétition, le Real a vécu sur la chance et sur cette aptitude prodigieuse à transformer son cœur en chaudière nucléaire. Il a aussi découvert Butragueno et, rien que pour cette petite merveille, il doit lui être beaucoup pardonné. Le Real reste grand, même en chaussons crottés.

LES BALLONS DE VERONE

**Tout petit déjà,
Hans-Peter Briegel
faisait du trapèze
aux arceaux de son berceau.
Adolescent et décathlonien,
il rentrait chez lui
grâce à sa perche
quand il avait oublié ses clés.
Devenu grand,
il s'élève encore
au-dessus des autres,
plus fort, plus ambitieux,
beau comme un dieu.**

LES BALLONS DE VERONE

Le chauve de Vérone, c'est lui. Mais, à vingt-sept ans, Pietro Fanna a encore plein de poils dans le cerveau. Il pense, il agit et il gagne (trois fois champion d'Italie : 81, 82 avec la Juve, 85 avec Vérone.)

Au soir du 19 mai 1985, les amoureux de Vérone ne peuvent plus reconnaître leur ville. Du Ponte Scagliero à la Piazza Dell'Erbe, un spectacle incroyable secoue les vieilles pierres. Des étendards bleu et jaune pendent des palais Renaissance. Une montgolfière emmène dans le ciel un scudetto géant. Et 50 000 personnes, plus que tous les habitants de la cité réunies, chantent la gloire d'une quinzaine de jeunes gens dont deux blonds et un chauve. « Hellas-Verona », club de football, est champion d'Italie.

Rien, vraiment, ne prédisposait Vérone, deuxième ville de Vénétie, à la gloire du ballon rond. Roméo et Juliette dans leur tombeau, l'église romane de San Zeno Maggiore, les tableaux du Titien ou de Paolo Véronèse, suffisaient largement à son renom. Et ses habitants, tête tournée vers les arts et pieds plongés, durant l'hiver, dans les neiges descendues du Brenner, avaient d'autres chats à fouetter que le souci de courir après une vessie gonflée d'air. D'ailleurs, Hellas-Verona jouait en Série B et y était bien, ses deux aventures en Série A (1969-1974, 1976-1979) n'ayant ébloui personne.

Pourquoi faut-il qu'un illuminé tranquille, un missionnaire du jeu de balle envoyé par les anges à crampons, s'entiche de Vérone ? Il s'appelle Oswaldo Bagnoli, l'illuminé, et ressemble à José Arribas et Jean Snella réunis. « Un homme au goût de l'impossible » écrit le Corriere della Sera. « Un type particulier, capable de tout, y compris de quitter un club champion d'Italie pour aller prêcher ailleurs, en Série B ou C » se plaint son président Guidotti.

Bagnoli a décidé que son équipe jouerait bien au football et respecterait l'environnement artistique de la ville qui l'héberge. Il a décidé aussi qu'elle attaquerait, dans un calcio qui a inventé le catenaccio pour se protéger des courants d'air. Quand Vérone remonte, en juin 1982, Bagnoli décide encore de bien jouer et d'attaquer parmi les seigneurs de la péninsule.

Son équipe termine quatrième du championnat derrière Rome, Juventus, Inter et fait trembler Platini et les siens en finale de Coupe d'Italie (2-0, 0-3). En 1983-1984, elle est septième (cinquième attaque) et se fait encore battre de peu en finale de Coupe par Falcao et les Romains (1-1, 0-1).

Sur les rives de l'Adige naît un phénomène d'intérêt. L'équipe de Bagnoli plait par son style et ses résultats. Elle représente un bon véhicule publicitaire, comme on dit, et mérite un pari que la célèbre firme japonaise Canon se déclare prête à assumer par l'intermédiaire d'un parrain du club, Dante Chiampan, qui est aussi l'un de ses cadres très supérieurs.

Vérone, malgré le soutien de Canon, n'a pas les moyens de l'Inter de Milan quand vient l'été 1984. Karl-Heinz Rummenigge est engagé par les nerazzurri pour un transfert de trois milliards de centimes, Socrates arrive à la Fiorentina pour la moitié ainsi que Wilkins à Milan A.C. en provenance de Manchester United. Vérone doit manœuvrer intelligemment et à coup sûr.

Bagnoli a été un spectateur très intéressé du championnat d'Europe des Nations. S'il avait le choix, il prendrait Platini mais le phénomène est déjà retenu ailleurs. Il n'aurait rien contre Souness, il le dit, mais l'Ecossais de Liverpool est un peu âgé et engagé depuis longtemps par la Sampdoria de Gênes. Bagnoli réfléchit. Son équipe empanachée qui mise sur l'esthétisme et illustre bien la finesse latine manque de rigueur et de présence physique. Il lui faudrait deux géants, deux Forts des Halles qui seraient à la fois bons footballeurs et parfaits serviteurs, hommes de devoir mais aussi susceptibles d'initiatives, des joueurs capables de se battre mais portés vers l'offensive.

Bagnoli pense à Hans-Peter Briegel, le décathlonien de Kaiserslautern dont certains gestes techniques l'ont surpris durant le tournoi français. Par un ami italien installé en R.F.A., il contacte Fritz Walter, le capitaine des champions du monde 1954. « Qu'en pensez-vous ? » Fritz Walter est prudent mais ne cache pas l'estime en laquelle il tient un joueur qui compte presque autant de sélections que lui (61) : « Ce qui m'a impressionné, explique-t-il, c'est sa rapide évolution technique. Je le connaîs depuis qu'il est gamin et je ne pensais pas qu'il monterait si haut. Je le voyais devenir seulement un grand athlète et voici qu'aujourd'hui, il est devenu un footballeur complet, dans tous les sens du terme. »

Briegel est transféré à Vérone pour 1,4 milliard de lires (sept millions de francs) et beaucoup s'accordent à dire, en Allemagne, que c'est très bien payé, même pour 89 kilos à sec.

Les impresarii se succèdent du côté du Bentegodi (Stadio Marc' Antonio Bentegodi). Ils ont en poche de l'Anglais, du Français (Tigana), du Belge, du Polonais, du Danois. Ah ! du Danois ! Quel Danois ? Au choix : Morten Olsen, Bertelsen, Arnesen, Berggreen, Elkjaer-Larsen. « Je croyais qu'il allait à Paris, celui-là ! »

Bagnoli est très impressionné par la grosse bête danoise qui traverse le feu et les balles sans tomber. Larsen devant et Briegel au milieu, son équipe est-elle capable d'assimiler cette double force dénuée de fioritures ? Il pense que oui. Il en est persuadé. Deux milliards de lires supplémentaires (dix millions de francs) passent de Vérone à Lokeren. En Belgique, beaucoup rient aux éclats. Si cher pour un type un peu braque, très inconstant et souvent blessé. Larsen ne se vexe pas : « Je laisse dire. Si l'on me fait confiance à Vérone, on verra ».

On voit assez rapidement. Vérone, qui a eu sous son maillot, au cours des saisons précédentes, de grands joueurs étrangers comme Dirceu, Zmuda et Jordan, intègre aisément les deux chars d'assaut. Le plus habile pour les faire briller et utiliser leurs services est peut-être Pietro Fanna (le chauve), un attaquant de l'Atalante et de la Juventus venu à Vérone en 1982 et qui, reconverti en milieu de terrain à l'œil périphérique, vit une vingt septième année particulièrement euphorique. A tel point que l'Inter de Milan va lui proposer, durant l'été 1985, un engagement de trois ans pour deux milliards de lires (280 000 francs par mois).

Lors de la première journée, contre le Naples de Maradona, au Bentegodi, Briegel raye le génie argentin du jeu et marque un but fracassant de la tête (3-1), Vérone est lancé, gagne à Ascoli (3-1, un but d'Elkjaer-Larsen, un but de Briegel) et ne va plus jamais lâcher la première place.

Régulièrement, les augures annoncent le déclin de « cette équipe qui joue au-dessus de ses possibilités », « profite de la faiblesse passagère

LES BALLONS DE VERONE

Viking ou latin, c'est du pareil au même. Sa braille, ça rouspète, ça n'aime pas perdre. Elkjaer-Larsen le Danois et Galderisi de Salerne font bien la paire sous le maillot de Vérone. Finesse et percussion, tempérament et caractère, ils ne connaissent qu'un cri : à l'attaque !

6
Canon

LES BALLONS DE VERONE

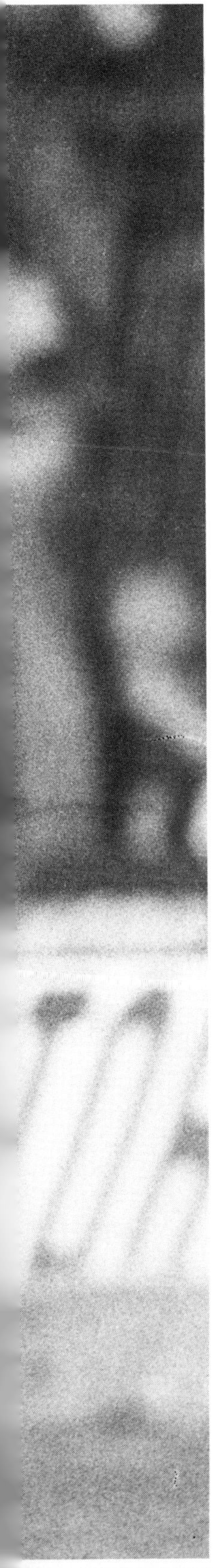

Antonio Di Gennaro, centrocampista, Florentin de naissance, Véronais d'adoption : une bonne année pour lui et son percepteur.

des grands » et « ne semble pas armée pour tenir durant tout un championnat ».

Vérone fait match nul à San Siro, contre l'Inter, en tirant deux fois sur les poteaux, bat la Juventus (2-0), bloque les Romains chez eux (0-0) et, surtout, s'en va gagner à Turin devant Torino (3-1) lors d'un match exceptionnel de qualité et d'intensité. Le « panzer » Briegel, ainsi que le surnomment les Italiens, marque un but superbe de trente-cinq mètres (20e minute) et s'avère être le meneur et le gardien d'un jeu collectif très fouillé. « Le monstre injouable » défini par Henri Michel, « l'éléphant qui casse tout dans le magasin de porcelaine » démontre des qualités étonnantes de technique et de vision, supérieur même au Brésilien Junior.

Les journaux italiens consacrent de grands reportages illustrés à « décathlon-man », à ce fils de paysan qui traie encore les vaches quand il rend visite à son père et qui se fait construire une maison-chalet typique de sa région dans son village natal alors qu'il habite au bord du lac de Garde, baigné par la douceur du climat italien. « Je suis un homme de la province. C'est pourquoi je me sens si bien à Vérone », dit-il.

Pour la troisième fois de l'histoire, après Bologne 1964 (Helmut Haller) et Cagliari 1970 (Gigi Riva), une équipe de province se joue de Milan, de Turin et de Rome. Elle n'a peur de rien, la formation de Vérone, développant partout son style d'équipe bien dans sa peau, jamais en retard d'une attaque, attendant la quinzième journée pour subir l'une de ses deux seules défaites en championnat 84-85 (à Avellino, 2-1) mais se vengeant ausitôt à Udine, dans le fief de Zico, sur un score de tennis : 5-3, deux buts de Larsen, deux buts de Briegel.

On croit toujours qu'elle va tomber et elle ne fait pas ce plaisir aux traditionalistes. Le 17 mars 1985, elle gagne sur le terrain de la Fiorentina grâce à l'un de ses autres phénomènes, Giuseppe Galderisi. Cet avant-centre de petite taille et âgé de vingt-deux ans (quatre saisons à la Juventus en Série A, une autre à Vérone, c'est dire sa précocité) possède la particularité, avec cent soixante-dix centimètres, de « sauter aussi haut que Hateley ». Il s'en amuse, expliquant qu'il faut, pour cela, « un peu de malice et beaucoup de détente ». Grâce à lui, au soir du 17 mars, Vérone possède trois points d'avance et cinq la journée suivante (3-0 à Crémone).

C'est fini pour les autres : Vérone est champion d'Italie et démontre qu'une équipe cotée treize milliards de lires (6,5 milliards de centimes, le montant du transfert de Maradona) est capable de monter plus haut que trois coffre-forts superposés si elle y prend peine. Garella – Volpati, Marangon, Tricella, Fontolan – Briegel, Fanna, Bruni (Dona, Sacchetti) – Galderisi, Di Gennaro, Larsen entrent ainsi dans la légende. On leur élève un monument dans Vérone, un peu différent des œuvres de la Renaissance mais l'intention part d'un bon sentiment. Et le journal « *L'Arena* » laisse sa première page tout en blanc, barrée d'un titre énorme : « *Verona, sei grande !* »

Le secret de Vérone ? « Il est tout simple, dit son entraîneur Bagnoli. Le respect, l'amitié, le dialogue en dehors du terrain, l'esprit de corps. J'ai beaucoup aimé que dix de mes joueurs choisissent de se retrouver, après six mois de vie en commun, pour passer ensemble le Réveillon de la Saint-Sylvestre. J'ai su que je n'aurais plus besoin d'insister sur certaines vertus collectives. »

En devenant champions d'Italie, les joueurs de Vérone n'ont pas perdu leur temps et, indépendamment de la gloire qui leur sera éternelle en Vénétie, ils ont arrondi leurs cochon à piécettes. A trois millions et demi de lires le point en championnat (ils en ont additionné 43), chacun d'eux a gagné 750 000 francs de primes durant la saison sans compter la prime de scudetto obtenue par les trois anciens de la « commission interne » Volpati-Tricella-Fontolan : un milliard de lires pour tout l'effectif, 350 000 francs par tête.

Hans-Peter Briegel et Elkjaer-Larsen, voisins sur le lac et mercenaires généreux, contemplent, éblouis, Vérone-la-folle. « Chaque dimanche dans le calcio est une fête, une sorte de grande parade internationale. Quand on pense que nous aurions pu ne pas connaître cela. »

Briegel sous ses pis de vache, Elkjaer dans ses glaces, le destin est tout de même curieux qui les a fait dieux au paradis latin.

RTL
2

Le Championnat

Le saint et le provocateur

Si l'on sait à peu près comment naît, vit et prospère un grand club – il suffit d'aller en Angleterre – on ne cerne que de loin les causes de l'épanouissement d'une grande équipe de football. Car les fleurs et les orties mêlent intimement leur tiges et leurs senteurs pour mieux égarer les sorciers. L'archange aux pieds de velours tombe parfois dans le ruisseau tandis que l'ébéniste au dos voûté façonne de l'art en respirant. Deux prétendus organistes de génie vous sabotent un collectif en trois mouvements parce qu'ils n'aiment pas le flûtiste déviant ou les graves du solo. Par contre, il n'est pas rare de croiser onze bouseux invincibles, portés à ébullition par leur solide santé, leur simplicité et un sens de la création collective qui leur vient des travaux des champs ou de la solidarité militaire. En résumé, le manuel du parfait petit chimiste footballistique n'existe pas, même dans les bonnes pharmacies. On aurait plus de chances avec $E = mc^2$ mon amour à condition de caresser le ballon dans le sens inverse de la gravitation universelle pour ne pas percuter les embêtements, le concret et l'abstrait s'attirant avec une force proportionnelle au produit de leur masse et inversement proportionnelle au carré de leur distance. Ce qui n'est pas donné à tout le monde.

Certains vous opposeront Chateaubriand et sa théorie sur l'argent : « Source de la liberté, tu arranges mille choses dans notre existence. » Ils vous diront que l'argent est le nerf de la vie, qu'il n'a pas d'odeur et qu'il fait le bonheur. Avant de les croire, regardez plutôt dans les archives du ministère de la Justice combien de présidents de clubs professionnels, en France, terminèrent sur le banc d'un prétoire, voire derrière la porte d'une tour de Nesle. Il est vrai que l'un devint bibliothécaire et un autre comptable de ce nouvel univers, signes qu'ils avaient de l'entregent.

Dans le cas des Girondins de Bordeaux, sacrés champion de France en 1985 comme ils l'avaient été en 1984, nul danger de côtoyer pareil précipice. « Avec un inspecteur des Finances maire de la ville, et un expert-comptable fameux à la tête du club, ce serait à désespérer si les Girondins n'avaient pas une bonne comptabilité et si celle-ci n'était pas transparente » (Jacques Chaban-Delmas).

On peut donc parfois, avec beaucoup de patience et quelques autres ingrédients – un bon entraîneur et un recrutement judicieux, notamment – vaincre la malédiction ancienne et grimper aux arbres grâce à la puissance de l'argent sans en subir les miasmes. Il faudrait demander la recette exacte, avec les proportions, à Claude Bez, le président-taureau qui aura mis sept ans avant de permettre à son club de rejoindre quatre Grands du temps passé, tous auteurs d'un doublé en deux saisons successives : Saint-Etienne (1967, 1968, 1969, 1970 ; 1974, 1975, 1976), Nice (1951, 1952), Nantes (1965, 1966), Marseille (1971, 1972).

Mais Claude Bez le provocateur ne vous la donnerait pas, sa vraie recette. Il vous tromperait avec le seul argument du beurre en vous disant, comme à *l'Equipe-Magazine* en octobre 1984 : « Liberté, égalité, fraternité, c'est de la pure démagogie. On n'est jamais libres ni égaux. L'argent n'est pas une tare. C'est la loi du capitalisme. C'est un outil. Je ne pourrais pas réussir sans lui et je réussis avec lui, ce qui n'est déjà pas mal mais logique. Ce que je trouve écœurant, en fait, c'est la réussite du pauvre, du nécessiteux. Sa victoire me donne des complexes. »

Claude Bez va un peu plus loin encore dans le défi en ajoutant que « les joueurs de Bordeaux sont des mercenaires dont le maillot est devenu un drapeau. Le symbole de la Légion étrangère, c'est le sang versé. Nous, c'est le fric reçu ». Cette phrase, dit-on, a le don d'exaspérer, en mairie, le gestionnaire de la bourse, lui si habile à faire glisser les messages sur un tapis de pétales de roses. Mais elle ne peut gommer l'essentiel, à savoir que l'équipe

« Je la tiens, je la tiens bien »
Dominique Dropsy a de grandes mains.

de Bordeaux, en une saison supplémentaire, acquiert une nouvelle dimension : « Quelque chose nous habite dorénavant qui ne nous habitait pas » (Alain Giresse).

L'instrument de cette évolution est une sorte de Saint fait footballeur puis entraîneur. Lucide, honnête, professionnel jusqu'au bout des ongles, respectueux des joueurs et de leurs aspirations, créateur d'un langage et d'une méthode qui lui appartiennent, Aimé Jacquet impulse un style girondin basé sur un système (4-4-2) mais plus encore sur la clairvoyance tactique, l'esprit de corps, l'équilibre constant entre les lignes et la capacité de s'adapter à toutes les circonstances.

En 1984-1985, les Girondins de Bordeaux ne prétendent pas encore à la « collective immortalité » de Lamartine. Ils rejoignent seulement Camus, l'ancien gardien de but : « Il n'y avait plus de destins individuels mais une histoire collective. »

Si Dropsy scie, le champ chante

Les machines à sous avaient bien fonctionné, à Bordeaux et ailleurs, au cours de l'été 1984, l'été de tous les soleils et, pour certains, de toutes les folies.

L'Olympique de Marseille, par exemple, fidèle à sa tradition, avait attendu longtemps pour, après Zanon (Saint-Etienne), Zénier (Bordeaux), Flack (Lens), Bade (Lens) et quelques autres, s'offrir d'un seul coup deux vedettes étrangères sous-cotées à l'Argus : le Hollandais de Panathinaïkos, La Ling, et l'Anglais du Real Madrid, Cunningham.

Strasbourg avait raflé Souto (Laval), Pecout (Metz), Van Straelen (Toulouse), Huck (Mulhouse), Soler (Toulouse), Wolff (Saint-Etienne) et l'attaquant allemand Kelsch (Stuttgart) pour compenser... quatorze départs dont ceux de Rouyer et Lacuesta à Lyon, Krimau à Tours, Gemmrich à Nice.

Toulouse avait sorti la grosse artillerie pour séduire Christophe (Lille), Stopyra (Rennes), Tarantini (Bastia) et Abega (Cameroun), soit quatre internationaux A réputés. Nantes n'avait acheté qu'une portion de gâteau mais à 500 millions de centimes (l'Argentin Victor Ramos). Monaco avait choisi Anziani (Sochaux) au prix d'une grosse pincée de sel et le Yougoslave de Partizan, Stojkovic, pour pallier la blessure de Le Roux, sans compter Tibœuf (Guingamp) et Lopes (Dunkerque).

Toulon avait recruté avec son nez Olmeta (Bastia), Tlemcani (Rouen), Ricort (Lille), Casoni (Cannes) et trois pousses de l'I.N.F. Vichy. Rouen était allé chercher l'excellent Danois Bertelsen à Seraing ; Lens l'Uruguayen de Penarol, Venancio Ramos, avec Zaremba (Paris-S.-G.), Rabier (Laval) et Delplanche (Toulouse). Brest avait été séduit par Buscher (Nantes) et par l'Ecossais de Nottingham Forest, Ian Wallace, un ancien transfert à un million de livres (1,2 milliard d'A.F.) bradé à 100 000 livres.

Quant aux deux clubs parisiens, l'un installé, l'autre miraculé de la division II, ils

pro

Du sang corse, du muscle, de la voix,
il a tout, Olmeta (de Bastia à Toulon).

n'avaient pas fait d'étincelles sur le marché. Lanthier (Auxerre), Jeannol (Nancy), Charbonnier (Reims), Cardinet (Brest), Segura (Sète), N'Jo Lea (Brest) et l'Allemand de Waregem, Niederbacher, pour le Paris Saint-Germain. Honorine (Brest), Piette (Lens), Mahut (Saint-Etienne), Bridier (Red Star), Rousseau (Valenciennes), Landre (Guingamp) pour le Racing Club de Paris. On avait bien été un peu étonné en voyant les Sangermanois de la rue Bergère préferer Niederbacher à Elkjaer-Larsen, héros de l'Européen, mais les voies du Très-Haut étant impénétrables, on s'était tenu coi.

Les Girondins, eux, avaient agi en champions de France. Aimé Jacquet, qui réclamait un gardien de but de stature internationale, avait obtenu Dropsy. Et Claude Bez, encouragé par Couecou, n'avait pas résisté au défi de s'offrir le Portugais Chalana pour la somme record de 18 millions de francs (1,8 milliard d'A.F.) : 11 pour Benfica, étalés sur trois ans (3,5 puis 3,5 puis 4) et 6 pour le joueur (2 par saison) plus une villa. Un véritable trésor sur deux pattes, à condition que les deux pattes fonctionnent.

Malheureusement, d'entrée de jeu et avant même l'ouverture du championnat de France, Chalana se blesse à la cuisse droite, va se faire opérer fin septembre à Lisbonne et disparaît de la circulation jusqu'à la trêve. On imagine les commentaires et les ricanements de tous les jaloux devant les deux moustaches girondines en berne. Le fantastique milieu de terrain Girard-Tigana-Giresse-Chalana, si riche de talent pur, de forces et de potentialités, est mort avant d'être né.

Mais Chalana ou pas, les Girondins ont leurs certitudes. Aimé Jacquet les a soumis à un travail de fond très poussé en Haute-Savoie tandis que les internationaux, Giresse et Lacombe en tête, après quelques jours de vacances, ont bénéficié d'une préparation intelligente et allégée : un entraînement par jour, axé sur la vitesse plutôt que sur la résistance. Quatorze matches de rodage ont défilé quand arrive le 17 août 1984 et le moment d'accueillir Toulouse devant 28 000 spectateurs.

Jean Tigana n'est pas là. Il a vu sa pubalgie se réveiller sous les efforts de l'Européen et l'on dit qu'il est également malade du portefeuille, les propositions de transfert de Tottenham et d'Arsenal s'étant brisées sur les prétentions du tandem Bez-Couecou : un million de livres sterling, soit douze millions de francs.

Avec Thouvenel et Rohr comme arrières d'aile et un milieu de terrain Martinez-Girard-Giresse-Tusseau, les Girondins reviennent tels qu'on les a laissés. Organisation rigoureuse mais coordination plus affinée entre les joueurs, bonne assise défensive mais équilibre presque parfait, puissance athlétique des uns (Muller, Specht, Girard), mais finesse technique des autres (Giresse, Lacombe, Martinez). Les Girondins gagnent 2-1 grâce à un contre de Bernard Lacombe (57e) et une tête plongeante de Martinez (59e) sur un centre de Tusseau.

Le héros de la rencontre n'est pourtant pas un attaquant. C'est Dominique Dropsy, le nouveau gardien de but, acclamé par le public parce qu'en trois ou quatre parades de grand style, il a préservé les chances de son équipe puis le résultat. A trente-trois ans bientôt (le 9 décembre) et onze saisons passées à Strasbourg, il s'est décidé à faire le grand pas, tout d'un coup épanoui comme il ne l'a jamais été. « J'ai eu l'impression que les gens, ici, m'attendaient et je sais maintenant, après plusieurs semaines de doute, que je ne pouvais rêver meilleures conditions de travail et de vie. Je suis en train de changer. Je m'étonne moi-même. »

Aimé Jacquet n'en espérait pas autant : « Je voulais Dominique depuis longtemps car son expérience et sa manière de rassurer sont époustouflantes. Mais j'avoue que son enthousiasme m'a surpris. Sous un aspect débonnaire, il cache une férocité incroyable envers lui-même. C'est un grand professionnel. »

Vercruysse donne la réponse

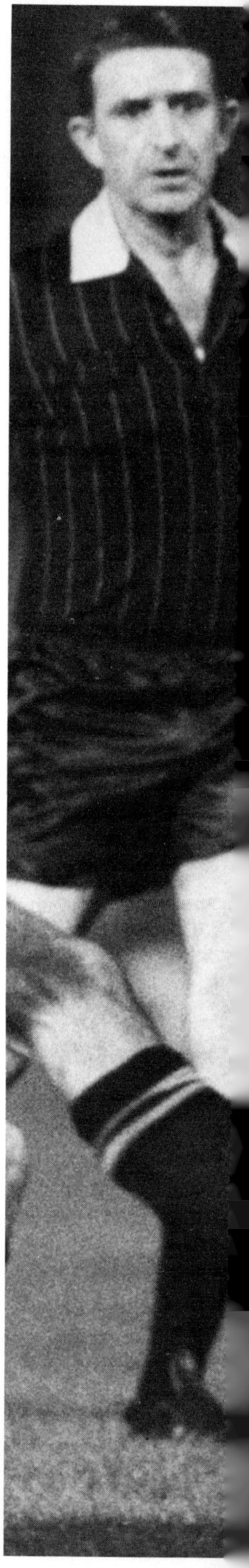

Les Girondins, malgré leur engagement en Coupe d'Europe des Clubs Champions, leurs deux grands absents et les sollicitations internationales de leurs cadres, enchaînent victoire sur victoire dans une dynamique irrésistible. Les Nantais de Suaudeau, pourtant coriaces et organisés, constatent sur pièces, le 31 août, lors de la cinquième journée, que leurs adversaires bénéficient, en sus de leur qualités, d'une veine incroyable. Ils les empoisonnent, les contraignent, soumettent Dropsy à la pression, égalisent au score mais se font finalement étendre par deux buts d'Alain Giresse. Deux buts acquis sur coups francs et sur deux frappes magnifiques (41ᵉ, 63ᵉ) qui font dire à l'intéressé que « cette réussite est plutôt du réalisme né d'une solidarité et d'un esprit de corps ».

Ce Bordeaux-là, privé de Chalana et Tigana, joue avec ses moyens du moment. Il manque à l'évidence d'un vrai pouvoir d'accélération et, fatigue ajoutée (Thouvenel par exemple), a choisi de s'appuyer sur une défense très groupée d'où jaillissent des contres meurtriers. L'efficacité maximale en somme ! On évoque même à son sujet une ressemblance marquée avec les équipes italiennes, ce que contestent Dropsy et ses nouveaux copains. « Il est vrai que notre rigueur défensive, basée autant sur l'esprit que sur l'acte, est d'inspiration italienne. On peut le prendre pour un compliment. Mais notre organisation de jeu n'a rien d'italien. Elle nous est personnelle, elle peut subir des variantes. Pas une autre équipe française ne développe un jeu collectif aussi serein que le nôtre. »

Il n'empêche que Bordeaux utilise un vrai marquage individuel et deux stoppeurs quand l'équipe adverse aligne deux attaquants. Mais la discussion est vaine, un peu stupide et, en fait, tout à fait française. Bordeaux joue comme il l'entend, dans un style qui convient tout à la fois à son public et à ses aspirations.

Ses résultats sont fort brillants puisqu'au soir du 16 octobre 1984 et de la douzième journée du championnat, le champion de France en titre compte 21 points, est invaincu et court deux longueurs devant Nantes. Il a abattu Toulouse, Lille, Nantes, Paris S.-G., Marseille, Tours, Metz à domicile ; Nancy, Toulon à l'extérieur ; et fait match nul à Brest, Bastia, Auxerre.

La question se pose alors : comment battre Bordeaux ? Les Auxerrois en débattent entre eux, après avoir laissé un point aux rapaces sur le terrain de l'abbé Deschamps. « C'est une équipe peu ordinaire, dit Ferreri. Elle possède tous les arguments et, sur le plan tactique, on ne peut pas trouver mieux. Elle dispose d'un véritable double rideau défensif quasiment infranchissable. Si vous parvenez à sauter la ligne Girard-Tusseau-Tigana, vous tombez aussitôt sur Specht-Battiston et les deux latéraux. Ça devient les travaux d'Hercule. »

Joël Bats a remarqué autre chose : « Leur organisation est méticuleuse. Elle leur permet de monter à tour de rôle et de doser parfaitement leurs efforts, à la différence de l'A.J.A. où ce sont à peu près toujours les mêmes qui fournissent l'énergie la plus grande. Ça, c'est l'explication technique la plus nette. Mais il en existe une autre plus diffuse, plus sensible : tous les adversaires de Bordeaux ont du respect pour cette équipe et, contre elle, ils défendent plus qu'ils n'attaquent, sachant bien qu'en le faisant, ils prendraient des risques énormes. »

Basile Boli, lui, a trouvé le moyen de battre Bordeaux mais il admet que cela pose quelques problèmes d'intendance : « Je ne vois qu'une solution : exercer sur elle un pressing d'enfer du début jusqu'à la fin. J'espère qu'une équipe y arrivera un jour ou l'autre. »

Le 19 octobre 1984, le leader se rend au stade Félix-Bollaert de Lens, dans cette superbe enceinte rénovée où 30 000 supporters nordistes attendent patiemment le grand renouveau. Les « sang et or » ont subi trois jours plus tôt au Parc des Princes ce qu'ils estiment

L'art de faire prendre le couloir au ballon. L'art tout court (Philippe Vercruysse, Lens).

être une véritable atteinte à l'équité du jeu et à leur dignité. Menés 3-0 après 22 minutes (deux buts de Niederbacher, accrochez vos ceintures !), ils sont revenus joliment à 3-3 à sept minutes de la fin (deux buts de Vercruysse et un de Gillot) avant de se faire piéger sur penalty à la 89e pour une percussion de Huard-Schumacher sur Susic, M. Konrath au sifflet. Krawczyk expulsé, ils ont même failli quitter le terrain !

Contre Bordeaux donc, les Lensois ont le mental acide et le muscle d'airain. Ils ne se lancent pourtant pas dans le « pressing d'enfer » préconisé par le corbeau noir d'Auxerre et s'orientent plutôt vers la méthode Vercruysse, un grand jeune homme très élégant, un peu lymphatique, auquel on prédit le plus grand avenir s'il décide de prendre plus souvent des bains de pied à la moutarde. « Contrarier Bordeaux techniquement, mieux vaut ne pas y songer. L'agresser physiquement relève du même impossible défi. Alors, il ne reste que les changements de rythme : jouer à cent à l'heure sur les contres, prendre des risques et tirer le plus possible, sans calcul. Dans le même temps, il faut savoir articuler solidement sa défense et ne pas commettre d'erreurs individuelles, les Girondins ayant la puissance de feu d'un porte-avions. »

Vercruysse témoigne là d'un bon sens d'analyse et même de bon sens tout court car le vrai football, comme tous les sports collectifs de balle, repose essentiellement sur les changements de rythme. Ce qui faisait la force de Reims, celle de la Hongrie de Puskas et qui manquait tant au Leeds de Don Revie.

Les Lensois de Vercruysse connaissent donc la réponse mais, après neuf minutes de jeu, c'est Bordeaux qui mène 1-0. Giresse, l'idole de Vercruysse (« Quand je le vois à l'œuvre, je comprends mieux ce qu'il me manque. ») a chipé la balle à Zaremba et, d'un tir à ras de terre décoché dans la surface de réparation, a transformé Huard Gaëtan, le successeur de

Quand les Lensois dansent sur le ventre de Bordeaux (Ramos, Sénac, Gillot, Xuereb, Zaremba, Marsiglia).

Tempet, en colin froid.

Les Lensois s'énervent. Ils ont déjà perdu, depuis le début de saison, trois points à domicile (Strasbourg, Monaco, Brest) et dix sur douze à l'extérieur (une seule victoire à Laval). Leur entraîneur Gérard Houllier a beau dire que ses « dix ans d'expérience éducative au Touquet et à Nœux-les-Mines valent bien dix années d'activité de footballeur professionnel », on dit que certaines sensibilités, certains courants, ne passent pas entre le maître et ses élèves. Ce que l'on dit en général quand les résultats ne cadrent pas tout à fait avec les espérances et qui se traduira, en 1984-1985, par l'exécution de cinq techniciens de division I (sur vingt) en parfait état de marche : Gransart, De Martigny, Peyroche, Sundermann, Briet.

Vercruysse prend donc l'affaire en mains. Tous les défauts qu'on lui prête sont soudain gommés par la volonté exacerbée de montrer ce qu'il sait faire. Mais il faudrait que l'infanterie suive. A la mi-temps, Gérard Houllier sonne le clairon : « Libérez-vous, tentez tout pour gagner puisque vous n'avez plus rien à perdre. »

Dès la reprise (46e minute), à la suite d'un corner cafouillé par la défense girondine, Venancio Ramos met le pied le premier et égalise. Six minutes plus tard, sur un coup franc de Ramos, Dropsy commet une erreur d'évaluation (sa première de la saison, disent les experts) et le grand Zaremba donne un coup de sa galoche têtière pour faire tourner la meule à 2-1 en faveur des Lensois. Romain Arghirudis, le directeur sportif du Racing, n'est pas mécontent de voir son petit prodige uruguayen – l'ailier droit de la Céleste lors du Mundialito gagné par l'Uruguay – justifier ses 120 000 dollars (1,2 million de francs, une affaire au prix actuel de la viande sur pied) de transfert.

Bordeaux, qui va rencontrer Dinamo Bucarest, cinq jours plus tard, en Coupe d'Europe, ne fait pas un drame de sa défaite mais il n'apprécie que modérément « les deux buts venus sur balles arrêtées », deux buts que Vercruysse qualifie de « pas très jolis ». Lens passe de la neuvième à la septième place du classement. Et les Girondins inscrivent en lettres d'or sur leurs tablettes le nom de Vercruysse Philippe (cinq minutes internationales au Luxembourg contre la Belgique). Ils en parlent même à Arghirudis qui leur donne le tarif : 500 millions de centimes au bas mot. Les affaires sont les affaires.

L'aigle et le moineau

L'Association de la jeunesse auxerroise, l'A.J.A. quoi, était montée très haut en 1983-1984, accrochant même son wagon au train européen et rendant fier le cœur de chaque Bourguignon. Durant l'été, victime de sa gloire et de l'appétit des autres, elle avait perdu Lokoli et Lanthier, l'un parti pour Reims et l'autre pour la Tour Eiffel. Mais son inspirateur, son gourou, son architecte et son jardinier s'étaient réunis dans la tête de Guy Roux et en avaient conclu d'un seul homme que la vie est ce que l'on en fait, éternel recommencement. Fiard était arrivé de Bastia et N'Gom de Paris Saint-Germain, certains pensant que l'A.J.A. n'y trouvait peut-être pas sa juste balance lorsqu'ils se souvenaient des exploits de Lanthier sous le maillot bleu.

Mais quelques matches amicaux dont un tonitruant 5-0 sur Rio Ave, équipe de première division portugaise, avaient démontré que l'A.J.A. restait fidèle à ses globules. Michel N'Gom notamment faisait des étincelles, instantanément intégré, nom scandé par le public de l'abbé Deschamps. Cinq jours avant le début du championnat, dans le midi d'un dimanche ensoleillé, éclatait malheureusement le terrible drame : Michel N'Gom se tuait sur une petite route bourguignonne en percutant le tracteur de l'un de ses nouveaux admirateurs, puis un poteau électrique en ciment, à quelques centaines de mètres de chez lui. Entraîneur et joueurs auxerrois en étaient atterrés. « J'ai eu l'impression de perdre un frère » (Basile Boli). « Chez nous, il allait éclater » (Ferreri). « Je ne suis pas près de retrouver un tel joueur avec lequel j'ai la conviction que nous aurions réalisé de grandes choses » (Roux).

Il reste cependant à Auxerre tout ce qui a fait sa force la saison précédente et peut-être un peu plus car la progression d'une équipe bâtie sur les principes de la collectivité et de la solidarité atteint rarement d'emblée ses limites. Avec son Bats sacré Grand d'Europe, son Garande olympique, son Ferreri appelé à la succession internationale de qui-vous-savez et son Boli chasseur de fauves, avec son Szarmach vieillissant et quelques autres jeunes qui ne demandent qu'à vieillir, l'A.J.A. détient des atouts maîtres. Le seul danger qui la guette, c'est la politique inflationniste des salaires pratiquée ailleurs, celle qui fera dire à un directeur sportif en juin 1985 : « Cent mille francs par mois ! Mais c'est le S.M.I.C. du footballeur, mon bon monsieur. »

A Auxerre, on ne gagne évidemment pas ça, loin de là, et Jean-Marc Ferreri est bien placé pour le savoir. « Nous avons la plus faible masse salariale de France, Joël Bats et moi étant les deux lanternes rouges parmi les joueurs de l'équipe de France. L'A.J.A. perd de bons éléments pour raisons économiques mais il ne faudrait pas que le phénomène se banalise. »

Ferreri est en train de changer. Plus mûr dans la vie (vingt-deux ans en décembre 1984), intronisé meneur de jeu dans son club, il manie l'humour quand on veut comparer ses qualités et son rendement à celles et celui de Platini : « Michel n'est pas éternel. Il ne faut donc pas le traumatiser avec ce que j'ai et qu'il n'a pas. » Plus sérieusement, et lucidement, Ferreri s'accorde une grande marge de progression : « Platini est d'un réalisme étonnant alors que je ne fais pas toujours le bon geste. Il a de l'autorité alors qu'il me manque une mentalité de patron. Il prend beaucoup de risques alors que je reste encore trop collectif. Je donne mais je ne prends pas assez. Je suis persuadé pourtant que c'est au poste de numéro 10 que je m'exprime le mieux. »

Avec sa personnalité propre et son style de moineau électrique, Ferreri impulse le jeu d'attaque auxerrois. Il marque moins de buts en 1984-1985 qu'en 1983-1984 mais il en fait marquer. Auxerre gagne donc des matches, dont un à Toulouse (3-1, deux buts de Szarmach) pour la quatrième journée. « Sans réus-

Deux fois troisième de la Coupe du Monde (1974, 1982), Andrezj Szarmach court sur ses 35 ans. C'est sa dernière saison à l'A.J.A.

sir aucune série, en nous accrochant, en faisant appel à nos qualités morales, nous parvenons à nous maintenir parmi les trois ou quatre premiers. Nos performances et nos résultats ne surprennent personne, sauf moi », déclare Guy Roux.

Il faut dire que la défense auxerroise, indépendamment de son Bats exceptionnel et sécurisant, prend du volume avec Basile Boli. Le jeune stoppeur franco-ivoirien (dix-huit ans en principe mais il faut se méfier des états civils africains) possède un album Marius Trésor, son idole. L'histoire est tellement jolie qu'on veut le comparer, lui aussi, à quelqu'un d'autre qu'il n'est pas. « Ce rapprochement m'énerve autant que celui qui est fait entre Ferreri et Platini », dit Guy Roux.

Mais l'entraîneur auxerrois ne nie pas, comment le pourrait-il, la puissance, le tranchant du tacle, les progrès dans le placement et les déplacements de son aigle noir qui, au Parc, contre le Racing Club de Paris, le 15 décembre, reçoit la note exceptionnelle de six étoiles de la part de *France-Football*. On remarque alors qu'en 56 matches de division I, Basile n'a vu que huit fois seulement son avant-centre marquer un but. Ça ne vaut pas Karl-Heinz Förster (un seul but concédé devant Paolo Rossi en plus de 50 sélections) mais ça y ressemble un peu.

Auxerre, grâce à son moineau et à son aigle noir, est un club qui va. Au soir de la dernière journée des matches aller, il est troisième derrière Bordeaux et Nantes. Et l'on peut lire dans *France-Football* : « En Bourgogne, on n'a pas de pétrole mais on a Guy Roux. »

Monaco avait mal à son âme

Parmi les favoris pour le titre de champion 1985, personne n'aurait l'idée de gommer Monaco. L'équipe de la Principauté fait partie des grosses écuries et il s'ajoute à elle une tradition de football offensif même si, depuis l'arrivée de Lucien Muller aux affaires techniques, la forteresse défensive a pris du volume. C'est d'ailleurs pour dix but absents, une misère sur trente-huit journées, que les superbes Monégasques de 1983-1984 ont laissé le titre aux Girondins alors que leur décompte de points était identique (54). Et c'est encore à cause du silence absolu de leur attaque – mais aussi à cause de l'érosion athlétique de toute l'équipe – qu'ils ont laissé échapper la Coupe de France en finale.

On se remet difficilement d'un tel double choc psychologique. On le ressasse, il vous ronge l'estomac et la bile vous remonte à la tête. Passe encore pour Amoros, Le Roux, Bellone, voire Genghini et Bravo sur leurs strapontins qui ont décroché sous la bannière tricolore le titre envié de champions d'Europe des Nations. Mais les autres, mais le club qui vivent du pain quotidien ?

Monaco pourtant, ne désespère pas, son directeur sportif Jean Petit déclarant que « l'A.S.M. possède une équipe extraordinaire, la meilleure qu'elle ait jamais eue ». C'est vrai qu'elle vient de se renforcer par la venue de Philippe Anziani, « l'avant-centre de l'an 2000 », à charge pour lui de hâter un peu les choses car, dans seize ans, notre terre aura-t-elle gardé la boule ? Monaco a également engagé, en voltige et pour se prémunir contre les effets de la blessure de Le Roux, l'international yougoslave de Partizan, Stojkovic.

Tout ça est bel et bon, et devrait rouler comme carrosse en Judée. Mais, au bout de cinq journées, « en jouant comme elle n'a encore jamais joué », l'équipe monégasque se retrouve à cinq points de Bordeaux. Au bout de dix, à sept. Et au bout de seize, à dix.

« C'est incroyable. Le monde à l'envers. L'an dernier, pratiquement invincibles à l'extérieur, les Monégasques accumulaient les bourdes sur leur terrain où leur prendre un point, voire les deux, relevait de la simple banalité. Cette année, ils caracolent en Principauté mais ils ne gagnent plus à l'extérieur », constate Gérard Ejnès dans *France-Football*. Défaite à Bastia (0-1, trois tirs sur les barres), défaite à Rouen (1-2), match nul à Strasbourg (3-3), défaite à Marseille (0-3). « Peut-être jouons-nous trop bien », s'interroge Bijotat. « Peut-être sommes-nous trop craintifs à l'extérieur », suggère Amoros. « C'est à n'y rien comprendre. Nous avons une équipe pour gagner des points dehors, c'est une évidence. L'essentiel est de continuer à bien jouer, les résultats suivront obligatoirement », conclut Lucien Muller.

En fait, il existe tout de même des explications. Monaco, privé simultanément d'Ettori, de Le Roux et de Juan Simon, a perdu ce que Suaudeau appelle à Nantes « ses repères ». L'équipe continue à jouer avec onze bons joueurs. Elle n'a pas perdu, en apparence, ses qualités collectives et techniques. Mais il lui manque les points d'appui invisibles que représente la maturité de jeu.

Le gros choc monégasque se produit au mois de novembre où, en quatre journées, l'équipe de Muller perd trois points sur quatre à domicile (0-2 devant Toulon, 0-0 devant Brest) et quatre sur quatre à l'extérieur (0-1 à Nantes, 1-2 à Paris-S.-G.). Monaco est alors à douze longueurs du leader bordelais, ce que Bijotat trouve « complètement fou » et que Bravo explique partiellement par « l'envol de la gaieté et de la fantaisie qui faisaient notre bonheur ».

Il ne faut pas chatouiller trop longtemps le fauve quand son humeur est belliqueuse. Eliminé de la Coupe de l'U.E.F.A. – prématurément, comme d'habitude – relégué dans les profondeurs du classement en championnat, moqué, humilié, Monaco a besoin d'un coup d'éclat pour faire briller sa vitrine. Et, comme

Il tombait des cordes ce soir-là et Genghini laissait tomber la foudre (trois buts contre Bordeaux, félicité par Bellone et Bijotat).

la dernière journée des matches aller (1er décembre 1984) coïncide avec la venue des Girondins en Principauté, les dirigeants monégasques ne manquent pas de rappeler à leurs salariés de luxe qu'il y va « de l'intérêt du club comme de l'intérêt des hommes » d'avoir une réaction d'orgueil. La chaudière monte tellement en température que, durant les jours précédant la rencontre, de sérieuses frictions éclatent à l'entraînement entre deux ou trois joueurs, et non des moindres. Au point que, par mesure de prudence, les guerriers sont renvoyés dans leurs foyers et non pas mis au vert comme c'était prévu.

Il fait un temps exécrable dans la nuit du 1er décembre, une pluie torrentielle transformant le terrain en éponge et les voiles des bateaux en serpillières de la mère Denis. Monaco a placé Bijotat au poste de libero et aligne un milieu de terrain Bravo-Puel-Benoit-Genghini. Bordeaux, en l'absence de Battiston, a choisi une charnière centrale Specht-Rohr.

Pendant une mi-temps, il ne se passe rien ou presque rien, la formation bordelaise tenant et maîtrisant le jeu avec son habituelle assurance, Girard équilibrant le système tactique des champions en se plaçant sur le côté gauche. Mais un match a deux mi-temps. Après le repos, Puel se déporte plus carrément sur le flanc droit de l'entrejeu afin de surveiller Girard d'un peu plus près. Et surtout, les Monégasques font preuve d'un regain de combativité. Dès qu'ils accélèrent, dans leurs courses et dans leurs échanges de passes, le match bascule.

A la 50e minute, Bellone repose en tas dans la surface de réparation bordelaise, victime d'une rencontre idiote avec un hachoir. Une frappe du gaucher Genghini transforme le penalty sifflé par M. Vautrot. Ainsi libérée, l'équipe monégasque flotte sur l'eau aussi bien qu'un aéroglisseur et, vingt minutes plus tard, une action Liégeon-Genghini lance Anziani vers Dropsy. Anziani repose lui aussi en tas, victime également d'une rencontre avec un hachoir. Même motif, même punition, même gaucher au service, 2-0 pour Monaco.

Treize minutes plus tard (83e), contre-attaque de Liégeon et frappe victorieuse de Genghini, du pied droit s'il vous plaît, ce qui fait un joli « hat-trick » à l'anglaise pour l'intéressé et transforme la victoire monégasque en triomphe.

Monaco n'est plus, si l'on ose dire, qu'à dix points de Bordeaux, ce qui encourage Lucien Muller à déclarer que « la troisième place qualificative pour l'Europe n'est pas un leurre » et que « la roue va finir par tourner à notre profit ». Monaco, disons-le tout de suite, remportera son pari en alignant après la trêve une série de dix-huit matches sans défaite avec des victoires à Sochaux, à Toulon et à Brest.

Mais la vraie question qui se pose à l'approche de l'hiver n'est pas du tout celle-là. C'est celle de la rivalité Nantes-Bordeaux et du titre symbolique de champions d'automne conquis par les Canaris avec deux points d'avance sur les Girondins, sept sur Auxerre, neuf sur Paris-S.-G. et dix sur un peloton Lens, Brest, Toulon, Metz.

Nantes ou Bordeaux ? Bordeaux ou Nantes ? « Etablir une comparaison entre les deux seuls candidats au titre comporte évidemment quelques risques, écrit Jean-Philippe Réthacker dans *l'Equipe,* dans la mesure où les deux rivaux n'ont pu encore trouver leur formule idéale, dans la composition de l'équipe et par conséquent dans le jeu lui-même... On pourrait un peu comparer nos deux équipes-reines, pour l'instant, à une Mercedes lancée à la poursuite de la nerveuse 205 GTI. »

EUROPE 1

Halilhodzic Akbar

En vérité, personne ou presque n'attendait le F.C. Nantes dans un habit de gala aussi bien repassé. On savait que ce club ancré dans sa tradition, installé dans des conditions matérielles exceptionnelles – le centre de la Jonelière puis le nouveau stade de la Beaujoire – mené de main sage (trop sage ?) et entraîné par un technicien compétent, rentrerait dans les points du Grand Prix, c'est-à-dire dans les places qualificatives à une coupe européenne. Mais de là à le voir meilleur ou aussi bon que Bordeaux renforcé, Bordeaux richissime, Bordeaux royalement ambitieux, il y avait une petite marge.

Nantes avait d'ailleurs modestement commencé son parcours avec deux défaites à Brest (2-4) et Bordeaux (1-2), et quatre points de retard sur le champion après cinq journées. Mais aussitôt, la belle horlogerie s'était mise à tourner sans un grincement : quinze matches d'affilée sans défaite, 27 points dans la musette, un seul point concédé à domicile à l'extérieur (six victoires, deux partages) et un goal-average de 26-9.

Suaudeau le passionné, un peu prisonnier de son jeu et un peu provocateur, veut laisser croire qu'il s'y attendait : « Sans aucune prétention de ma part, je dis que Nantes a été très inspiré, qu'il va de l'avant et qu'il est donc normal qu'il engrange des points. » Mais il admet tout de même qu'il a été un peu surpris : « Très tôt, j'ai senti qu'il se passait quelque chose, comme il y a deux ans. J'avais minimisé non pas les valeurs mais le fait que nous allions revenir aussi vite à un bon niveau de jeu ; retrouver nos automatismes, nos repères, nos coups bien conçus ; ce que l'on peut appeler les enchaînements de Nantes qui sont ce qu'ils sont mais qui nous sont propres. Les joueurs s'expriment à travers cette valeur foncière si personne, dans le groupe, ne prétend connaître lui-même la solution. L'avantage d'équipes comme Bordeaux ou Anderlecht, c'est leur maturité de jeu. Ils ont des gens pas meilleurs, mais plus âgés, qui ne s'écartent pas de cette grande vérité. »

On écouterait Suaudeau, pendant des heures, parler de sa passion. « Il y a la perfection individuelle et la perfection collective. La première peut s'acquérir à travers l'entraînement : il faut voir comment Vahid Halilhodzic travaille. La seconde peut exister : tout est fonction de la personnalité et du caractère des joueurs, des relations entre les joueurs et l'entraîneur. Mais c'est un équilibre fragile. » Un équilibre que l'on acquiert et que l'on garde, selon Suaudeau, si l'on prend soin de conserver dans son effectif les joueurs à maturité de jeu, ceux de vingt-sept, vingt-huit ans. « Comme Bordeaux ! Malheureusement, nous ne savons garder ni Sahnoun, ni Van Straelen, ni Tusseau qui s'en vont aux Girondins, comme par hasard. »

Le grand malheur, pour Nantes 1985, ce n'est pas le départ, déjà lointain, de Thierry Tusseau. C'est la mort de Seth Adonkor et de Jean-Michel Labejof, le dimanche 18 novembre, sur la voie express Nantes-Saint Nazaire, et les terribles blessures de Sidi Kaba dans le même accident. « Avec eux, l'avenir semblait assuré, dit Suaudeau. Le groupe représentait une force en devenir explosive, un potentiel de tempérament extraordinaire. Les conséquences de leur disparition ne sont pas palpables, pas chiffrables, mais c'est une coupure dans l'ascension. Adonkor avait vingt-trois ans et possédait une personnalité terrible, égale à celle d'Halilhodzic par exemple. Avec lui et Labejof, qui n'avait que dix-huit ans, nous avions deux super dans le domaine de la récupération, devenu si important dans le football moderne. Avec Sidi Kaba, dix-huit ans également, dont j'espère qu'il va revenir, nous en avions un par ligne. Le plus dur à supporter, c'est d'avoir perdu l'animation qu'ils créaient. Aussi, aujourd'hui, je ne sais pas, je ne sais plus. »

Pour compenser ces disparitions et gagner

« J'suis grand, j'suis beau, j'ai un beau maillot mais ces jeunots ne respectent rien » (Halilhodzic à la moulinette de Didier Sénac).

EURO

Dans l'ombre d'Halilhodzic,
José Touré cherche son soleil.
A terre ou dans les airs,
il n'a pourtant pas son pareil.

les trois derniers matches de la série aller, Suaudeau fait rentrer Eydelie pendant une demi-heure contre Nancy et Kombouaré pendant 90 minutes à Lille. « Ils nous font oublier notre chagrin. Ils sont bons. Kombouaré est une vraie liane, une araignée, plus grand et plus rapide qu'Ugo Bargas. »

Dans ces moments difficiles, les trois anciens, Amisse, Bossis, Halilhodzic, font respecter les principes et la flamme. Le premier, dans un rôle relativement obscur, apporte énormément à l'ensemble par son intelligence, son esprit collectif, ses débordements et ses centres en retrait. Le second sécurise, rayonne, relance, tel que le bon Dieu a fait le grand Maxou. Le troisième a ressuscité, marquant la moitié de tous les buts nantais, et se situant à nouveau parmi les meilleurs finisseurs d'Europe.

Durant les matches aller, Halilhodzic marque treize fois sur dix-neuf, et deux buts en quatre occasions : contre Lens, Rouen, le Racing et Toulouse. Il revient en arrière, use ses cerbères en les promenant aux quatre coins du terrain, reçoit et donne des coups, dribble et marque, du pied droit, du pied gauche, de la tête. Son secret ? « Il peut dribbler du droit ou du gauche en contre-pied. Une manière de ne pas se déporter et de rester toujours dans l'axe » (Suaudeau).

Dix-sept buts dans la première moitié du parcours, une dizaine encore dans la deuxième malgré une blessure et plusieurs matches manqués, Halilhodzic remporte sa deuxième couronne de canonnier en quatre ans de championnat de France. Ce qui va l'encourager à prolonger d'une saison son séjour chez les canaris. Halilhodzic Akbar, Halilhodzic est grand.

Voilà les gars de la marine

Dellio Onnis, né le 24 mars 1948 à Rome, a trente-six ans sonnés. quand débute la saison 1984-1985. Le vieux soldat a remporté six couronnes de meilleur buteur, dont cinq en division I sous les couleurs de Monaco (1975, 1980), Tours (1981, 1982) et Toulon (1984, à égalité avec Garande). Il possède toujours le flair de Tintin, l'art de couper les trajectoires et celui de lever la patte au deuxième poteau. Il voit surtout, en quelques minutes d'observation, par où pèche l'organisation adverse. Il est un phénomène.

Christian Dalger, son entraîneur à Toulon (né en décembre 1949, vingt et un mois plus tard que Dellio), n'a pas voulu renoncer à Onnis, conforté en cela par l'opinion de Rolland Courbis, le libero de trente et un ans promis au poste de general-manager.

Les trois anciens Monégasques, chacun dans son rôle et tous dans le même bain, connaissent tout à fait la musique. Quand ils portaient le maillot de la Principauté, que l'entraîneur s'appelât Leduc ou Banide, ils se réunissaient avec Jean Petit au fond du car et définissaient la tactique du jour en tenant compte des circonstances et de l'adversaire. Ça ne marchait pas trop mal puisque Monaco était deux fois champion de France (1978, 1982) et gagnait la Coupe (1980).

Dalger, Courbis et Onnis mettent donc leurs compétences en commun, l'ancien ailier international ayant été le premier, quatre ans plus tôt, à venir plonger en division III pour tirer le club vers le haut. Quand la division I est apparue, à l'été 1983, la municipalité de Toulon s'est distinguée en votant à l'unanimité, toutes options politiques confondues, un décret visant à couvrir tous les frais de gestion du football. Sans oublier d'accorder une subvention de sept millions de francs.

Le but était évidemment d'éviter les deux expériences douloureuses de 1959 et de 1964, lorsque le Sporting était retombé de l'élite où ses efforts l'avaient hissé. En 1983-1984, le Toulon de Dalger souffrit pourtant mille morts (seizième, deux points devant le barragiste Saint-Etienne) pour éviter l'enfer. Il y réussit et tira la leçon du voyage.

Avec les renforts du gardien Olmeta (une sacrée affaire), du Lillois ex-monégasque Ricort, du très doué Tlemcani et du défenseur cannois Casoni, le Sporting fait un départ catastrophique en championnat. A la fois par la faute d'un calendrier initial pas très confortable (voyage à Nantes, réception de Bordeaux) et par la conséquence d'un mental collectif un peu faible. Cela se traduit, en onze journées, par des défaites contre Nantes, Bordeaux (1-2 à domicile), Bastia, Metz (0-2 à domicile), Lens, Rouen mais aussi par deux matches nuls à l'extérieur (0-0 à Paris S.-G., 1-1 à Auxerre) et des victoires contre Brest (2-1), Tours (2-0) et Sochaux (1-0). Toulon est alors dix-neuvième du classement avec Tours dans sa roue. Cela ne peut plus durer.

Le déclic se produit le 28 septembre dans un match « sans concession » à ne pas recommander aux pieds sensibles. Un an plus tôt, les Toulonnais ont encaissé un 8-2 historique au Stade Bonal. Ils n'ont rien oublié, ni les buts, ni les lazzi. Ils ont l'œil noir et le bras vengeur. Ils emballent donc la corrida dans cette ambiance du Stade Mayol dont on dit qu'elle transforme les héros visiteurs en zéros. Quatre avertissements (Boissier, Ricort, Bérenguier, Dréossi), une expulsion (Tlemcani), une civière (Bonnevay) et un but (Benedet, 40e) transforment le spectacle en bulletin des armées.

La suspension de Tlemcani va amener Dalger à remodeler son milieu de terrain. Elle est peut-être bénéfique mais on n'en jurerait pas. Toujours est-il que, soudainement, avec la rentrée de Courbis en défense centrale et un milieu de terrain articulé autour de Paganelli-Ricort, voire Casoni (demi défensif, stoppeur, arrière gauche, libero, à la demande), les gars de la marine décrochent le pompon, entrant dans une série de douze matches génératrice

« Quand on est dans les cols bleus, on n'a jamais froid aux yeux » (Roland Courbis, devenu manager général de Toulon après la saison 84-85).

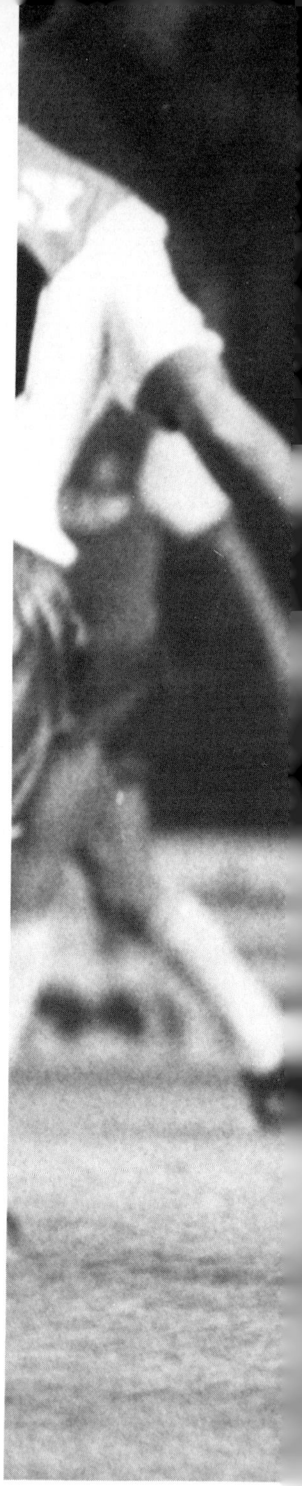

On ne peut pas toujours gagner, même chez soi. Le 19 avril, Ricort-Rabat d'un côté Ricort seul de l'autre, laissent les Monégasque Bravo et Puel se faire un clair de lune à Toulon.

de 21 points, seulement marquée par une défaite à Marseille (2-4 : La Ling, 84e, Zénier, 86e). A la fin des matches aller et à la trêve, ils sont quatrièmes. Au mois de février, ils s'ancrent à la troisième place, ravis de l'aubaine et de leur facétie. « C'est comme aux cartes, remarque Courbis, quand on a du jeu, il faut savoir en profiter. »

12 000 spectateurs contre Lille, 13 000 contre P.S.-G., 15 000 contre Auxerre et Monaco, le public suit cette équipe de Toulon enfin stabilisée, surprenante d'équilibre et d'ambition. « La marge de progression est encourageante », se contente de dire Dalger, prudent comme un chevillard au marché.

Dellio Onnis, au deuxième poteau, lève encore la patte : trois buts contre Paris S.-G., deux contre Nancy, quatorze pour la saison et, au bout du compte, 298 buts en division I après la saison 1984-1985. Encore un petit effort, Dellio, et tu seras tricentenaire ! « Quand on est dans les cols bleus, on n'a jamais froid aux yeux. »

Paris-sur-drame

Deux clubs parisiens en première division, il faut remonter exactement à vingt ans pour voir cela pour la dernière fois. C'était l'époque du magnifique Racing de Pibarot ou plutôt, en 1964, sa déliquescence dans la queue de comète d'une équipe dont on récite encore avec nostalgie les noms magnifiques : Taillandier - Lelong, Bollini, Marche - Sénac, J.-J. Marcel - Grillet, Ujlaki, Heutte, Van Sam, Guillot. C'était aussi l'époque du Stade Français, celle de Pouchès qui, pour lutter contre le grand Racing, pilla sa cassette personnelle et celle de son entreprise. Carnus, Lerond, Skiba, Eschmann et Pottier étaient alors les fleurons d'une équipe mal dans sa peau, complexée par le rayonnement de sa prestigieuse concitoyenne, toujours à la recherche d'une véritable identité.

Pourquoi ces deux clubs « moururent »-ils, le Stade Français dans le souffle du Racing, alors que la grande capitale leur offrait sa richesse, son cœur et ses fastes ? Allez savoir, allez donc expliquer. On peut penser qu'il manqua alors, à l'un et à l'autre, ou à l'un des deux, le grand dirigeant gestionnaire qui eût fait de son club un Real ou une Juventus. Mais le football, à Paris, on ne le met pas en bouteille.

Paris Saint-Germain voit donc arriver, à l'été 1984, le Racing nouvelle mouture de Jean-Luc Lagardère. Il en conçoit certainement du dépit mais il ne le dit pas car il est poli. Il est solide, européen, structuré, renforcé (Jeannol, Lanthier, Niederbacher), galonné (deux Coupes de France récentes). Il se croit inspiré, son président Francis Borelli ayant retrouvé le technicien cher à son cœur, le pêcheur de truites Peyroche.

Le Racing miraculé (le fameux orage de Colombes en barrage), arrivé en retard au rendez-vous des transferts, picore de-ci, de-là, dans le panier : Mahut, Piette, Honorine. Ses partisans font un peu la moue. Ils attendaient du grand capitaine d'industrie Lagardère une ou deux folies, de celles qui enflamment les

Un de plus dans les ficelles et pas de sel dans le pot-au-feu
(Rousseau, Chebel à genoux, Peltier, Ben Mabrouck, le Racing en détresse).

imaginations et remplissent un Parc. Ils espèrent une saison de transition.

De fait, le Racing surprend dans ses premières foulées, gagnant ses matches à domicile (2-1 devant Lens, 1-0 devant Rouen, 2-0 devant Laval, 3-1 devant Toulouse) et allant chercher à Marseille (2-0) une fort belle victoire. Les signes inquiétants d'une grande perméabilité défensive se manifestent malheureusement, surtout à l'extérieur : 1-6 à Sochaux, 0-3 à Strasbourg, 0-3 à Monaco, 0-4 à Nancy.

Il se produit alors un phénomène classique de compression sur l'arrière, conscient et inconscient. Le Racing va prendre moins de buts (beaucoup de défaites par un but d'écart) mais il perd dans le même temps son aptitude à la folie et au jeu débridé qui lui apportaient tant de victoires. Il ne lui manque pas grand-chose mais un peu de tout : un peu de classe, un peu d'expérience, un peu de spécificité à certains postes, un peu de chance. Il lui manque aussi, et qui n'est pas rien, plusieurs des hommes sur lesquels il comptait (Madjer, Oekland pendant plusieurs mois), sept pendant un temps.

Entre le 5 octobre 1984 et le 23 février 1985, le Racing ne gagne aucun des quatorze matches qu'il dispute, battu chez lui par Nantes, Paris S.-G., Auxerre, Sochaux, Marseille, battu à Toulon, Brest, Bordeaux, Tours, Lens : trois points sur vingt-huit et, évidemment, un énorme feu rouge accroché à son pare-chocs. Il ne va pas s'en remettre malgré la secousse d'un changement d'entraîneur (Zwunka à la place de De Martigny) et quelques résultats de qualité en fin de parcours, comme une victoire à Toulouse (3-1, deux buts d'Oekland) et deux matches nuls à Nantes et contre Bordeaux. Il redescend en division II et chacun s'interroge sur la volonté du président Lagardère de poursuivre dans une voie qui a consacré son échec ponctuel alors que toute sa vie est marquée de réussites retentissantes. On n'attend pas longtemps : avant la fin du championnat en cours, le Racing engage Max Bossis pour quatre ans, puis le tandem technique Hauss-Takac, puis l'excellent Uruguayen de Nancy, Umpierrez. La seule véritable question qui demeure est celle-ci : pourquoi le Racing et Lagardère n'ont-ils pas cassé leur petit cochon en porcelaine un an plus tôt ?

Paris Saint-Germain, frappé au portefeuille par la concurrence du pingouin, aurait besoin d'une saison flambante pour maintenir sa suprématie et son rayonnement, de coups de cœur et de magie pour drainer vers lui de nouvelles couches de spectateurs. Mais il semble s'ingénier à jouer les repoussoirs tant par les mauvais résultats qu'il récolte que par l'image assez incohérente qu'il donne de lui-même. Pas de véritable fonds de jeu et des histoires à n'en plus finir : Peyroche qui grille d'entrée ses deux pachas Bathenay et Baratelli en oubliant qu'ils pèsent leur poids d'influence et d'expérience ; Susic qui rouspète parce qu'on oublie de lui régler une échéance ; le président qui se fâche en public parce que les résultats ne correspondent pas aux espoirs ; Bathenay qui enchaîne en déclarant qu'on ne fera jamais gagner le tiercé à un âne ; vingt-six joueurs qui entrent et sortent entre août et janvier ; les partenaires-sponsors qui flinguent Peyroche-Zorro au mois de mars, etc. « Nous avions imaginé un avenir en rose, mais la réalité est grise » (Francis Borelli). « L'histoire du Paris S.-G. n'a pas été écrite par Sacha Guitry. Elle aurait pourtant mérité de l'être, car elle prête souvent à sourire, voire à rire » (G. Ejnès, *France-Football*).

Lanterne rouge après sept journées, l'équipe de Paris S.-G., entraînée par Peyroche puis Coste, ne casse pas les vitres en championnat et réussit plusieurs performances tout à fait inattendues : 17 points perdus au Parc des Princes, plus mauvaise défense de la compétition (73 buts encaissés soit 1,92 par rencontre), treizième place à l'arrivée et moins de 10 000 spectateurs à domicile en cinq occasions.

Ce *Titanic* en perdition démontre pourtant, plus *fluctuat nec mergitur* que jamais, qu'il est insubmersible. La Coupe de France va le rendre soudain à lui-même, à son talent d'acrobate, à sa folie. Une folie très particulière. « Je fais semblant d'être fou, seulement semblant » (F. Borelli).

La volonté ne suffit plus.
Grise est la réalité du P.S.-G.
(Lemoult contre le Messin Sonor).

coq sportif

Le vampire a deux grandes dents

Quand la trêve a passé, on ne sait toujours pas qui, de Nantes ou de Bordeaux, a les épaules les plus larges. Certains ont une préférence. Les plus lucides s'appuient sur une analyse fouillée des forces et des faiblesses des deux compétiteurs et aboutissent à la conclusion que les Girondins possèdent un effectif à la fois plus riche et plus mûr, le Portugais de verre Chalana restant une roue de secours de grand luxe, à rayons et enjoliveur.

Mais cela n'est que supputations et ne vaut pas l'épreuve du feu, sur le terrain, un 26 janvier de match retour pour le compte de la 23e journée. 44 927 spectateurs pour une recette de 3,66 millions de francs, M. Quiniou au sifflet, un temps humide et venteux de saison, deux équipes dans leur formation idéale compte tenu des événements passés (Adonkor, Labejof décédés), Canal Plus à la caméra exclusive et en direct, l'événement est retentissant. Il le mérite.

Aimé Jacquet, il le dit, craint un peu de ne pas retrouver le Bordeaux d'avant l'hiver, celui dont le système bien huilé et l'esprit d'ensemble en ont fait un quart-finaliste de la Coupe d'Europe et un épouvantail dans l'hexagone. Celui qui ne commet pratiquement plus d'erreurs techniques individuelles et qui lit un match comme on lit un livre.

Coco Suaudeau, lui, redoute de retrouver son Nantes de fin d'année qui a perdu à domicile devant Brest (0-2) et oublié plusieurs des principes qui font sa force collective. Il en est amené à s'interroger sur la composition de son équipe et opte en définitive pour un 4-3-3 avec Poullain-Baronchelli-Touré au milieu et Robert-Halilhodzic-Amisse devant. Un 4-3-3 qui s'apparente très souvent, au cœur de l'action, à un 3-5-2 destiné à contrebalancer le 4-4-2 classique et immuable des Girondins.

Mais il n'est pas aisé de limiter l'efficacité du quatuor Tigana-Girard-Giresse-Tusseau qui sait admirablement doser son placement et répartir ses forces pour animer le jeu à son profit. Ce soir du 26 janvier, le carré magique se mue plutôt en un losange constitué de Girard à droite, Tusseau à gauche, Giresse au sommet et Tigana à la base, la présence de l'ex-Nantais Tusseau sur le flanc gauche facilitant les montées fréquentes de Thouvenel déplacé exprès par Jacquet en numéro 3.

Le pied droit est une main qui sent et qui retient. Le regard porte loin et voit dans les coins. Alain Giresse est un grand musicien.

Très clairvoyants tactiquement, les Bordelais font preuve de sang-froid, de maturité et de patience. Le ballon vit souvent dans leur camp, respirant par passes latérales, attendant un couloir de contre. Les Nantais en sont désorientés, manifestement trop prudents, trop respectueux de leurs adversaires, pas assez coordonnés dans leur expression collective, pas assez lucides tactiquement. Par exemple, ils oublient totalement ou presque leur perforateur de l'aile gauche Loïc Amisse et pénalisent ainsi directement le buteur-maison Halilhodzic. Pas de munitions, pas de canon et pas de bataille gagnée.

Ce constat étant rapidement fait, on attend que le match vive et penche pour l'une ou pour l'autre de ces deux formations d'élite. Ou se fige dans une bouillie magmatique comme cela arrive parfois en pareil cas.

On n'attend guère en vérité. A la 35e minute, Giresse, déporté sur le côté droit malgré son numéro 10 de farceur, adresse une balle en cloche, à la trajectoire un peu courbe pour Dieter Müller, vers l'entrée de la surface de réparation nantaise. Bibard et Bossis sont au rebond comme deux gamins tranquilles dans leur bac à sable. « Je l'ai ! », crie Maxon, aussitôt camionné par son athlétique copain. Le ballon revient vers Müller qui, avec l'art naturel d'un type façonné par dix années de forge, pivote, résiste au retour de Bibard et trompe Bertrand-Demanes sorti au-devant de lui. « Ce n'est peut-être pas mon but le plus spectaculaire mais c'est sûrement l'un de ceux qui m'auront fait le plus plaisir », dira Dieter.

Le vampire bordelais, avec Lacombe et Müller, possède deux grandes dents redouta-

Jean Tigana, un Girondin libéré.
William Ayache, un canari arrosé.
Entre les deux, la force irrépressible d'une collectivité.

bles pour encadrer sa mâchoire. Les deux larrons, très complémentaires – force et vitesse, tête et pieds, vivacité et puissance, astuce et frappe –, n'arrêtent pas de se répartir les transformations : 34 buts (22 pour Lacombe, 12 pour Müller) sur les 70 marqués par les Girondins (45 avec ceux de Giresse) ; quatre triplés, deux pour chacun, contre Metz, Nancy (Lacombe), Laval, Bastia (Müller). Ce gros pourcentage ne fera pourtant pas des Girondins un champion de France très prolifique mais c'est la couleur du temps qui veut ça. Des quinze dernières années, la compétition 1984-1985 viendra en quatorzième rang au nombre des buts marqués.

La réussite de Dieter Müller, le 26 janvier 1985 à la Beaujoire, si tôt venue dans le match, si contraire aux espérances des gens du lieu, entraîne deux conséquences logiques : un ancrage des Girondins dans leur conviction que le plus dur est fait et une accentuation des faiblesses déjà exprimées par les Nantais sur le plan tactique. Amisse joue les poteaux solitaires et José Touré, ce joueur de création magnifique, s'entortille les yeux autour de son nombril. Revenu en condition physique et morale, remis en confiance, il réalise des exploits techniques magnifiques et secoue le système défensif bordelais par des coups d'accélérateur, des jaillissements et des dribbles déroutants. Il n'est pas loin, à la 88e minute, sur un centre-bijou de Morice, de battre Dropsy d'un coup de tête. Mais il n'y réussit point et, en définitive, au décompte des occasions nettes (centre lifté de Thouvenel, frappe de Giresse sur B.D., tir de Tusseau, percées de Giresse et Tigana), les Girondins manifestent une supériorité d'ensemble impressionnante, pleinement reconnue d'ailleurs par leurs adversaires du jour et du championnat.

« Lorsqu'on accumule un tas d'incompréhensions dans une collectivité, lorsqu'une trop grande dispersion des forces, sous diverses formes, existe, il est logique qu'au bout, on constate des lacunes. Et dans un match comme celui contre Bordeaux, ça ne pardonne pas » (Suaudeau). « A l'occasion de certains grands matches, nous déraillons complètement. Collectivement, contre Bordeaux, nous avons été proches du désastre » (Amisse). « Les Girondins, c'est un bloc, une masse » (Ayache). « Ils accordent plus de prix au résultat qu'au spectacle » (Rio, venu en visiteur).

Les Girondins sont libérés. « En vérité, le déclic a eu lieu à Bilbao, en Coupe d'Europe. Nous possédons de plus en plus d'emprise sur le jeu » (Lacombe). « Nous récoltons les fruits du premier titre » (Battiston). « Il règne une complicité à l'intérieur du groupe girondin comme je n'en avais jamais connu. Il peut m'arriver de douter de moi-même mais quand je regarde mes coéquipiers, mes amis, je sais qu'on va y arriver. Cette sensation grisante de force collective, de bloc indestructible qui va où il veut aller, je ne l'oublierai jamais » (Giresse).

Aimé Jacquet, le perfectionniste, le technicien à visage humain, celui qui ose admettre qu'à son poste « on ne résout pas plus d'un problème sur deux », Aimé Jacquet donc touche au port de sa satisfaction professionnelle. « Il y a maintenant une façon d'opérer et de voir les choses du football typiquement bordelaises, souligne-t-il. Il nous a fallu trois ans de travail incessant pour obtenir cette communication parfaite entre tous les éléments d'une équipe. »

Bordeaux, au lendemain de son 1-0 en terre nantaise, a deux points d'avance sur les canaris ; trois après la journée suivante (Bastia-Nantes 1-1) ; cinq à la fin février ; six début avril et encore six à deux journées de la fin.

Le seul vrai casse-tête pour Jacquet et Bordeaux est celui de l'incorporation de Chalana : « Elle va poser de sérieux problèmes », dit l'entraîneur. Un milliard huit cents millions au réfrigérateur, c'est un peu comme du Bordeaux millésimé dans de la glace. Ça a du mal à passer.

ALARDE
RADIO

ROPE

26 janvier 1985
à la Beaujoire :
match au sommet
et duels de champions,
intensité et
concentration.
Baronchelli
efface Jean Tigana,
Thouvenel surprend
Max Bossis.
De quel côté
va pencher la balance ?

*La balance a penché.
Le meilleur buteur
du Championnat s'appelle Halilhodz
il est Nantais
et ne sera pas champion de France
(contre Battiston).
Dieter Muller n'est pas le roi
des canonniers, il est Bordelais
et donne le titre à ses co-équipiers
(fêté par Girard).*

SUD
RADIO

Umpierrez l'étoilé

Dans un championnat professionnel contemporain, l'accent est mis sur la course au titre, la course aux places européennes et la bagarre au couteau pour ne pas descendre. L'ensemble concerne rapidement une dizaine d'équipes, la dizaine d'autres vivant d'exploits occasionnels, de rêves en Coupe de France, voire de parcours européen.

Le F.C. Metz est de ceux-là, propulsé en juin 1984 vers le sommet de son histoire puis privé soudainement de son inspirateur Kasperczak et de son avant-centre Pecout (nach Strasbourg). Un 0-7 à Monaco fait craindre pour l'équipe lorraine un bain de décoloration. Mais Kurbos, Bernard, Bracigliano, Hinschberger, Rohr, Sonor et le fantasque Bocandé, un Belge bronzé récupéré à Seraing, vont réussir à se faire quelques soleils en Coupe des Coupes (et quels soleils !) avant d'afficher en championnat de France une tenue plus conforme à celle d'un vainqueur de la Coupe.

Sochaux en est un autre qui, privé d'Anziani, nous fait découvrir Franck Sauzée (19 ans), Franck Robin (19), Jacky Colin (21), Thierry Fernier (20), Laurent Croci (20) et Stephan Paille (19). Malgré toute cette jeunesse entr'aperçue déjà durant la saison précédente, et encadrée par des hommes à poil dur comme Rust, Krause, Agerbeck ; malgré une poignée de matches perdus par un but d'écart (huit dont cinq à l'extérieur), Sochaux va terminer huitième, fidèle à sa tradition d'école et de serre.

Nancy, berceau de Platini encore habité par la famille (papa Aldo directeur sportif), en est un troisième, contraint de vivre dans ses limites budgétaires qui ne sont pas élastiques. Son nouvel entraîneur, âgé de trente ans, ancien professionnel et licencié en sciences économiques, ancien entraîneur à Strasbourg (centre de formation) et à Cannes (adjoint de Guillou), fait passer un message de cohérence et d'équilibre. Il y réussit assez bien puisque son équipe est l'une des sept du championnat à remporter au moins cinq victoires à l'extérieur, en l'occurrence, pour les Lorrains, à Paris S.-G., Rouen, Marseille, Tours et Lille.

L'âme de cette équipe nancéienne 1984-1985 est l'international uruguayen Ruben Umpierrez (six sélections). Un ancien menuisier qui a gardé du travail sur bois le goût du poli et du ciselé. Un joueur assez méconnu en France, en tout cas pas assez reconnu si l'on tient compte de son niveau technique, de son rayonnement et de son efficacité.

Venu à 21 ans, en 1978 et comme avant-centre (« une erreur d'interprétation »), Umpierrez s'affirme en six saisons comme un meneur de jeu incomparable, né à l'école de Penarol et de Cero. Il marque des buts, c'est vrai (huit encore cette année), mais il en fait marquer aussi (cinq), joueur beaucoup plus à l'aise dans le mouvement et le jeu collectif que dans une expression typique de numéro 9 dos au but.

Sa satisfaction ? Celle de figurer régulièrement depuis quatre ans au palmarès des Etoiles de *France-Football*, une véritable institution née en 1956 qui permet, en un coup d'œil, de situer la valeur et le rendement de tous les joueurs professionnels grâce à une cotation de 0 à 6 par rencontre jouée. Meilleur ailier en 1982, étoile de bronze (troisième au classement général) en 1983, étoile d'argent (deuxième) en 1984, Umpierrez décroche la timbale en 1985 avec 159 étoiles en 38 matches, six longueurs devant Bats et Specht.

Cet étoilé majeur, capitaine de Nancy-Lorraine pour ses « qualités professionnelles et humaines », un peu taciturne en dehors du terrain, possède, entre autres, une musculature à la Rodin. « J'ai toujours fait quotidiennement 300 à 350 mouvements pour abdominaux, dorsaux et adducteurs, en plus de l'entraînement normal. Cela me fait du bien et je ne les manque jamais, descendant à seulement une centaine la veille des matches. »

Il était inévitable que Jean-Luc Lagardère, spécialiste des bolides et des fusées, attirât en son sein du Racing-Club de Paris, même appelé en division II, ce joueur profilé et chatoyant. C'est ainsi que Nancy perdit son capitaine et une partie de son âme dans le jeu. Arsène n'avait plus qu'à recommencer sa quête vers l'inconnu et Nancy à reprendre son métier interrompu.

Thierry Tusseau a cinq maisons

Quand Chalana a été engagé, un joueur girondin a plus spécialement trempé son bouc dans son chabrot. En analyste fin et fulgurant, il avait tout de suite pigé, Thierry Tusseau, que l'intégration du Portugais au milieu de terrain et l'expérience de Rohr et Thouvenel aux postes d'arrières d'aile risquaient de lui valoir des passages réguliers sur le banc. Il n'avait pas tort. Pas tout à fait raison non plus. Mais il était décidé à se battre « parce que le meilleur joue » et que « quand il a gagné sa place, il est tout de même normal de ne pas le sortir sans raison ».

Le problème de Tusseau, si l'on peut dire, est d'être trop doué, donc polyvalent. Arrière, demi, gaucher, capable de marquer, de défendre et de créer, il échappe à la spécificité sans atteindre au sublime puisque le sublime s'atteint dans la spécificité. Mais on l'appréciait tellement, à Nantes, qu'on fit un véritable scandale quand, à l'été 1983, il décida de signer à Bordeaux, le plus légalement du monde, au terme de son contrat. On chercha même à le faire suspendre en mélangeant sentiment, dépit et réalité des choses. Thierry Tusseau tint bon, désireux, disait-il, de « voir d'autres gens, d'autres lieux après dix années passées à réciter du football ». La formule avait choqué, on s'en doute, Tusseau estimant, lui, qu'en allant à Bordeaux, il allait vers la régénérescence, celle qu'entraînent les risques, la concurrence et l'attrait de la nouveauté. « Il fallait que je change, que je m'affirme. »

De ce joueur dont on disait qu'il était resté, quelque part, orphelin d'un grand destin (international à dix-neuf ans mais 7 sélections à temps complet seulement en sept ans, 15 au total), les Girondins firent d'emblée un nouveau champion de France au terme de la saison 1983-1984. C'était, pour Tusseau, son quatrième titre (trois avec Nantes). Un an plus tard, c'était son cinquième et son troisième acquis consécutivement (1977, 1980, 1983, 1984, 1985) ce qui, avec une Coupe de France (1979) et deux demi-finales de coupe européenne (C_2 1980, C_1 1985), représente, à vingt-sept ans (19-1-1958) et après huit saisons de division I, un palmarès époustouflant et incomparable. Cadet Rousselle avait trois maisons, Thierry Tusseau en compte cinq et attend les suivantes.

Sans son Tusseau préféré, le F.C. Nantes décroche, derrière Bordeaux, sa sixième place de deuxième (1967, 1974, 1978, 1979, 1981, 1985). Si l'on ajoute à cette collection les six titres de champion décrochés en 1965, 1966, 1973, 1977, 1980 et 1983, le tout en vingt ans et assorti de quelques autres places d'honneur, on ne peut manquer d'être admiratifs et reconnaissants.

Grâce, si l'on peut dire, à la suspension des clubs anglais de toutes compétitions européennes après la tragédie du Heysel, Nantes, Auxerre et Metz se qualifient pour la C_3 , Monaco (troisième du championnat) ayant « opté » pour la C_2

Le Racing Club de Paris, après avoir fait la course en queue, Tours, après avoir espéré jusqu'au dernier jour, et Rouen, après être tombé en barrages devant Rennes – diaboliques barrages – descendent d'un étage ainsi que le veut la loi de la nature.

Ils étaient tous beaux mais ils ne valaient pas Thierry Tusseau.

Des vainqueurs et des vaincus, c'est la loi de la nature. Les vaincus du P.S.-G. auraient préféré être vainqueurs (Moutier, Susic, Segura).

La Coupe de France

Oui, mon prince

Comme l'écrit un petit farceur du nom de Jérôme Bureau *(L'Equipe-Magazine)* à propos de Monaco : « Vous divisez le nombre de jetons du casino par le nombre de yachts dans la baie et ça fait encore beaucoup plus que le total des hooligans monégasques. » L'A.S. Monaco est un phénomène de club dans le monde du football dit moderne. Il prospère sans spectateurs, s'offre des joueurs internationaux, habite depuis peu dans un stade-bijou révolutionnaire, gagne des trophées et surtout honore une tradition de beau jeu qui ne se démentit avec aucun des entraîneurs qui passent sous son rocher.

Pourtant, en 1985, certains ont cru déceler dans l'esprit artistique des footballeurs de la Principauté comme l'amorce d'une déviation. Humaine, direz-vous, quand après avoir dansé toute une saison sous les applaudissements de la bonne société – c'était en 1983-1984 – vous avez vu vous passer sous le nez, à quelques jours d'intervalle, le titre de champion et la Coupe.

Il était né alors, chez les hommes de Lucien Muller, une incommensurable déception et, dans la suite, une réticence inconsciente à courir après un style générateur de tels effets pervers. Le beau jeu, l'offensive, la générosité grisent mais ne paient pas, songeaient les baladins. En mai 1984, devant Metz, et après tant et tant de victoires superbes, l'impuissance leur avait mordu les mollets. Ils s'en souviendraient.

Quand ils surent qu'ils allaient revoir Paris pour tenter de conquérir le saladier d'argent, leur conviction était faite, martelée par le plus réaliste d'entre eux, Manuel Amoros : « Il faut oublier qu'on peut faire du spectacle pour surtout penser à être efficace. » Le petit prince en tablier de forgeron !

Le paradoxe veut, en effet, que Monaco, club de fleurettistes portés sur la fleurette, se retrouve régulièrement au stade ultime de la compétition-hachoir, au point de compter autant de victoires en coupe (1960, 1963, 1980, 1985) qu'en championnat (1961, 1963, 1978, 1982). « Un club comme le nôtre est, en effet, bien plus fait pour être champion de France que pour gagner une coupe. Avec les moyens que nous avons, le type de joueurs que nous recrutons et le style qui est le nôtre, il est plus facile de gagner une épreuve logique de longue durée qu'une coupe remplie de traquenards », souligne lui-même Ettori.

Les Monégasques, si malheureux la saison précédente, eurent deux chances en 1984-1985. La première, celle d'être décimés par les blessures avant la trêve et de récupérer des hommes frais et valides pour le printemps. La deuxième, celle de retrouver, aussitôt après la précédente, une finale de coupe pour montrer à tous et à Paris rassemblé que certaines plaisanteries n'ont lieu qu'une fois.

C'est donc en « jouant au moral », avec « un cœur gros comme un melon » que le 8 juin 1985, l'équipe du prince ajouta une perle à sa couronne. Il ne lui restait plus qu'à prouver que son nouveau tempérament de chiffonnier pouvait se conjuguer avec son ancien talent de séducteur. La Coupe des Coupes, en ce pari, lui tendait les bras. Et nous, impatients, incrédules, nous la regardions faire pour savoir vraiment, une fois pour toutes, si les poètes ont le droit soudain de raisonner en alexandrins.

« Quel bonheur, très cher, de vous avoir rencontré en cette douce soirée... » (Bellone-Genghini en finale de Coupe).

Le Bourguignon est au fond

Pour gagner la Coupe de France, Amoros nous le disait, il ne suffit pas d'être bon. Il faut le vouloir intensément et, en plus, conclure des pactes avec tous les diables de la création, savoir marcher sur les planches à clous, pouvoir digérer les vipères. Il faut être né coiffé.

Guy Roux le Bourguignon, homme de longue patience et très copain avec le Malin, si, si, il le rencontre tous les matins, nous avait laissé croire, en 1979, que son club était entré dans la confrérie des insubmersibles. Son équipe de division II avait fait plein de misères au F.C. Nantes, en finale, l'avait emmené en prolongation et l'eût sans doute allongé pour le compte si Eric Pecout n'avait joué, ce jour-là, l'un des matches les plus pleins de sa carrière et marqué trois buts.

Auxerre, monté en troisième division l'année suivante, n'avait plus jamais retrouvé son étincelle Coupe. S'était-il embourgeoisé ou s'était-il heurté à une formule qui ulcère l'estomac de son papa ?

Guy Roux, au moment du tirage au sort 1985, est dans un état de forte contestation. Le tableau de répartition des trente-deuxièmes de finale indique en effet un match Auxerre-Metz, c'est-à-dire un choc entre deux Européens pour le moins prématuré. Une véritable finale avant la lettre que la Commission de la Coupe a programmée à Reims, Dieu seul sait pourquoi.

« Au tennis, dit Guy Roux, on se garde bien, par souci du spectacle, du sport et de l'argent, d'opposer aux premiers tours Mc Enroe à Connors ou Lendl à Wilander. Pourquoi la Coupe de France, elle, se livre-t-elle à cet immense jeu de massacre et à ce gâchis ? » L'entraîneur auxerrois propose donc un système proche de celui du tableau du tennis, évitant les rencontres entre les clubs de division I les mieux classés avant les derniers tours. C'est son droit.

Mais il y a à cela quelques objections. D'abord, on a déjà essayé la formule et cela

*N'a-qu'un-œil a le regard
perçant et personne
ne saurait dire s'il louche.
Lui prétend qu'il a bon pied,
bon œil (Ettore).
De l'autre côté, l'œil caché
du maître surveille
le duel Bocande-Boli (Bats).
Aux penalties, c'est Auxerre
qui va se mettre le doigt dans l'œil.*

Levi's Levi's
DANZAS
OLYMPIA
RTL
calberson
3
1

Carmelo Micciche court rejoindre Carmen.
Il est un peu désossé Carmelo.
Mais Carmen le trouve beau (Charles dans le rétro).

s'est traduit, en trente-deuxièmes de finale, par une mise au tapis mémorable de plusieurs clubs de D. I. Ensuite, les grands clubs pros ont obtenu de substituer, à partir des seizièmes de finale, à l'ancienne habitude des matches uniques sur terrain neutre, des matches aller et retour beaucoup plus rémunérateurs. Ensuite encore, le tirage au sort dirigé pour les trente-deuxièmes de la Coupe 1985 (les vingt clubs de D. I répartis en quatre groupes géographiques) paraît assez équitable, six équipes seulement de l'élite étant directement opposées. Enfin et surtout, il n'est pas possible de transformer la Coupe en championnat et de la réduire aux seuls professionnels. Elle a son histoire, sa légende même, son parfum et sa vérité. Elle fait partie de notre patrimoine footballistique.

Guy Roux, dans cette affaire, obtient tout de même une satisfaction : Auxerre-Metz a lieu au Parc des Princes, le 10 février. Il y fait un froid épouvantable et 20 000 spectateurs seulement ont trouvé assez de laine pour se lancer dans une opération survie. Mais les absents vont avoir tort car on assiste à un match remarquable, haletant et passionnant qui nous emmène en prolongation puis aux coups de pied au but ; un match curieusement sans buts mais que l'on devrait mettre en cassette pour l'offrir aux enfants.

Auxerre, dans un premier temps (et même dans un deuxième), a dominé le jeu et semblé posséder au bout de ses souliers toute la gamme des coups heureux. Puis Ferreri et Danio, placés dans des conditions idéales, ont échoué sur Ettore, le superbe gardien messin. Et Metz a repris confiance, haussé le rythme, obligé les Bourguignons à défendre. Deux équipes égales en ambition et en énergie luttent ainsi sans temps mort, frôlant le bonheur (coup franc de Barraja sur la transversale), craignant le pire, toujours relancées, jamais entamées.

A la 98e minute, nous sommes en prolongation, Bats est contraint, pour protéger son but, de commettre une faute irrémédiable, logiquement sanctionnée par le sifflet de M. Girard. Le Messin Rohr expédie le ballon du penalty sous la transversale et gêne Bracigliano pour la reprise. Dans l'enchaînement, le gardien lorrain Ettore sort un tir de Szarmach de la lucarne et, sur le corner, bloque un tir de Boli puis une percée de Ferreri.

Les deux gardiens étant imbattables, seul le hasard des penalties peut départager Auxerre et Metz. Szarmach manque le sien, Barret également et Bocande, rendu invisible par Boli durant 120 minutes, propulse le tenant de la Coupe en seizièmes. « C'était comme une finale », murmure Carlo Molinari. « C'était un grand match, excellemment arbitré, que j'ai beaucoup aimé », déclare Guy Roux le passionné.

Le Bourguignon est au fond et quinze autres avec lui. Strasbourg se mord les doigts et les finances d'avoir plié devant Bastia, après prolongation (4-2, buts de Solsona, Moizan, Orlanducci, Ferrigno ; Pécout, Kelsch). Laval passe sous le camion lillois (4-0, buts de S. Plancque, Primorac, Savic, Meudic). Et quelques autres clubs de division I souffrent le martyre devant des adversaires présumés inférieurs.

Toulon, par exemple, ne réussit pas à s'extraire du piège niçois face à une équipe transcendée et bien organisée, deux buts de Lefebvre (8e minute) et Mège consacrant un duel objectivement équilibré. Paris Saint-Germain, choucrouteux et très chanceux, s'en tire aux penalties (8 à 7) contre un adversaire montpelliérain sans complexe. Tours prend en plein front un obus vert (1-0, penalty de Gilles à la 90e minute). Toulouse reçoit un tir de Lemée l'Orléanais sur un poteau (19e) et gagne par une tête de Stopyra (27e, 1-0). Nantes attend la prolongation devant Niort pour noyer l'opposition (4-1, deux buts et un penalty manqué de Halilhodzic). Et Marseille, sur la neige à Saint-Quentin, se qualifie devant Senlis grâce

à une égalisation de La Ling et à des penalties qui laissent les gens de l'Oise tout déconfits : « Un but bidon en plus, un vulgaire pointu » (Laribi, le libero).

Tous les pointus étant recensés et la grande leçon d'humilité reçue par tous, il reste que la Coupe 1985 a trouvé son glorieux Cendrillon. Un gentil club du nom de Mantes-la-Jolie et qui, après avoir éliminé Groslay, Trappes, Le Vésinet, Ezanville, Versailles, Evreux (division III), Avon et le S.O. Maine (division III) en trente-deuxièmes, se retrouve tout simplement, avec le plus grand des bonheurs, contre Sochaux en seizièmes, pour deux matches aller et retour un peu déséquilibrés. Division d'honneur contre ancien champion de France. Guy Roux le Bourguignon aurait tant aimé goûter aux charmes de Mantes-la-Jolie !

Pour arrêter le magicien Umpierrez, il ne suffit pas d'avoir de grands bras (Nancy-Pau en seizièmes de finale).

Une mouche sur un Breton

Mulhouse a bien changé en six mois de temps, toutes ses folies passées ayant été ficelées dans un grand sac et jetées aux oublis. Le Hollandais Cees Kist a repris le chemin des tulipes. La cigogne Huck a retrouvé son clocher strasbourgeois. Et le champion d'Europe Didier Six a été interdit de séjour sur les bords de l'Ill par le nouvel entraîneur Raymond Domenech, un affreux rigoriste qui n'aime pas les suggestions allégoriques de la chapelle Sixtine. C'est ainsi que le fantasque gaucher, après quelques semaines de chômage technique, s'en fut à Aston Villa, en Angleterre, pour tester la résistance psychique des techniciens du lieu.

Domenech, dans son style direct et terre à terre, a bâti une équipe qui appelle un chat un chat. Pas de défense en ligne, pas de chatouilles au ballon, pas de libertinage dans la technique et la tactique, du dur et du concret pour l'objectif clairement exprimé d'une remontée en deux ans. Leader de son groupe de division II devant Le Havre et Rennes, le Mulhouse de Domenech a marché sur la tête de Moissy-Cramayel en trente-deuxièmes (3-0, deux buts de John Eriksen). Et le fait d'accueillir Brest, équipe de division I régénérée par rapport à la saison précédente (cinquième ex-æquo), ne l'effraie pas outre mesure.

Pour le match aller du 9 mars 1985, Domenech a bâti une équipe formée de Tempet-Mansouri, Tirloit, Ehrlacher, Glassmann – Toffolo, Diringer, Bouafia, Bernardet – Eriksen, Assad. La présence d'Ali Bouafia, dit « Mouche », en cette grande circonstance, est un peu surprenante. Ce jeune Algérien, né à Mulhouse en août 1964, possède un talent certain, il vient même de réaliser un grand match contre Orléans en championnat, mais il manque encore de fond et d'expérience.

Il devient pourtant, en 90 minutes, le héros d'une soirée mémorable, inscrivant les trois buts du succès (3-0 pour Mulhouse) aux 1re, 37e et 88e minutes. Trois buts superbes dont deux du pied gauche. « Et quand on connaît son pied gauche, on mesure la performance », dira Domenech. Le surnommé Mouche, de son exploit, ne fait pas un feu d'artifice : « Je suis content de ce premier triplé chez les pros mais je suis surtout heureux pour l'équipe car ce sera dur à Brest. »

Domenech en personne reste d'une totale lucidité : « Ce fut un miracle qu'on ne prenne pas de but et c'en fut un autre qu'on marque le troisième. Ce résultat inespéré est un peu lourd pour les Brestois. »

L'entraîneur breton Dewilder récupère, pour le match retour, son stratège Muslin, ce qui est une bonne nouvelle, compte tenu de la pagaille qui a régné dans le milieu de terrain brestois cinq jours plus tôt. Et il déclare à ses joueurs, comme toujours quand il y a trois buts à remonter : « Si nous marquons d'entrée, le coup est jouable. »

Non seulement les Brestois marquent d'entrée (Buscher, 1re minute, sur passe en profondeur de Muslin) mais ils marquent une deuxième fois au terme de la demi-heure (Dupraz, 31e, sur passe de Muslin de la droite). Le scénario idéal est parfaitement respecté et, à ce moment-là, les chances de survie mulhousienne semblent aussi crédibles que la cotation du bouton de culotte à la bourse de l'or. Mais les Brestois ont sans doute commis une erreur en cherchant systématiquement l'affrontement physique. L'arbitre M. Ferrary a déjà sorti trois cartons jaunes (Rico, Bernardet, Eriksen) et trois cartons verts (alerte aux soigneurs) après dix-huit minutes de jeu. La distribution ne va pas se ralentir avec l'expulsion du Brestois Steck à la 40e minute pour une agression sur son ancien copain de club Bernardet qui partit à l'hôpital pour se faire ressouder les ligaments d'une cheville. Un peu plus tard, un autre Brestois, Pardo (77e), voit le jaune de M. Ferrary.

Dans cette tourmente, les Bretons perdent leur lucidité et le gardien mulhousien Tempet fait le reste, aidé par son jeune coéquipier Ali « Mouche » Bouafia qui tire sur un poteau

Pardo sur son bateau, Toffolo sur le sien, cela devait faire inévitablement un bateau qui prend l'eau. Mais qui eût cru au naufrage du bateau breton ?

(88e), aidé aussi par Toffolo dont le compteur marque quatorze kilomètres et des poussières.

Autour des bancs de touche, on a sorti les boîtes à gifles. Dans le couloir des vestiaires, l'arbitre est frappé par « un inconnu ». Mais Mulhouse se qualifie (3-0, 0-2) avant que *L'Equipe* ne souligne une fois de plus les dangers du système : « Il est certain que la formule même de ce tour de Coupe, avec des matches aller et retour extrêmement rapprochés, favorise beaucoup trop les contentieux... Après un Brest-Mulhouse, il n'y a que des perdants, le premier de tous étant le football » (J.J. Vierne).

Au Nord, un tas de pavés

Les Girondins de Bordeaux ont annoncé à tous les vents qu'ils misaient sur les trois tableaux du championnat, de la Coupe de France et de la Coupe d'Europe. Ils en ont manifestement les moyens et personne n'a osé les contredire même si beaucoup pensent que la capacité du ventre est inférieure à la portée du regard.

Quand les champions reçoivent le glorieux Lille Olympique Sporting Club (cinq victoires en Coupe, 1946, 1947, 1948, 1953, 1955), ils ont le mental qui défaille et les adducteurs en spirale. Ils restent en effet sur le très décevant match de Coupe d'Europe contre Dniepropetrovsk au cours duquel ils se sont créé dix-neuf occasions de but pour n'en transformer qu'une seule (1-1 au final). Et ils s'interrogent sur leur capacité à surmonter toutes leurs fatigues à travers un collectif dont ils perçoivent les grincements.

Pendant vingt minutes, avec un Chalana qui a poussé Tusseau sur le banc – mais celui-ci va rentrer pour remplacer Girard, blessé –, les Girondins cherchent la cadence. Ils commencent à la trouver lorque Primorac, le géant de Mostar et des Flandres, place une tête plongeante victorieuse sur un centre de Bureau (26ᵉ). Les Bordelais emballent alors la machine, égalisent rapidement par Dieter Müller (33ᵉ) grâce à un centre de Tusseau et affirment leur domination par Bernard Lacombe à la suite d'une action lancée par le même Tusseau et prolongée par Giresse (69ᵉ). Ils échouent ensuite en plusieurs occasions sur Mottet, un jeune gardien dont le talent commence à éclabousser la corporation, mais Thierry Tusseau réussit à placer son terrible pied gauche, à dix secondes de la fin, pour transformer en 3-1 un succès qui paraissait étriqué.

« Compte tenu de notre fatigue, il s'agit d'un bon résultat devant une équipe difficile à jouer. Cela dit, dans ce match, j'ai vu une équipe jouer au football et l'autre pas » (Jacquet). « L'élimination est désormais improbable » (Tigana). Jusque-là, les commentaires girondins sont d'une grande banalité. Mais Didier Couecou, l'ancien diable des surfaces reconverti en directeur sportif, sait-il qu'une boutade – « ils ont joué comme des rugbymen » – va se transformer en déclaration de guerre, attisée par un Belge à l'honneur chatouilleux ?

Ce Belge s'appelle Georges Heylens. Ancien international et membre du grand Anderlecht (Verbiest, Jurion, Himst, Hanon, Puis), il rêve de refaire avec le L.O.S.C. ce que Pierre Sinibaldi avait réussi avec les mauve et blanc, c'est-à-dire façonner à des principes sains une phalange de garçons doués pour tenter de l'emmener au sommet. Epaulé par Charles Samoy dont le mérite n'est pas mince d'avoir purifié une ambiance très agitée autour de l'équipe, Heylens réussit à amplifier le phénomène de crédibilité qui s'attache à sa personne. Le L.O.S.C. ne gagne pas tous ses matches (il va terminer quinzième du championnat) mais on se met à l'aimer et à le respecter.

La soirée du 12 mars 1985 ne va pas peu contribuer à cette reconnaissance du talent des dogues par leur environnement. Car 20 000 spectateurs assistent à ce qu'il faut bien appeler l'Evénement de l'année : les Girondins de Bordeaux écrabouillés, ratatinés, réduits à l'état d'ectoplasmes par une bande de Lillois révoltés.

Pourtant, quand Audrain avait ouvert le score à la 7ᵉ minute du match retour, il était logique de croire que les champions de France allaient passer une soirée tranquille puisqu'ils menaient par quatre buts à un sur l'ensemble des deux matches. Mais la logique et le football...

Les Girondins, privés de Girard, Giresse, Tusseau et Dieter Müller (excusez du peu !), alignent un milieu de terrain Gimenez - Chalana - Tigana - Martinez et Audrain en attaque au côté de Lacombe. Ils tiennent tant bien que mal jusqu'à la mi-temps après que Stéphane

Les Girondins passés à l'essoreuse, une fois !
Le Yougoslave de Lille, Primorac bombarde Dropsy...

Plancque a égalisé (34e) sur coup franc. Mais déjà, ils sont à côté de leurs repères et de leurs chaussures, pataugeant sur un terrain qu'ils n'apprécient pas : « C'était la plage. Avec tout ce sable, on aurait cru Deauville » (Thouvenel).

En deux minutes, de la 56e (but de Primorac) à la 58e (but de Guion), le match bascule. Georges Heylens fait savoir du bras à Couecou qu'il n'est « pas l'entraîneur le plus nul de la planète » et l'on s'en va comme ça en prolongation où Primorac (92e) et Savic (118e) frappent encore la tête girondine à coups de pavés.

5 à 1 : 20 000 spectateurs terminent le match debout « en plein délire émotionnel, en état de choc affectif » (Serge Verkrusse) et réclament à Couecou une chanson, ce qu'il serait bien capable de faire, le bougre, si on lui tendait un micro, car il en a vu et entendu d'autres.

« Avec tous ses jeunes, le LOSC possède un trésor inestimable », souligne Heylens. Mais, si on l'entend, on aimerait connaître l'opinion de Jacquet sur l'effarant effondrement de son équipe. « Nous sommes cuits physiquement, cuits et recuits. Bien sûr que Lille nous a imposé un rythme infernal mais je pense que nous aurions été capables de tenir le résultat, en d'autres circonstances. Malheureusement, la surcharge de travail qui est demandée à mes joueurs, la répétition du cycle infernal de matches tous les trois jours et les efforts constants qu'il faut accumuler font que nous en avons actuellement plein les bottes. Il y a longtemps que je pressentais cette brisure soudaine. »

En résumé, et quoi qu'en pensent les dirigeants prêts à créer une troisième compétition nationale sous forme de Coupe de la Ligue, les footballeurs professionnels ne sont pas des robots.

... et les joueurs du LOSC se prennent à juste titre pour des géants (Robin, Périlleux, Savic, Kourichi, de gauche à droite).

Bocande, comme avant-centre, est parfois un vrai Jules. D'autres fois, il se conduit comme une mule.

Jules est-il une pomme ?

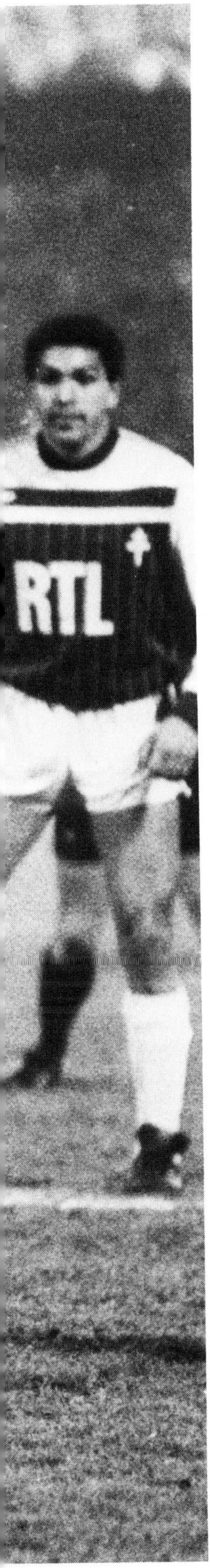

Dans toutes les familles et dans tous les clubs, il existe, comme disent les psy, des problèmes relationnels. Les kinésithérapeutes en savent quelque chose qui, à force de pétrir les muscles, en font sortir des tas de confidences. Qu'ils taisent, en général, ainsi qu'un confesseur.

Le F.C. Metz n'échappe donc pas à la règle commune mais, si l'on ne s'y dispute pas plus qu'ailleurs, on y laisse volontiers les fenêtres ouvertes afin que les voisins n'ignorent rien des querelles intestines. C'est un style comme un autre qui a, au moins, le mérite de la franchise.

On a parlé ainsi, à l'occasion du match européen à Dresde, d'une fâcherie à propos de prime et les chômeurs lorrains amoureux de leur club en ont conçu quelque ressentiment. Aujourd'hui que Metz affronte Bastia en seizièmes de finale de la Coupe de France et que l'heure est à l'unité, Kurbos, le Yougoslave de Maribor, et Bocande, le Sénégalais de Ziguinchor, se regardent comme chien et chat.

Kurbos peut arguer de son antériorité dans le club et de buts superbes qui ont fait gagner la Coupe de France à Metz, sans compter l'exploit du Camp Nou de Barcelone. Kurbos est un joueur d'élite, brillant technicien, intelligent, capable de faire chanter une collectivité. Il souffre que Marcel Husson, successeur de Kasperczak, lui ait réduit son champ d'action en le confinant sur un axe précis, tout cela pour faire de la place à un gouffre à ballons tout en gesticulations et coups d'épaules. « On me dit qu'il y a Jules Bocande au centre, rouspète Kurbos, et on me fait jouer à une place qui n'est pas la mienne. Mais il n'y a tout de même pas que lui qui peut marquer. »

De son côté, Jules Bocande déclare haut et fort que Kurbos n'a pas à être jaloux de lui et qu'il serait bon qu'à défaut de s'entendre dans la vie, ils le fassent sur le terrain.

Dans le vestiaire, Bocande se tient à gauche en entrant, aux côtés de Sonor et de Lowitz ; Kurbos à l'opposé. Le Yougoslave a été laissé sur la touche, en championnat, contre Monaco : entré à la 68e minute, il a marqué à la 76e.

Contre Bastia, à Saint-Symphorien, les deux hommes sont présents ensemble, Bocande en pointe centrale et Kurbos en retrait, sur un côté. Jules marque un but (63e) mais Zvonko Kurbos en inscrit deux (30e, 72e), sur deux coups de tête. « Comment fais-tu, toi si petit, pour marquer deux buts de la tête », demande l'infernal Jules au susceptible Yougoslave. Celui-ci préfère répondre à quelqu'un d'autre : « Mon gabarit et ma vitesse font que je suis très rapide sur trois ou quatre mètres. C'est comme ça que j'ai trompé la défense bastiaise. » Sous-entend-il que Jules Bocande est bien incapable, avec ses 184 centimètres et ses nombreux kilos, d'en faire autant ? Nous n'avons rien entendu.

Battus 3-1 à Metz, les Bastiais estiment que l'arbitre M. Lartigot « a sifflé pendant 90 minutes dans le même sens ». Ils en conçoivent une grosse amertume ce qui, dans leur langage, laisse prévoir une grosse pluie en sens contraire.

Pendant une mi-temps à Furiani, les tenants de la Coupe tiennent leur coupe et leur trajectoire, Bracigliano offrant même à Bocande (20e) un centre-cadeau que Monsieur Jules laisse filer et Kurbos tirant sur le poteau gauche de Mlynarczyk (27e). Mais, à la reprise de la deuxième mi-temps, Antoine Redin fait entrer Marcialis à la place de Marchioni, lâchant un homme de plus en attaque. Deux minutes plus tard, Thierry Meyer marque (47e). Treize minutes après ce but, Kurbos percute bêtement le poing d'Orlanducci, ce qui emmène le premier à l'hôpital, en observation, et le deuxième au vestiaire parce que M. Quiniou n'a pas aimé.

Metz pourrait plusieurs fois égaliser durant la dernière demi-heure et acquérir définitivement sa qualification. Mais Bocande accumule les maladresses (62e, 63e, 73e, 74e), glissant ou

tirant à côté de la cible. La sanction arrive à la 78e minute lorsque, sur un corner de Solsona, Ettore relâche le ballon et offre à Squaglia (un jeune venu de la division III) le but terrible du 2-0.

Les Corses pavoisent et les Lorrains mettent un crêpe sur leur croix de Lorraine. Sur son lit, informé des événements, Kurbos murmure : « Jules est une pomme. » Jules Bocande est-il vraiment une pomme ?

A l'issue de ces seizièmes, onze clubs de division I sont qualifiés et cinq de division II. Monaco a piétiné Besançon (0-0, 5-0, trois buts de Tibœuf) et Sochaux a assassiné « Jolie Mantes » (3-0, 8-1, trois buts d'Agerbeck, trois autres de Krause).

Mais deux exploits ne sont pas passés inaperçus : celui de Valence (D. II) éliminant Marseille au Stade-Vélodrome (1-0 à l'aller, but de Carrot, 1-2 au retour, buts de Pascal, La Ling, Merulla) et provoquant indirectement la destruction de la voiture du président Carrieu. Et celui de Saint-Etienne redevenu l'invincible, se permettant face à Nice deux performances de gros calibre : 2-1 au Stade du Ray (20 000 spectateurs), 4-1 à Geoffroy-Guichard (24 700 spectateurs). Rappelez-nous donc le nom de l'entraîneur stéphanois ! Kasperczak, l'entraîneur des vainqueurs de la Coupe 1984.

Vous reprendrez bien un peu de Vert

Le 19 mars 1985, dans *France-Football*, Albert Batteux évoque des « réalités vertes » qui ne peuvent le laisser insensible, lui qui a contribué à la grandeur et à la gloire de l'A.S. Saint-Etienne (trois titres, deux coupes, deux doublés).

« ... autre chose dont on parle beaucoup, aussi, c'est le phénomène stéphanois. Trop, disent certains... dont certains de leurs rivaux. C'est vrai que c'est parfois irritant de voir, dans le domaine de la notoriété, tant de discriminations entre des équipes et des individus. Mais ce qui se passe à Saint-Etienne n'est pas

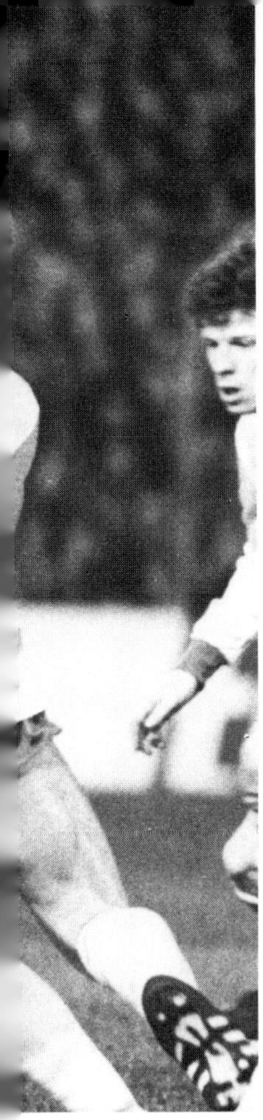

Milla, le prince noir des Verts, voit rouge chez les Lensois. Et ceux-ci n'y voient que du bleu (Tlokinski, Milla, Daniel, Krawczyk).

banal et ne procède absolument pas des retombées de la légende du club. C'est l'équipe actuelle qui vient d'aligner quatorze victoires consécutives et de ramener vers elle un public égaré et traumatisé par des histoires qu'il ne soupçonnait pas.

« Car, et c'est remarquable, ce n'est pas le fameux public stéphanois qui a permis d'obtenir toutes ces victoires. Au début du championnat, ce furent des résultats médiocres, avec, par conséquent, une assistance médiocre. C'est quand l'équipe s'est mise à mieux jouer, et qu'elle a commencé à gagner, que le public est revenu.

« Oh ! bien sûr, il ne fallut pas de nombreux clins d'œil pour récupérer l'amoureux transi et ranimer la flamme. Quelques étincelles, et le feu se propagea pour atteindre aujourd'hui une intensité qui rappelle celle de la grande époque. Rassembler de nouveau de telles influences en championnat de deuxième division est une autre performance à l'actif de la nouvelle formation stéphanoise qui mérite bien l'intérêt nouveau qu'on lui porte... »

Les nouveaux Verts, bien partis pour faire la nique aux Niçois en championnat, se retrouvent, un peu malgré eux, embarqués dans l'aventure de la Coupe. L'exemple lyonnais de 1984, si catastrophique pour l'O.L. de Herbin, pourrait les inciter à plus de retenue. Mais peut-on se retenir quand on n'a pas perdu un match depuis le 17 novembre 1984 (0-1 à Martigues), que l'on a collectionné en l'espace de cinq mois dix-sept victoires (dont quinze d'affilée) et quatre matches nuls, et que les huitièmes de finale de la Coupe de France vous offrent de tester vos progrès et vos possibilités contre le Racing-Club de Lens ? Assurément, ce n'est pas possible.

Le 9 avril 1985, devant 46 839 spectateurs (record du Stade Bollaert), les Stéphanois tiennent les Lensois en échec avec une équipe formée de Castaneda – Claveloux, Oleksiak, Gilles, Ferri – Daniel, Sab, Ribar – Sanchez, Milla, Diarte. Ils ouvrent même le score à la 80e minute par Ribar avant d'être aussitôt rejoints par Deplanche (81e).

Une semaine plus tard, le 16 avril, devant 46 352 spectateurs (recette de 2,55 millions de francs) et avec la même équipe, les Verts déçoivent un peu dans la première mi-temps et se font mener 1-0 sur un but aérien de Gillot (33e). Kasperczak leur demande alors de modifier leur placement sur le terrain et d'améliorer la qualité de leur pressing.

Le pressing, les joueurs verts ne sont pas seuls à le pratiquer, leur public ayant spontanément retrouvé les accents et les élans des années européennes 1970. « Difficile de ne pas craquer dans un tel contexte », dira Vercruysse.

Aux 58e et 59e minutes, deux parades désespérées du gardien Huard dans les pieds de Milla annoncent la tempête. A la 62e, l'arbitre M. Benali et son juge de touche voient arriver une volée de projectiles parce qu'un but de Milla vient d'être refusé pour hors-jeu. Dans cette ambiance surchauffée et sur un nouvel assaut des Verts poussés par un public en effervescence, Milla, à la lutte avec Sénac, se retrouve le nez dans le gazon pour un penalty que Gilles transforme sans hésiter (78e, 1-1). Six minutes après ce premier coup de théâtre, une contre-attaque déclenchée par Milla envoie Ribar à fond de manette sur l'aile droite d'où il dribble un défenseur lensois et, du pied gauche, expédie un bolide que Huard ne peut saisir. Saint-Etienne renoue avec sa légende et ses miracles. Renoue aussi avec la « une » du quotidien *L'Equipe* et les titres ronflants : « Le retour des petits hommes verts. »

Voici donc Saint-Etienne prolongé dans un marathon qui peut lui coûter la montée directe en première division, voire les barrages. Kasperczak balaie les objections d'un revers de main : « La fatigue, dit-il, c'est souvent dans la tête qu'elle se situe. » On verra bien, après tout.

Le Paille et la poutre

Stéphane Paille a dix-neuf ans durant la saison 1984-1985, vingt depuis le 27 juin dernier.

Doté d'un beau gabarit pour un avant-centre (1,84 m, 79 kilos), il a été sacré champion d'Europe 1983 sous le maillot de l'équipe de France juniors, en compagnie de ses coéquipiers sochaliens Thomas et Fernier. Puis il a commencé son apprentissage en division I dans l'ombre de Philippe Anziani. Quand celui-ci s'en va à Monaco durant l'été 1984, on adjoint au jeunot une poutre-maîtresse capable de le soutenir dans les rudes combats du football professionnel : l'Allemand Krause. Mais Paille a déjà du répondant : il inscrira 15 buts dans le championnat 1985, dont trois et deux contre le Racing Club de Paris, ce qui laissera des souvenirs au président Lagardère et pourra toujours servir à l'occasion, surtout avec Hauss et Takac aux affaires techniques des pingouins.

Sochaux, en huitièmes de finale, affronte Bastia et se rend à Furiani en premier, ce qui n'est pas une mauvaise chose. Son équipe, après une demi-saison de tâtonnements, est entrée dans sa période d'expression majeure, invaincue qu'elle va rester pendant les treize dernières journées du championnat. Elle figure donc parmi les favoris de la Coupe et ne cache pas l'intérêt qu'elle lui porte.

Mais Bastia, c'est Bastia. Du moins le croit-on. Il ne s'agit plus, en fait, que du fantôme de Bastia en face duquel l'équipe de Takac réussit le match parfait avec une organisation très rationnelle au milieu du terrain et un sens aiguisé de l'efficacité en attaque. Deux buts la récompensent en deuxième mi-temps : Paille (51e) sur centre d'Agerbeck, Agerbeck lui-même (68e) sur passe de Colin.

Le match-retour en Franche-Comté ne réserve aucune surprise, sinon celle de voir l'excellent gardien polonais de Bastia, Mlynarczyk, encaisser cinq buts des pieds de Paille (11e), Krause (14e, 53e), Agerbeck (30e) et Dréossi (55e) avec un résultat de 5-1 à l'arrivée (Biamonte, 57e).

A ce stade de la compétition, les appétits commencent à s'aiguiser et les plus forts montrent leurs muscles. C'est comme cela que le LOSC ne fait aucun cadeau à Rouen et l'exécute avec une précision chirurgicale : 2-1 à domicile (Kourichi, 27e ; S. Plancque, 65e ; Malbeaux, 90e), 0-0 en Normandie. « Si nous n'avions pas la Coupe, nous n'aurions rien. Alors, elle est tout pour nous, elle nous permet de garder le moral et même de rêver à un triomphe comme celui de Metz l'année dernière » (Samoy).

Toulouse est dans le même cas, facile vainqueur de Valence (7-0, 3-0) et poussé par un destin heureux (Orléans et Clermont-Ferrand aux tours précédents). « La Coupe, c'est du dessert et, bien sûr, tout le monde préfère le dessert. Certains, chez nous, s'extasient parce que c'est la première fois depuis vingt ans que le club atteint les quarts de finale. C'est aller un peu loin mais c'est vrai que ça fait plaisir » (Jeandupeux).

Monaco élimine Sedan (3-0, 1-0) sans émotion particulière, sinon un avertissement pour Puel. Et Nantes craint un instant, après avoir concédé un match nul à Nîmes sur son terrain (1-1 : Poortvliet, 7e ; Morice, 44e), de connaître le désastre au Stade Jean-Bouin, le bouillant Cubaynes ayant ouvert le score (17e). Mais deux centres de Frankowski et deux têtes de Touré et d'Amisse (34e, 44e) désamorcent l'opposition.

Saint-Etienne, Sochaux, Lille, Toulouse, Monaco, Nantes sont qualifiés pour les quarts de finale. Quels sont donc les deux autres ?

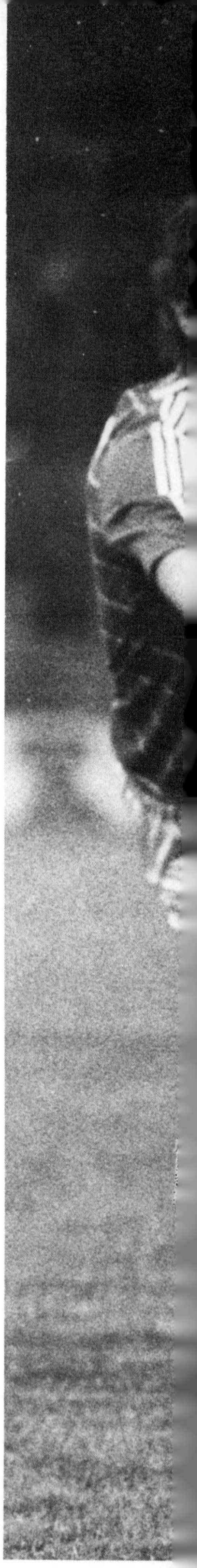

Petit Paille dans la cour des grands : encore un pur produit du potager sochalien.

RTL

Ekéké qu'est quoi ? Ekéké pas coi, Ekéké qui cogne. (Racing-Mulhouse, deux buts d'Ekéké).

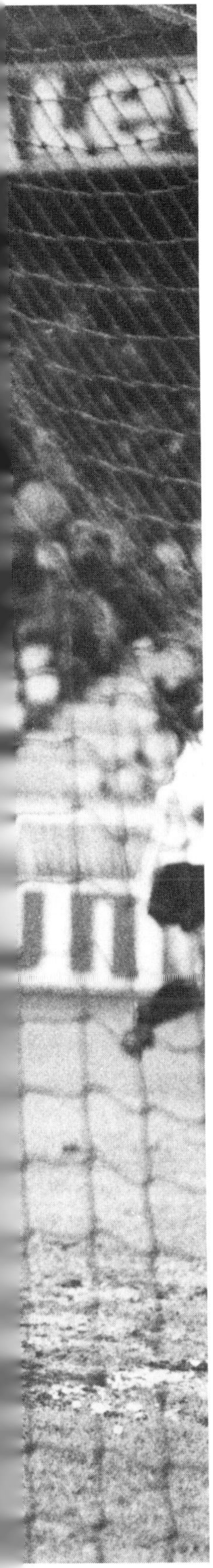

La vengeance du pingouin

Le football parisien, on vous l'a dit, ne va pas très fort. Paris Saint-Germain vient de limoger Peyroche et de confier à l'ex-international Christian Coste (5 sélections sous Kovacs) le soin de remettre de l'ordre chez ses instrumentistes. Le Racing s'est séparé de De Martigny et l'a remplacé par Victor Zvunka, soudainement promu au rang de technicien, vocation dont on ne le soupçonnait pas.

Les deux clubs parisiens, si malades, en huitièmes de finales, c'est une bonne surprise et l'occasion pour eux, peut-être, de démontrer qu'ils valent mieux que ce qu'ils nous ont laissé croire.

Le Racing, qui a éliminé Viry-Chatillon (D. III) et le Red Star aux tours précédents – pas trop fatigué du voyage, non ? –, affronte Mulhouse, l'empêcheur de dormir en rond. Victor Zvunka se prend à rêver : « Ah ! la coupe. Je l'ai toujours préférée au championnat. Elle procure des émotions incomparables. On peut la toucher quand on la gagne. »

Au match-aller, devant 3 628 spectateurs – le Racing ne fait plus recette, le pauvre – les pingouins mettent près d'une heure à trouver le défaut de l'armure chez les Alsaciens. C'est Ekéké Eugène, enfant de Bonalieu, qui, revenu de loin (7 buts en championnat), frappe deux fois Tempet (55e, 58e). Le score serait satisfaisant pour le Racing s'il ne laissait Bernardet se permettre des privautés avec Rousseau, soit 2-1 à l'arrivée.

« Nous allons à Mulhouse pour nous qualifier », déclare Zvunka, privé de Piette au dernier moment pour cause de blessure à l'échauffement. L'objectif se dérobe pendant 83 minutes, le Mulhousien Zemb ayant ouvert le score en première mi-temps (27e) et l'équipe alsacienne agitant ses perches à houblon pour barrer le passage au Racing. Un tout bête corner tiré par Bridier (83e) jette un grand froid sur le stade de l'Ill car Landré y a mis sa tête et le grand Tempet est allongé, le nez sur les nénuphars. Il n'est pas content, le J.P. turbo, car, sur un nouveau centre de Bridier, Madjer lui fait boire la tasse (89e).

Les pingouins dansent une gigue incroyable, hors de proportion avec la performance, mais il faut les excuser : ils ont eu si peu d'occasions, cette saison, de faire la fête. Raymond Domenech, lui, toujours à contre-courant des idées reçues, s'exclame : « Bon débarras et place au championnat. »

Paris Saint-Germain n'a pas un adversaire médiocre avec Nancy-Lorraine, cette équipe lui réservant traditionnellement des surprises à la dynamite. Christian Coste, « obligé d'accepter la succession de Peyroche » ainsi qu'il l'a précisé, essaie de redonner confiance et sens des responsabilités à un groupe de joueurs très perturbés. « J'insiste sur la solidarité, la nécessité de pratiquer un jeu complet. Je crois être entendu. »

Pour jouer d'abord à Nancy, Coste sélectionne une défense Guillochon - Morin - Bathenay - Tanasi, et un milieu de terrain Lemoult - Charbonnier - Bacconnier - Lanthier, car Fernandez est indisponible. On a remarqué que la rentrée de Morin au poste de stoppeur a stabilisé la défense parisienne. Mais l'équipe lorraine joue un bon match et réussit à marquer deux buts par Arribart (68e, 87e), avantage important qui aurait pu être décisif si Toko, entré à la place de Lanthier, n'avait caressé les dernières secondes dans le sens du poil pour marquer « son » but.

Au Parc des Princes, le 16 avril, la magie de la Coupe n'influence pas les spectateurs (15 000) mais elle exerce ses effets sur les joueurs parisiens soudainement rendus à leurs ivresses de compétiteurs farouches, surtout en deuxième mi-temps. Quatre buts – deux de Susic (54e, 85e), deux de Toko (64e, 80e) – frappent sévèrement une équipe lorraine qui n'en méritait pas tant. Mais le résultat est là et Coste invite chacun à « savourer le temps présent » après un temps passé qui agaçait les dents.

Ruty le crocheteur et Bonnevay le faucheur étaient en charge de Stopyra et de Marx.
Ce ne fut pas vraiment le bonheur (Sochaux-Toulouse, 3-3).

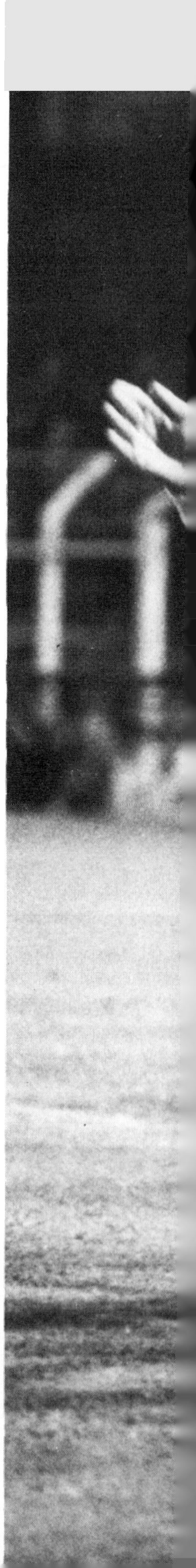

Stopyra est un grand chef

Toulouse respire, Toulouse revit. Et se souvient que, dans l'histoire de la Coupe de France, un chapitre lui est consacré sous cette opinion flatteuse : « L'une des plus belles finales de tous les temps. » C'était en 1959 et, curieusement, le Toulouse-Angers de cette année-là était dirigé par un arbitre anglais, M. Clough, rien à voir avec le bavard de Nottingham Forest. Le Téfécé, formé de Roussel – Boucher, Pleimelding, Nungesser – Bocchi, Cahuzac – Brahimi, Dereuddre, Di Loreto, Rytkonen, Bouchouk, avait gagné 6-3 avec quatre buts, deux de chaque côté, dans les sept dernières minutes.

On n'échappe pas à l'histoire. Le Téfécé 1985 se sent donc pousser des ailes, désireux lui aussi d'effacer ses manquements et ses angoisses en championnat. Comme il affronte Sochaux en quarts de finale, il se tourne vers Yannick Stopyra, élevé chez les lionceaux, et lui demande les secrets de la maison d'en face.

Yannick Stopyra est en grande fureur à l'époque, revenu de Sofia sur un brancard moral mais plus désireux que jamais de montrer à tous « qu'il en a ». D'ailleurs, à Toulouse, on l'adore : 17 buts marqués en championnat plus ceux de la Coupe, un contre Orléans, deux contre Valence, deux contre Clermont. « Ici, je suis redevenu moi-même. Totalement. Le public m'aime, m'apprécie et je peux dire que c'est son soutien qui m'a ramené en équipe de France. De plus, le style de l'équipe s'adapte impeccablement au mien : des ballons qui voyagent aux ailes et qui aboutissent immanquablement sur moi. Je peux exprimer ma qualité athlétique et l'efficacité de mon jeu de tête. »

Stopyra heureux à Toulouse, ce n'est pas le cas de Didier Christophe, sacrifié par l'entraîneur Jeandupeux sur l'autel de la rentabilité collective et au profit d'un milieu de terrain Lacombe - Laverny - Durand - Español.

A Toulouse, les Sochaliens se massent devant leurs filets et confient à Ruty, spécialiste du

Sous les pas de Krause, des épaves éparses.

genre, le soin de ne pas lâcher Stopyra d'une semelle. Un marquage au fer rouge. Le Téfécé domine donc mais, par voie de conséquence, s'offre aux contre-attaques tranchantes de leurs adversaires, très doués pour ce genre de promenades. Sans « deux parades fabuleuses » de Bergeroo (Stopyra *dixit*), le Téfécé serait mené à la mi-temps et mal embarqué.

Au lieu de ça, il peut maintenir sa pression et obliger Sochaux à céder. A la 59e minute, Lacombe (Guy) centre de l'aile gauche pour Stopyra qui dévie instantanément sur Ferratge, lequel marque d'un tir croisé. A la 75e, Bonnevay « frotte » un peu Marx dans la surface de réparation et l'arbitre M. Bouillet accorde un penalty, dit généreux, que Domergue transforme avec plaisir.

Chacun est convaincu que cette victoire par 2 buts à 0 des Toulousains ne décide rien. Et l'est d'autant plus qu'après 64 minutes de jeu au Stade Bonal, le retard est refait grâce à deux buts de Sauzée (17e) et Krause (64e) et une domination d'ensemble impulsée par un gamin d'à peine dix-huit ans, un certain Henry dont on reparlera. « On avait fait le plus difficile, dira Takac. L'équipe était lancée. Le public formidable, comme jamais encore cette saison. »

Malheureusement, à la 71e minute, les Sochaliens se marquent pratiquement eux-mêmes « un but parfaitement idiot » (Rust) : dégagement du gardien franc-comtois qui rebondit dans sa propre défense, Croci qui hésite, Ferratge le Toulousain qui se jette pour contrer et Durand son coéquipier qui allonge son gauche.

Le match s'emballe alors. Deux minutes après le coup tragique, sur corner de Henry, Ruty pique une tête au ras du poteau droit de Bergeroo, ce qui fait 3-1 (73e). Est-ce la relance des Sochaliens et l'amorce de l'anéantissement des Toulousains ?

Ni l'un, ni l'autre. En une minute (85e, 86e), le Téfécé porte le score à 3-3 grâce à Stopyra qui, lancé en profondeur par Español, dribble Rust aux seize mètres et grâce à Ferratge qui exploite un beau centre en retrait d'Español.

Christophe, entré pour les douze dernières minutes, est radieux. Jeandupeux joue un peu les coquettes : « Toulouse m'a surpris par le sang-froid avec lequel il a réussi la mise en place de la tactique que nous avions arrêtée. »

Stopyra, lui, se prend pour un grand chef et se met à parler haut : « J'aime ce club mais je n'y resterai pas s'il ne se donne pas les moyens de figurer parmi les cinq premiers du championnat. Je veux que l'on sache que je suis ambitieux. »

Mais, mon cher Yannick, commencez donc par gagner la Coupe. Elle vous tend les bras.

Le prince noir tombe de cheval

Le stade Geoffroy-Guichard n'en finit pas de revivre. Il y a encore 47 747 spectateurs (et une recette de 2,75 millions de francs dans la caisse) pour assister au quart de finale aller entre les Verts et les Lillois, les uns de plus en plus entamés par leurs matches à répétition et leur lutte pour l'accession, les autres tourmentés par les combats qui les attendent encore au pied du mur des barrages.

Les conditions atmosphériques ne favorisent pas les petits hommes verts. La pluie a fortement imbibé la moquette et les pieds palmés des géants nordistes s'épanouissent en éventail. Ainsi, Pascal Plancque s'amuse beaucoup à expédier de longues balles fusantes à l'adresse de Bureau et de Savic, balles fusantes qui mettent l'arrière-garde stéphanoise au supplice. Sur l'une d'elles, Oleksiak fauche Savic et, sur le coup franc, la tête de Primorac oblige Castaneda à l'étirement intégral. En deux autres occasions (31e, 32e), un tacle de Gilles devant Stéphane Plancque et une parade de Castaneda sur un tir à bout portant de Bureau, les Verts sauvent en détresse leur maison qui a tendance à prendre l'eau quand les Lillois balancent leurs seaux.

Les Stéphanois dominent pourtant, soutenus, portés, cravachés par leur formidable public, capable à lui seul de gommer les plus profondes lassitudes. Sans lui, ils laisseraient peut-être s'enliser leur courage dans le bourbier de Geoffroy-Guichard. Au lieu de quoi, alors qu'on joue les arrêts de jeu de la première mi-temps, ils puisent la force de perforer enfin la cote de mailles nordiste. Une faute de Primorac sur Ribar permet à Ferri d'adresser une belle balle brossée au-dessus des têtes lilloises et de trouver celle de Roger Milla au deuxième poteau.

Roger Milla, qui aura trente-trois ans le 20 mai 1985, est l'un des plus jeunes Stéphanois, sinon le plus jeune de tous. Inlassable battant, dribbleur impénitent, footballeur de jaillissements et de coups de sang, il relaie Salif Keita dans le cœur des supporters stéphanois. Car il marque des buts et gagne des matches, cet attaquant camerounais qui débuta sa carrière française à Valenciennes avant de gagner deux Coupes de France avec Monaco (1980) et Bastia (1981), de participer au Mundial 1982 et de remporter le Championnat d'Afrique des Nations 1984.

Milla donc fait exploser de bonheur Geoffroy-Guichard (45e) et donne aux Verts un court succès de 1-0 qui laisse les Lillois songeurs : « J'ai affronté directement Milla en huit occasions et c'est la première fois qu'il marque, souligne Kourichi. Il est vrai qu'au moment où il s'est élancé, j'ai glissé et je suis tombé. Mais il est transformé, meilleur que jamais, totalement sécurisé par son nouvel entraîneur Kasperczak. »

Le stade Grimonprez-Jooris a fermé ses guichets pour le grand événement du 21 mai 1985, jour du dernier des quarts de finale retour, soit 25 000 spectateurs. Dans ce match au scénario inversé – le LOSC au pupitre et les Verts en contre-attaque – les joueurs nordistes butent pendant 84 minutes sur le milieu de terrain bien garni de leurs adverssaires (Cangini-Sab-Sanchez-Ribar) et sur leurs attaques de ballon déterminées.

Roger Milla le « prince noir » livre à Kourichi un duel épique et réussit en deux ou trois occasions un exploit technique qui mériterait un meilleur sort. Il ne pense qu'à attaquer, Roger, mais Kourichi, lui, ne pense pas qu'à défendre. A la 84e minute, sur un coup franc tiré par l'arrière Robin, l'international algérien surgit au-dessus de tout le monde pour fracasser le ballon au fond de la cage de Castaneda, lequel n'a pas voulu sortir et s'en mord maintenant les doigts.

Le chronomètre court dans la 92e minute lorsqu'un ballon perdu par Bellus provoque une contre-attaque de l'arrière gauche lillois Thomas. Celui-ci s'avance, bénéficie d'un contre et décoche un centre aérien qui trompe

Terrain gras, mangez gras, disait un entraîneur facétieux. Milla fait brouter quelques Lillois mais la graisse lui reste sur l'estomac (Saint-Etienne-Lille).

une nouvelle fois les défenseurs stéphanois, Savic surgissant alors en bolide pour percuter le ballon hors de portée de Castaneda (2-0).

Tombé de cheval, le prince noir est en état de choc, furieux après l'arbitre : « Sur le premier but, il donne la touche à Lille alors qu'elle est pour nous. Lille a joué à douze... »

Le nouveau président de l'A.S. Saint-Etienne, André Laurent, voit les choses plus calmement : « C'est la dure loi du sport et elle nous rend tous tristes. Mais cette saison a marqué notre renaissance. La prochaine sera celle du retour définitif. »

Les Lillois, eux, apprécient sans pavoiser. « Nous avons eu de la chance mais comme la poisse ne nous a pas quittés en championnat, ça compense » (Péan). « Notre grand mérite a été de ne pas baisser les bras » (Mottet). « Je me mets à la place de Roger. C'était du pile ou face. La pièce est retombée de notre côté » (Kourichi).

Le canari a la patte molle

On est à la mi-mai et les tractations officielles de transfert ont pris la suite des officieuses. On sait déjà, à Nantes, que Maxime Bossis va devenir milliardaire, mais ailleurs. Que Bibard et Poullain vont signer au Paris S.-G. A Paris S.-G., une grande lessive se dessine avec les départs annoncés de Baratelli, de Janvion et de Bathenay et les exils probables de Niederbacher, de Lanthier et de quelques autres. Bonjour l'ambiance, et *quid* de la motivation ?

Le F.C. Nantes, déjà qualifié pour la Coupe de l'U.E.F.A. 1985-1986 compte tenu de sa deuxième place en championnat derrière Bordeaux, semble avoir plus de moyens collectifs et techniques que Paris Saint-Germain pour se qualifier aux demi-finales de la Coupe de France. L'équipe parisienne, elle, ne semble plus disposer de son extraordinaire force de caractère qui lui faisait renverser les montagnes, mais allez savoir si elle n'est pas capable, dans une résurrection soudaine de son moi, d'aller affronter à mains nues les éléphants !

Entre les deux équipes, et surtout au Parc des Princes, se promènent quelques fantômes. Des images floues d'erreurs d'arbitrage, de penalties et de résultats arrachés à la baïonnette par les Parisiens sous les hurlements d'un public partisan : 5-3 au printemps 1981, 3-2 en juin 1983 et en finale de Coupe, pour ne parler que de ces deux matches-là.

Au Parc donc, les Nantais alignent une défense Bibard-Kombouaré-Bossis-Ayache et une ligne intermédiaire Frankowski-Der Zakarian-Touré-Morice, leurs futurs partants ayant quelques muscles-grévistes.

La première mi-temps est nantaise avec trois occasions nettes de buts sur une envolée de Touré (30e), une action de Halilhodzic (32e) qu'Amisse ne peut conclure victorieusement et surtout une échappée d'Amisse (43e), celui-ci profitant d'une glissade de Bathenay.

La deuxième mi-temps marque le retour de Paris Saint-Germain à une véritable maîtrise du jeu tandis que Nantes baisse physiquement mais les deux équipes sont fort près l'une de l'autre. A la 63e minute, un tir de Fernandez voit la balle revenir dans les pieds de Rocheteau, celui-ci échouant pour un mauvais réflexe. Six minutes plus tard (69e), c'est le tournant. Susic a reçu une petite passe de Fernandez à dix mètres environ de la cage nantaise. Bossis s'est aussitôt jeté dans les pieds du Yougoslave avec sa serpette. Penalty, décrète M. Konrath, à la grande colère des Nantais. « Depuis que je suis entraîneur de Nantes, c'est le quatrième penalty sifflé contre mes joueurs au Parc », va souligner Suaudeau.

Rocheteau, du pied droit, exécute B-D sans sourciller, à l'issue d'un contre-pied parfait. Et Paris S.-G. possède un but d'avance avant de se rendre à la Beaujoire. « Nous avons préservé l'essentiel », disent les deux camps, Loïc Amisse étant beaucoup moins optimiste : « La situation n'est pas trop favorable pour nous. »

Le visage de Paris S.-G. a été tout différent de celui montré en championnat. « Pas étonnant, dit Christian Coste. Il existe une différence énorme entre les deux compétitions. Là, l'engagement et la motivation sont tout autres. Il y a une agressivité, un état d'esprit qu'on ne trouve pas dans un match plus ordinaire. La Coupe, ça se joue à fond. »

Ça se joue tellement à fond que les Canaris, chez eux, entament un joyeux pressing que les Parisiens, en contrepartie, filtrent au presse-purée. Très collectifs pour une fois, les hommes de Coste surprennent par leur efficacité défensive peut-être due à la nouvelle formule choisie (Lemoult-Morin-Jeannol-Bacconnier). Ils n'encaissent pas de but et même, à la 49e minute, expédient Susic vers un raid somptueux qui se termine par un tir sur le poteau.

Cinq minutes plus tard, sur un corner tiré par Lanthier, Bertrand-Demanes rate complètement l'interception du ballon et tandis qu'il atterrit en vrombissant à l'extérieur de la piste, Bacconnier glisse la boule au milieu des quilles (54e).

Rocheteau est enfermé, bouclé par les Nantais (Ayache, Bossis, Der Zakarian).

Lanthier est libéré, abandonné par un frustré (Halilhodzic) qui aimerait bien l'assaisonner.

Venu d'un porte-avions, l'avion Bellone est stoppé en plein vol par un missile Matra (Renaut). Son radar ne marchait pas.

Malgré un violent sursaut, Nantes est battu pour la deuxième fois, et éliminé. Paris S.-G., roi de la pochette-surprise, se met à rêver. « C'est le côté attachant de notre club » (Francis Borelli). « On ne nous attendait pas, et nous sommes là » (Fernandez).

L'autre club parisien encore en piste, cet étonnant Racing Club de Paris qui vient d'annoncer l'engagement de Bossis pour quatre ans malgré sa descente en division II, pèse le poids d'une plume contre Monaco le porte-avions : 3-0 au stade Louis II (Tibœuf, 10ᵉ, 63ᵉ ; Anziani (12ᵉ) ; 3-0 au Parc devant ... 1 500 spectateurs (Le Roux, 50ᵉ ; Tibœuf, 58ᵉ, 90ᵉ). Soit quatre buts pour ce Philippe Tibœuf de 22 ans, né à Dinan et venu de Guingamp dix mois plus tôt. « Je vous dis sans fausse modestie, déclare Lucien Muller, que l'équipe monégasque est certainement la meilleure actuellement dans le circuit. Son seul tendon d'Achille, si j'ose dire, c'est la tête. »

« Fernandez est un sale mec »

Le programme de la Coupe de France s'accélère dans sa phase terminale sans que l'on sache si c'est un bien ou un mal : demi-finales aller le vendredi 31 mai, demi-finales retour le mardi 4 juin, finale le samedi 8 juin, finale à rejouer éventuellement le mardi 11 juin. Le vainqueur aura du talent, de la chance, des muscles et des nerfs.

Les demi-finales aller opposent Toulouse à Paris S.-G. et Monaco à Lille. Elles séduisent l'une et l'autre et réunissent, comme c'est curieux, quatre déçus du championnat même si ce n'est pas au même niveau. Les dirigeants de ces quatre clubs auraient-ils fait passer un message convaincant auprès de leurs salariés de luxe, les incitant à mettre un peu de poivre dans leur thé ?

Le Téfécé, recevant Paris S.-G., souhaite obtenir, comme c'est l'usage, « un avantage appréciable » avant d'aller planter ses violettes au pied de la tour Eiffel. Il manœuvre dans sa formation habituelle, Christophe étant devenu beaucoup moins valeureux que l'argenterie du presque même nom et siégeant sur le banc. Il croit dominer mais ce n'est pas vraiment le cas. Il encaisse même un but, du pied de Susic, après un centre en retrait de Toko (11e minute) mais M. Vautrot le refuse, comme il refuse de siffler un penalty aux Toulousains pour fauchage d'Español par Jeannol.

L'équipe de Jeandupeux réussit tout de même à marquer deux buts : le premier par Stopyra, d'une tête plongeante, sur un centre de Lacombe (24e) ; le deuxième par Lacombe, en prolongement d'une passe profonde de Tarantini (80e). Elle est heureuse, épanouie, confiante, peut-être un peu provocatrice et insolente vis-à-vis d'un adversaire très chatouilleux sur son honneur. Le bruit court qu'on

« Monsieur l'arbitre... »,
« Monsieur Fernandez... »,
« je suis tout blanc »,
« vous êtes bien embêtant »
(avec M. Konrath).

Jean-Michel Moutier en énergie concentrée. Il voit déjà le dépit de Laverny aux penalties (P.S.-G.-Toulouse au Parc).

a beaucoup parlé sur le terrain du Stadium et que ceux qui se sont tus n'ont pas laissé les semelles de leurs chaussures inactives.

Les présentations étant toutes faites, on rentre très vite dans le vif du sujet, au Parc, et parfois même dans le vif du bonhomme, ce qui oblige l'arbitre, M. Girard, à beaucoup siffler. Après une action étincelante dès les premières secondes – centre de Lemoult, reprise manquée par Rocheteau, récupération de Lanthier, feinte géniale de Susic, parade de Bergeroo – le match sombre dans la fébrilité et l'approximation. Paris S.-G. ressemble à une poule qui aurait trouvé un couteau et Toulouse fait les cent pas sur le quai de la gare en attendant son train. On s'ennuie ou plutôt on s'ennuierait si Luis Fernandez ne s'embarquait dans l'expression totale d'un talent très diversifié : récupération, construction, provocation, dissimulation, scions, scions... Le pauvre M. Girard en a la tête qui tourne et les Toulousains l'intellect qui disjoncte.

Après avoir excité la bête, Fernandez retrouve en un éclair, à la 36e minute, la lucidité de l'excellent joueur qu'il est. En position d'ailier gauche, il se rabat dans la surface de réparation, élimine un premier adversaire grâce à un double contact, un deuxième grâce à une roulette en pivot et décoche un centre à ras de terre qui surprend tout le monde sauf Patrick Segura, sétois et ex-toulousain titularisé à la place de Toko blessé. Posément, de l'intérieur du pied droit, Segura croise un tir victorieux.

Une flambée suit le but parisien, puis l'amorce de la nuit. Pas de rythme, plus d'actions tranchantes, Toulouse qui noie à nouveau le poisson et Paris S.-G. qui semble incapable de faire autre chose que le banal du courant. Mais P. S.-G. n'est jamais aussi dangereux que dans ces moments où son insignifiance côtoie le tragique. Une heure va passer (60e) quand Rocheteau, monté aux créneaux avec Morin, se fait contrer par Laverny, un demi de vingt-sept ans qui, soit dit en passant, utilise beaucoup la râpe et les ailerons et en tire une réelle efficacité. Le ballon revient vers Lanthier démarqué lequel a le temps de se lisser la moustache, d'essuyer sa chaussure gauche et de régler la mire avant de décocher des seize mètres un missile plus précis que toutes les cochonneries militaires en circulation.

2-0 pour le P. S.-G., Bergeroo qui plonge dans les pieds de Rocheteau (73e, 86e), Jeannol qui canonne dans le mur toulousain sur coup franc (76e), Sassus et Stopyra qui arrosent de la tête les alentours de chez Moutier (88e, 89e).

Stopyra arrose encore en prolongation, à la 107e minute, manquant l'occasion décisive pour le Téfécé. Aux penalties, les Parisiens sont sûrs de leur coup, ils ont tellement l'habitude. Ils réussissent leurs cinq envois (Rocheteau, Susic, Jeannol, Bathenay entré exprès pour ça, Fernandez) tandis que Laverny, troisième tireur toulousain, voit son tir arrêté par Moutier.

Les Toulousains digèrent mal le comportement de Fernandez : « Son comportement est inadmissible. Il influence l'arbitre. Il n'arrête pas de faire du cinéma. » L'excessif Luis se fait d'ailleurs allumer par le rédacteur en chef de *L'Equipe-Magazine,* Noël Couedel, qui résume en un éditorial d'avant-finale ce que beaucoup pensent : « ... Quand Luis Fernandez, capitaine de l'équipe du Paris Saint-Germain, susceptible de recevoir la Coupe de France des mains du président de la République, titulaire à part entière de l'équipe de France, se conduit comme il l'a encore fait (contre Toulouse), il faut lui dire qu'il y en a marre. Et que c'est plus grave qu'il le croit. Il a passé son temps à quoi, au Parc, Luis Fernandez ? A défier l'autorité de l'arbitre, à tenter de lui imposer sa loi, à tourner en dérision les règles comme l'esprit du jeu. De la brutalité à la mauvaise foi, du geste le plus médiocre au plus stupide, il a tout fait. Tout... »

Fernandez n'est pas content. Il le fera savoir mais il a, d'un seul coup, un nuage au-dessus de la tête alors qu'il s'attendait à n'y voir que le soleil.

RTL
1

Boulon boulonne et Bravo brave

Les Lillois ont un fâcheux souvenir du nouveau stade Louis II où, dit Genghini, « les Monégasques jouent libérés, sans contrainte et sans crainte ». Ils en ont pris six, les Lillois, le 12 avril en championnat, balayés par la tornade rouge et blanche qui n'en finit pas d'aligner les victoires et d'allonger son invincibilité (26 matches, 18 en championnat, 8 en coupe).

Après vingt-sept minutes de jeu, le 2 juin, l'addition pèse déjà lourd dans la soucoupe avec un but de Bravo (21e), consécutif à un coup franc de Bijotat et une reprise de Bellone (27e) sur un centre rentrant de Tibœuf.

L'équipe monégasque, tout à fait dans sa ligne du moment, vient de s'assurer une avance riche de promesses. Elle pétille par tous les bouts, se joue du système défensif en ligne de son adversaire, tourbillonne comme une toupie grâce à Daniel Bravo et abat tous les murs sur l'aile gauche grâce à Bruno Bellone.

On ne peut pas faire plus différent que ces deux oiseaux-là. Bravo est électrique, fin, vif, inspiré, porteur permanent d'accélérations et d'inventions, joueur d'esquive et de superbe, devenu de jour en jour meilleur dans sa perception du jeu collectif et dans son expression individuelle. Bellone, dit « Boulon », est une masse athlétique à segments courts, ailier de force et de percussion qui se grise de coups de canon du pied gauche, centres, tirs, corners, à choisir dans la musette mais dont l'arsenal s'étoffe de coups nouveaux et même d'éclairs collectifs somptueux.

Vingt-trois ans pour Bellone, vingt-deux pour Bravo, l'un qui boulonne et l'autre qui brave les toros, Monaco respire la richesse du jeu et les possibilités offensives. Bellone n'a-t-il pas marqué, en championnat, 13 buts, Bravo 9, Genghini 15 et Anziani 14 ?

Georges Heylens s'agite sur son banc. Il ne supporte plus que son équipe se fasse « régulièrement assassiner sur coup de pied arrêté, une quinzaine de fois cette saison ». Il demande à ses hommes de resserrer le marquage, d'essayer de valoriser le côté gauche de l'équipe (laquelle penche toujours à droite) et de se remuer, nom d'un chien !

Ces nouvelles dispositions, combinées à un coup de fatigue qui frappe les Monégasques, combinées aussi à une bonne valise de veine amenée par les Lillois (tir de Bijotat sur la transversale, 30e ; tête de Tibœuf sur l'arête, 89e) figent le résultat à 2-0, au grand dam de Lucien Muller qui attendait mieux. « Incroyable, ce troisième but qui ne vient pas. Incroyable aussi, cet arbitre qui décide de ne rien siffler, quoi qu'il arrive. »

« Avec notre public, tout est possible. La Coupe nous convient, phénomène inexplicable peut-être rattaché à notre glorieux passé mais étape sans doute sur le chemin de notre évolution », constate Charles Samoy, directeur sportif du L.O.S.C.

Au stade Grimonprez-Jooris, Philippe Anziani n'est pas de la fête, laissé encore une fois sur la touche par son entraîneur au profit de Tibœuf parce que, croit-on savoir, « les motivations intimes l'emportent souvent, en Coupe, sur les données techniques ». Anziani rejoint ainsi Le Roux sur le banc, aussi furieux que le Breton champion d'Europe.

Le match-retour débute en catastrophe pour les Monégasques, Périlleux le bien nommé, dix-sept ans et taillé comme une armoire (1,85 m ; 80 kilos) ayant la curieuse idée de déclencher « un énorme tir » victorieux sous la transversale d'Ettori après cent secondes de jeu. Cette réussite initiale galvanise évidemment les Lillois et les encourage, c'est humain, à appuyer sur tous les boutons pour faire encore plus de lumière. Monaco s'en tire grâce à son jeu collectif et à son art de faire courir le ballon mais il gâche les quelques occasions qui lui échoient.

En deuxième mi-temps, un méchant fauchage de Bellone par Périlleux (le bien nommé ?) provoque une explication Thomas-Puel, les deux hommes se faisant expulser par

Bellone encore,
Bellone toujours,
tel le cyclone
(contre le Lillois Périlleux).

M. Wurtz et Genghini recevant un avertissement pour la bonne mesure. Aussitôt, Monaco fait entrer Le Roux à la place de Tibœuf pour faire un peu de maçonnerie entre la chambre et le séjour.

Une échappée de Bravo (77ᵉ) contrée par Péan, un slalom de Pascal Plancque (78ᵉ) terminé par un tir de rouge-gorge, une tête de Savic (80ᵉ) ne modifient pas l'état des lieux : 2-0 pour Monaco, 1-0 pour Lille, qualification des Monégasques pour la finale et les petites fleurs du printemps occises par le désherbant.

*Susic par terre,
Bravo en l'air,
P.S.-G. abattu
et Monaco pointu,
la Coupe 85
a son vainqueur
et son vaincu.*

A quatre contre deux, « ça eût dû marcher ». Mais à deux contre quatre, ça peut aussi fonctionner (Stojkovic, Susic, Rocheteau, Bacconnier, Bijotat, Toko).

Regarde le tableau d'affichage

Troisième finale en quatre ans pour les Parisiens de Saint-Germain, deuxième finale en deux saisons pour les Monégasques du prince, la Coupe de France a affaire, en 1985, pour son jour de fête, à deux spécialistes de l'équilibrisme et du transcendantal, P. S.-G. semblant indiscutablement plus doué encore que son rival dans la capacité de repousser les frontières de l'impossible.

Mais la situation n'est pas tout à fait ce qu'on pourrait croire qu'elle est et pas du tout celle qui aurait pu être en d'autres circonstances. D'abord, Monaco a perdu la finale 1984, ce qui lui a laissé un bleu à l'âme et la conviction que la joliesse des choses ne s'harmonise pas souvent avec le concret du bilan. Ensuite, P. S.-G., loin de posséder les ressources variées qui étaient les siennes lors des années précédentes, a probablement laissé en deux heures et une séance de penalties contre Toulouse une partie de son potentiel actuel.

En résumé, pour gagner et ainsi que le résume Gérard Ernault dans *L'Equipe,* « Paris devra compter autant sur ses qualités que sur un raté de la superbe machine monégasque, la réciproque n'étant pas vraie ».

Privé de Puel (suspendu), Lucien Muller laisse croire qu'il va confier à Bijotat le soin de marquer et de neutraliser Susic. En fait, l'équipe monégasque serre Rocheteau de près (par Stojkovic) mais laisse la bride sur le cou au Yougoslave, cherchant plutôt à multiplier les joueurs défensifs devant et autour de lui, et renforçant ainsi son milieu de terrain en nombre et en qualité. La disposition sera incroyablement efficace, Susic-le-borné s'enferrant constamment dans l'entonnoir-toile d'araignée des Sudistes et y abandonnant la presque totalité des ballons d'attaque parisiens.

La pénalisation est d'autant plus grande pour le P. S.-G. que son système défensif – on l'avait déjà constaté contre Toulouse – ressemble à un orchestre de l'Armée du Salut. Ainsi, sur un coup franc concédé aux Monégasques à

C'est tout un art de savoir tomber. Celui de Jeannol, devant Tibœuf, est tourmenté...

... Celui d'Ettori est beaucoup plus spectaculaire.

RTL
5

Genghini qui caresse et Anziani qui frappe, le flûtiste et la grosse caisse, c'est déjà une ébauche d'orchestre.

la 13e minute pour une faute de Fernandez sur Bravo, les Parisiens forment un mur en laissant trois Monégasques libres de mouvement dans l'axe central. Quand la balle tirée par Bravo rebondit sur le mur en question, Bijotat la frappe de vingt mètres sur le dos d'Anziani et quand elle revient encore, Genghini le solitaire a tout le temps de la frapper soigneusement du pied gauche pour lui faire prendre un couloir désert au ras du poteau gauche de Moutier.

Auparavant, les Monégasques ont manifesté un entrain, un esprit d'entreprise et un respect du spectacle tout à fait emballants. Compte tenu des faiblesses criardes de leurs adversaires – « c'est vraiment le cas de parler à leur sujet d'inoccupation de terrain, le mal dont ils ont d'ailleurs souffert tout au long de la saison » – les hommes de Lucien Muller ont vraiment les moyens de remporter un succès historique, similaire à celui des Stéphanois de Batteux en 1970, vainqueurs 5-0 des Nantais. Malheureusement pour eux et pour la finale, les Monégasques, s'ils sont maîtres du jeu, ne le sont pas de leur lucidité et de leur adresse dans la phase terminale de leurs actions offensives. Non seulement ils gâchent tout – un véritable carnage de Tibœuf aux 52e, 53e, 67e, 73e, 74e, 83e, 87e, 88e minutes – mais ils s'offrent bêtement aux contres parisiens. On voit ainsi Ettori passer complètement au travers de deux centres de Lanthier (27e) et Susic (40e), et surtout Liégeon offrir à Jeannol (78e) une formidable balle d'égalisation que l'ex-Nancéien manque inexplicablement.

Il est évident que face à un Monaco aussi désinvolte et aussi maladroit, un P. S.-G. de la meilleure eau, inspiré comme il savait l'être et indestructible sur le plan physique, eût trouvé le moyen d'effectuer le rétablissement. Mais tout est défaillant chez lui : le tactique, le mental, le physique. « A chaque fois, il nous manquait un petit centième de seconde » (Coste). « Les Monégasques, repliés défensivement, ont perturbé notre style » (Rocheteau). « Monaco était beaucoup plus complet que nous » (Jeannol).

Monaco, vainqueur décevant, vainqueur à l'économie, se moque éperdument de l'opinion des observateurs. Ettori rappelle qu'il fallait effacer la bavure de 1984 contre Metz en retenant la leçon : « Nous avons laissé le smoking au vestiaire pour enfiler le bleu de chauffe. C'est tout ce que l'histoire retiendra. Nous savons désormais être brillants quand il le faut et fermer la maison quand la situation l'exige. »

En résumé : regarde le tableau d'affichage et tu sauras qui je suis.

Avec le prince et ses enfants, c'est un orchestre vainqueur au grand complet.

ARRIBA BARCELONA !

Il y avait eu, à Barcelone, la filière néerlandaise (Michels, Cruyff, Neeskens), puis la filière germanique (Lattek, Krankl, Schuster), puis la filière argentine (Menotti, Maradona). En 1985, c'était au tour des Britanniques de prendre le pouvoir en Catalogne et de monter jusqu'au sommet (Alan Harris, assistant-entraîneur ; Steve Archibald ; Terry Venables).

BENEDITO S.A.
SOLEY

ARRIBA BARCELONA !

Si vous demandez à des Catalans posés et sensés pourquoi, entre le Barça 1974 de Johan Cruyff et le Barça 1985 de Schuster, leur club n'a pas réussi à décrocher un seul titre de champion d'Espagne, ils vous raconteront des histoires que vous ne croirez pas. Ils vous diront que la collusion entre la Fédération espagnole et le Real Madrid est patente, que le procès intenté à un arbitre pour avoir expulsé et fait suspendre Cruyff alors que son club s'envolait pour le titre, a été étouffé et que la malchance incroyable de toutes ces dernières années est trop fréquente pour être honnête. L'accident de voiture de Krankl en 78-79, le scandale Rifé en 79-80, l'enlèvement de Quini en 80-81, le genou de Schuster en 81-82, l'hépatite et la cheville de Maradona en 82-83, ils vous diront tout, en détails, et vous en sortirez ébranlé.

Le F.C. Barcelone, en effet, est le plus grand club du monde par la fidélité que lui manifestent ses supporters. Dans l'immense Camp Nou agrandi en 1982, 108 000 des 120 000 places sont achetées à l'année par les socios, les cartes d'abonnement rapportant plus d'un milliard de pesetas (cinq milliards d'anciens francs) avant même le coup d'envoi de la saison. Cette puissance financière autorise, sinon toutes les folies (elles appartiennent au passé), du moins les investissements les plus onéreux. Depuis 1973, le Barça a vu passer sous son maillot des étrangers engagés à prix d'or : Cruyff, Neeskens, Simonsen, Krankl, Roberto « Dynamite », Schuster, Maradona, Archibald. Mais, chaque saison, le titre de champion lui passait sous le nez, le forçant à se rabattre, à l'énergie, couteau entre les dents, sur la Coupe d'Espagne (vingt trophées) ou la Coupe des Vainqueurs de Coupe (1979, 1982).

Il fallait que cela cessât. Le président Josip Nuñez, immense entrepreneur en construction, avait pris le Barça en mains en 1978, avec 53 millions de pesetas de déficit (trois millions de francs) sur l'ardoise de ses prédécesseurs. En trois saisons, il avait transformé le passif en actif de six cents millions de pesetas (36 millions de francs). Il voulait maintenant faire du Barça un géant économique, avec sa propre banque, ses capitaux placés, ses gestionnaires de pointe formés à l'école américaine. Trois saisons de plus et il dégageait un nouveau bénéfice de 150 millions de francs. Il était difficile de lui dire qu'il n'était pas un grand gestionnaire et difficile de ne pas le réélire.

Pour être champion d'Espagne, M. Nuñez engagea le plus grand joueur du monde, Maradona. Et celui que l'on considérait comme le meilleur entraîneur, Luis Cesar Menotti. Les deux Argentins échouèrent, chacun à son niveau, l'un haché par la brutalité du jeu espagnol, l'autre perturbé par l'ambiance si particulière du club catalan.

Le tournant se situa durant l'été 1984. Les dirigeants barcelonais avaient contacté Bobby Robson, le sélectionneur de l'équipe d'Angleterre, à l'époque où il entraînait encore Ipswich. Robson avait refusé l'offre mais avait conseillé :

Francisco Javier Clos n'est pas (encore) une grande vedette. Mais cet attaquant longiligne (182 centimètres, 73 kilos) ne manque pas de qualités.

Champions d'Espagne 1985. Debout, de gauche à droite : Urruti, Gerardo, Schuster, Alesanco, Julio Alberto, Migueli. Au premier rang : Victor, Marcos, Archibald, Clos, Rojo (17-3-85 contre Alicante).

« Si vous pensez que j'ai le profil pour Barcelone, allez donc voir Terry Venables. Il a, sur le football, le même regard que moi et il n'a que quarante-deux ans. »

Très curieux personnage que ce Terry Venables. Ancien joueur professionnel de très grande qualité, technicien de premier ordre et cerveau électronique, il fait jouer Queen's Park Rangers de fort belle manière. C'est aussi un auteur de romans policiers à succès adaptés par la télévision (« *Hazell plays Solomon* », par exemple) et un homme d'affaires qui transforme tout ce qu'il touche en or. A Londres, il possède plusieurs « pubs » et des intérêts nombreux dans des placements immobiliers. Il joue en bourse également, avec succès.

Venables discute pendant plusieurs semaines et point par point les termes de son contrat. Tout étant exploré, il accepte d'entraîner le Barça mais, d'entrée, pose le cas Maradona : « S'il reste, dit-il à Nuñez, j'exigerai de lui plus de discipline. Et je ne transigerai pas. » Sentant venir les problèmes, le président barcelonais préfèrera laisser partir l'étoile vers Naples.

Et Venables s'attelle à la tâche, organisé comme un véritable patron d'entreprise : son adjoint Harris à son côté, un ami journaliste (Graham Turner) comme interprète, des contacts fréquents et courts avec les joueurs, notamment avec Schuster dont il veut faire son meneur de jeu. « D'une manière générale, les entraîneurs parlent trop aux joueurs et leur compliquent la tâche. En passant par un interprète, j'étais obligé d'avoir un discours concis. Je parlais à coups de piqûres. »

Le message passe bien. Venables est allé chercher, pour étoffer son effectif, l'avant-centre écossais de Tottenham, Archibald. Il en

ARRIBA BARCELONA !

« Une troupe de soldats aux ordres du général Schuster ». Le général gagna toutes les batailles sauf une : contre le F.C. Metz, en Coupe de l'U.E.F.A.

coûte 215 millions de pesetas (11 millions de francs) à M. Nũnez et la filière britannique remplace, au Barça, la filière argentine.

Les choses commencent mal puis bien. Victor est opéré d'urgence d'une appendicite, Carrasco subit une commotion cérébrale dans un match amical et Schuster plie les vertèbres cervicales de sa chère Gaby en se servant de sa voiture comme d'un marteau-pilon. « Ce ne sont que des contre-temps », dit Venables à ses joueurs. Le premier jour du championnat, le Barça gagne 3-0 face au Real, au Stade Bernabeu, provoquant la stupeur de toute l'Espagne et obtenant là un avantage psychologique qui ne s'éteindra plus de la saison.

Venables transforme le jeu du Barça en lui imposant les vertus de base du football britannique : collectif, harmonie, appuis sur les points forts, réalisme et humilité. Il fait travailler leurs qualités physiques à ses joueurs et leur rappelle que la conquête du ballon est un impératif de tous les instants. Il place enfin Schuster devant ses responsabilités et déclare aux journalistes, après le début de saison : « C'est lui le patron de l'équipe. S'il se maintient à ce niveau de forme, il n'y aura plus de parade possible, personne ne pourra l'arrêter, ni nous arrêter. Nous sommes une troupe de soldats aux ordres du général Schuster. »

L'international allemand est sensible à ce genre de discours. Lui, le terrible qui a envoyé rebondir Derwall, Lattek (« c'est un ivrogne et un hyprocrite »), Breitner (« plus mauvais que lui, je meurs ») et quelques autres, devient un modèle de vedette assimilée. Et Helenio Herrera, l'ancien entraîneur de l'Inter de Milan et de Barcelone, lui consacre des phrases très élogieuses : « Schuster est, avec Rummenigge et Maradona, l'un des trois plus forts joueurs du monde. Il est dans la lignée des grands parce qu'il possède, comme Cruyff ou Pelé, la vitesse, reine des batailles. » Cette opinion justifie le nouveau contrat de cinq ans que signe Schuster en pleine saison à raison d'un million de marks (trois millions de francs) par championnat.

Mais toute l'équipe barcelonaise est bien articulée dans une formation que tous les Catalans apprennent par cœur : Urruti – Gerardo, Migueli, Alesanco, Julio Alberto – Victor, Schuster, Esteban, Rojo – Archibald, Carrasco (ou Marcos).

« Tarzan » Migueli, à onze ans d'intervalle (il est le seul survivant de l'équipe championne 1974), exprime sa totale efficacité et Archibald additionne les buts (14 en championnat, troisième buteur). « Je l'ai recommandé parce que je le connaissais bien, dit Venables. Je savais que marquer des buts ne l'empêchait pas de se dévouer pour la collectivité. »

Le F.C. Barcelone plane donc sur le championnat d'Espagne, reléguant tous les autres prétendants (Atletico Madrid, Bilbao, Real Madrid, Real Sociedad) à des distances inusitées : dix points sur le deuxième, douze sur les troisièmes, dix-sept sur le Real cinquième. « le triomphe de la solidité, du métier, de la continuité dans le jeu et de la dynamique des résultats » (Herrera). Le Barça si brillant (deux défaites seulement en 34 journées contre Bilbao et Hercules d'Alicante) perd tout de même l'occasion de battre le record des points (53) établi par le Real en 1980. Il l'égale, certes mais on aurait aimé mieux.

Le Barça de Venables ne subit qu'un véritable échec au cours de la saison 1984-85 : contre Metz, en Coupe de l'U.E.F.A. « Un péché d'orgueil qui nous a rappelé à l'ordre », ne cache pas l'entraîneur anglais. Pour le reste, le Barça est redevenu « une équipe de guerriers aptes à exercer une incroyable pression sur l'adversaire et qui disposent d'une force et d'une vitesse que l'on ne trouvait plus depuis le temps de Rinus Michels » (Paco Aguilar, journaliste).

Au soir du match-retour contre le Real Madrid, gagné 3-2 à dix contre onze, la foule envahit les « ramblas ». Au soir de la conquête du titre, ils sont deux cent mille dans les rues, peut-être plus, chantant la gloire catalane et la misère castillane. « Je ne pensais pas que l'on pouvait soutenir ainsi un club de fooball » s'extasie Venables.

Il est encore jeune, le technicien anglais. Il n'est pas encore imprégné de la légende du Barça et des exploits qui l'ont bâtie. Il devrait aller faire un tour au musée du club que M. Nuñez a installé en 1983, admirer les chaussures de Kubala, le maillot de Cruyff, les 7 000 trophées en argent ou en fer blanc et peut-être choisir l'emplacement où l'on dressera sa statue. Car il n'y coupera pas, à sa statue, Venables. Au fait, la veut-il en pierre, en marbre ou en cire ; en pied ou à cheval ; en habit ou en costume de bain ?

Assez plaisanté, voulez-vous : s'il n'était pas Anglais, de Venables, à Barcelone, on ferait un roi !

DOPPEL

Images et sourires

QUAND LA MER MONTE

... La mer monte, on est parti ;
Oh gué, vive le tangage...

... On n'a pas pris de boussole,
De cartes ni de sextant.
Flotter comme l'oiseau vole,
C'est cent fois plus amusant...

... Y a-t-il un prêtre à bord
pour les derniers sacrements ?...
(Norge)

Meilleure photo sportive de l'année 1984 en R.F.A. prise par Lutz Bongarts, lors du match Cologne-Standard de Liège avec un téléobjectif de 500 mm, diaphragme 4,5, vitesse 1/500e de seconde, film 33 Din.

RTL

◀ LUPIN ARSENE

L'un a le droit de se servir de ses mains, l'autre pas. L'un est joueur du champ, l'autre chantre du jeu. L'un est chez lui, l'autre vient de loin. Habité de certitudes contre habitué de la flibuste, un et autre ne font plus deux. Les mains de l'homme de main sont coupées, le chant de l'homme du champ coupe le fil. Cousu main et coupe-fil, filin de filou contre licou, sacré cousin de Lupin Arsène, où est donc Arnicar ?

(Charbonnier, P.S.-G. contre Rust, gardien de Sochaux.)

HAUTEUR DE VUE

Stefano n'est pas un oiseau. Terrien de naissance, il peut regarder très bas et jusqu'à ras du gazon. Mais il voit les choses de très haut car telle est sa nature. Et les choses d'en bas, aperçues de la sorte, remontent jusqu'à son niveau de hauteur. ***(Stefano Tacconi, gardien de la Juventus.)***

**PITIÉ,
EL PITITORE**

Mi-chèvre, mi-cheval, ce Chilien Chinois, d'une chiquenaude, nous fait le coup du chihuaha. Sans chichi, sans chiqué, goût relevé de cipolla et chipolata, il est plus souple qu'un chimpanzé, voire même qu'un chinchilla. Chaque but marqué le lance chaud dans sa chimère de conquérir le château et la chasuble. Chasseur, chasse-mouches, il s'enchâsse dans le chas du ciel. Curieuse alchimie sous le chef de ce charmeur chevronné. On ne veut pas le chicaner et peu nous chante, après tout qu'on le retrouve un jour en petit tas, tout chiffonné, mal aux cheveux, charançonné, direction chirurgie. Arrête un peu ton char, Ben Hur. Mets une belle chemise et va t'en goûter un bon chapon arrosé de chablis. Cha chera pas plus cher et cha chera meilleur pour toi.

(« El Pititore » Cabrera, attaquant de Colo Colo, spécialiste du saut périlleux arrière.)

Première version

LE CAS OZAKI

Ozaki d'Osaka courait après qui sait quoi. Ballon coquin fit à coquet Ozaki coup sulky coincé. T'as qu'à hisser cacatois si pas croire quoi qu'c'est. Tu sais quoi ? K.O., trop bu saké, trop fumé kif. Kiwi nature meilleur pour ton kiki, coco.
Sans kimono, Ozaki d'Osaka posait un cas. Bielefeld le revendit en kit à Sakata. Si pas tout compris sous képi kaki, s'adresser à King Ksi qui t'offrira Kakémono.

Deuxième version

BALLE AILEE

Tatata ! Ailée, elle est là.
Y a qu'à la louer où elle est.
Y a qu'à la délier des loups
Y a qu'à quoi ? Y a qu'à la héler !

(Le poète Norge parlant à Ozaki d'Osaka.)

LES SPONGIEUX
On dirait qu'il va pleuvoir. Tant mieux car tout était sec. La pluie tombe goutte à goutte, elle ruisselle dans les cous, elle humecte les abdomens, elle mouille aussi les chaussettes. Puis elle cesse pour que les tresses sèchent. Deux plombiers, un financier, trois épiciers, un boucher et une bouchère sans oublier la crémière, s'ébrouent comme des barbets. Ils croyaient sécher mais une autre pluie se lève, mouille encore leurs prunelles et les bas des donzelles. Pissenlits de Lombardie, spongieux de tous pays, avez-vous remarqué que, sous un parapluie, il pleut presque toujours ?
(Milan A.C.-Naples à San Siro.)

L'ANGE

« On marche, on court, on vole, on rencontre des fées... »
Ses ailes. Ces ailes. Ne ressemble-t-il pas à un ange ?

(Ekéké, Racing.)

CHOU, CHOU MA CHÈRE

Inutile d'insister
Le chou est énervé
Il ne donne plus les gonfles
Que le dimanche en été

Bigre, un coup d'sifflet
Vous voulez l'avoir quand même
Vous prétendez qu'c'est vot' droit
Eh bien, soit, la v'là

Chou, chou ma chère
La gonfle est pour Prosper
Chou, Schumacher
Pourquoi qu'tu ronfles ?

(Match Cologne-Inter :
Schumacher, arbitre M. Ponnet.)

◀ TOUTE LA QUESTION

Le questionné n'avait pas très bien entendu la question et le questionneur n'avait pas très bien entendu la réponse. Le poète a beau prétendre que, dans un monde où l'on ne s'entend pas très bien, on s'entend assez facilement, questionneur et questionné remettaient en question leur entente. « Je veux savoir, vous m'entendez ? » « J'entends qu'on m'obéisse. » Eh, bien, faites-donc comme vous l'entendez.

(Joueur anglais Osman, arbitre Hill, octobre 1984.)

MOLLETS MOLLETS

Il existe des pains mollets et surtout des œufs mollets dans lesquels on trempe ses délicieuses mouillettes. Il existe aussi des mollets mollets, ni mollets de coqs, ceux-ci nerveux et peu charnus, ni mollets musclés, ceux-là taillés dans la dureté. Des mollets mollets, mollets par leur fonction et mollets par leur mollesse de fonctionnaire mou. Un mollet mollet n'est pas très intéressant. Il mollit souvent. Il lui arrive même de claquer. Un mollet mollet claqué appartenant à un fonctionnaire mou, c'est pire que du mou pour le chat. Il faut le pommader, le masser pour tenter de le transformer en faux dur. Pas de quoi rigoler, le grand mou à mollets mollets !

(L'arbitre allemand M. Umbach.)

LES MURS MÛRS

Murs de torchis ou de pisé, murs de pierres ou de béton, murs rideaux ou murs porteurs, de toute façon, ces maçons sont cloués au mur. Entendent-ils la chanson aigrelette du ballon : « ... des murs qui se lézardent, un escalier étroit, une vieille mansarde et me voilà chez moi... » ?

(Les onze du Bayern : Kraus, Aumann, Matthäus, Hoeness, M. Rummenigge, Augenthaler, Willmer, Nachtweih, Dürnberger, Wohlfarth. Les cinq de Brême : Reinders, Hermann, Sidka, Kutzop, Möhlmann.)

LE NEZ DE NÉNÉ

A vue de nez, cela lui pendait au nez. Nini Stopyra ayant montré son nez, Néné Mikhailov ne vit pas plus loin que le bout de son nez. Il pensait peut-être que la Bulgarie allait gagner au Parc les doigts dans le nez. Alors, il se releva avec un nez forme et couleur fraise écrasée. Nez baissé, en parlant du nez, il dit à Stopyra : viens pas remettre ton nez en cet endroit. Stopyra, qui n'a pas beaucoup de nez, était en train de s'écrier : mais c'est qu'il mordrait, ce taré !

LES TIENNES ET LES MIENNES

**Semelles lisses,
crampons moulés,**

**bottines, pompes,
crampons vissés,**

**empeigne, languette,
godasses crêpées,**

**des noires, des rouges,
des damassées,**

**souliers neufs, galoches
usées**

**où sont les tiennes,
Etienne**

**et les miennes par la
même occasion ?**

HAFNIA
SHARP

la saison au crible

PLEIN CIEL

L'était deux furieux
munis de la clé du ciel
Z'avaient fermé les yeux
pour mieux goûter son miel
L'était deux soleils
s'emmêlant les rayons
Chauffant le ballon
s'fichant des gnons

(Andy Gray, Everton ; Mark Hughes, Manchester United.)

L'EQUIPE DE FRANCE

Le 5 septembre 1984 à Paris
(match amical)

INTER DE MILAN b. FRANCE : 1-0 (0-0). — 16 351 spect. Arb. M. Schoeters (Belgique). But : Collovati (84e). Avertissements à Bibard (31e) pour la France ; Causio (66e) pour Brady (76e puis expulsion 84e) pour l'Inter.

France : Bats — Bibard, Le Roux, Bossis (puis Domergue, 62e), Amoros — Bijotat (puis Tusseau, 46e), Fernandez, Ferreri, Bravo — Anziani, Bellone. Entr. : Michel.

Inter de Milan : Zenga — Bergomi, Collovati, Bini, Baresi — Mandorlini, Marini (puis Sabato, 46e), Causio (puis Pasinato, 73e), Brady — Altobelli, Rummenigge. Entr. : Castagner.

Le 13 octobre 1984 à Luxembourg
(Coupe du Monde)

FRANCE b. LUXEMBOURG : 4-0 (4-0). — 10 000 spect. env. Arb. M. Soerensen (Danemark). Buts : Battiston (2e), Platini (12e), Stopyra (24e et 32e).

Luxembourg : Van Rijswick — Scheuer, Petry, Meunier — Michaux, Weiss, Schonkert, Hellers, Dresch — Langers, Reiter. Entr. : Vliers.

France : Bats — Bibard, Bossis, Battiston, Amoros — Fernandez, Giresse, Platini (puis Ferreri, 57e), Tusseau — Stopyra, Brisson (puis Anziani, 72e). Entr. : Michel.

Le 21 novembre 1984 à Paris
(Coupe du Monde)

FRANCE b. BULGARIE : 1-0 (0-0). — Arb. M. Tritschler (RFA). 42 084 spectateurs payants plus 2 700 scolaires. But : Platini (62e) sur pénalty. Avertissemens à Mladenov (25e) et à Nikolov (44e).

France : Bats — Bibard, Sénac, Bossis, Amoros — Fernandez, Genghini, Tigana, Platini — Stopyra (puis Touré, 58e, puis Tusseau, 84e), Bellone. Entr. : Michel.

Bulgarie : Mikhailov — Nikolov, Arabov, Dimitrov, Markov — Zdravkov, Sadakov, Gotchev, Sirakov — Iskrenov (puis Gospodinov, 45e), Mladenov (puis Spassov, 75e). Entr. : Voutsov.

Le 5 décembre 1984 à Paris
(Coupe du Monde)

FRANCE b. RDA : 2-0 (1-0). —43 174 spect. plus 2 850 scolaires invités. 2 882 278 F. Arb. M. Casarin (Italie). Buts : Stopyra (32e), Anziani (89e). Avertissement à Stübner (66e).

France : Bats — Bibard, Sénac, Bossis, Amoros — Giresse, Tigana, Fernandez, Platini — Stopyra (puis Anziani, 84e), Bellone. Entr. : Michel.

RDA : Müller — Trautmann, Stahmann, Dörner, Döschner — Liebers, Troppa, Stübner, Steinbach (puis Richter, 75e) — Minge (puis Glowatzky, 79e), Thom. Entr. : Stange.

Le 3 avril 1985 à Sarajevo
(Coupe du Monde)

YOUGOSLAVIE et FRANCE : 0-0 — 50 000 spect. env. Arb. M. Fredriksson (Suède). Avertissement à Baljic (35e).

Yougoslavie : Stojic — Capljic, Radanovic, Hadzibegic, Baljic — Zajec, Bazdarevic — Sestic (puis Silkovic, 67e), Halihodzic, Zl. Vujovic (puis Djurovski, 63e). Entr. : Milutinovic.

France : Bats — Ayache, Specht, Battiston, Amoros — Tigana, Fernandez (puis Tusseau, 82e), Platini, Giresse — Stopyra (puis Touré, 69e), Bellone. Entr. : Michel.

Le 2 mai 1985 à Sofia
(Coupe du Monde)

BULGARIE b. FRANCE : 2-0 (1-0). — 70 000 spect. Arb. M. McGinlay. Buts : Dimitrov (11e), Sirakov (61e). Avertissements à Zdravkov (71e), Jeliazkov (75e) pour la Bulgarie ; Fernandez (13e), Specht (41e), Platini (85e) pour la France.

Bulgarie : Mikhailov — Nikolov, Arabov, Dimitrov, Petrov — Zdravkov, Guetov (puis Pachev, 75e), Sirakov, Sadkov — Velichkov (puis Jeliazkov, 58e), Mladenov. Entr. : Voutsov.

France : Bats — Ayache, Specht, Bossis, Amoros — Touré, Tigana, Fernandez (puis Tusseau, 69e), Platini — Stopyra, Bellone. Entr. : Michel.

20 JOUEURS POUR 5 MATCHES OFFICIELS

Henri Michel a utilisé 20 joueurs pour les cinq matches officiels que l'équipe de France a joués en 1984-85.

5 MATCHES : Bats (Auxerre), Amoros (Monaco), Fernandez (Paris S.-G.), Platini (Juventus), Stopyra (Toulouse).

4 MATCHES : Bossis (Nantes), Tusseau (Bordeaux), Bellone (Monaco), Tigana (Bordeaux).

3 MATCHES : Bibard (Nantes), Giresse (Bordeaux), Touré (Nantes).

2 MATCHES : Battiston (Bordeaux), Anziani (Monaco), Sénac (Lens), Ayache (Nantes), Specht (Bordeaux).

1 MATCH : Ferreri (Auxerre), Brisson (Lens), Genghini (Monaco).

LE PALMARES DES INTERNATIONAUX FRANÇAIS

65 sélections :	Trésor
64 sélections :	**Bossis**
63 sélections :	Marche
58 sélections :	**Platini**, Jonquet, Michel
52 sélections :	**Six**
47 sélections :	Djorkaeff
46 sélections :	Mattler
45 sélections :	Kopa, Vincent
44 sélections :	Bereta, Marcel
42 sélections :	Bosquier
41 sélections :	Delfour, Dewaquez

LES MEILLEURS BUTEURS TRICOLORES DE L'HISTOIRE

37 buts :	Platini
30 buts :	Fontaine (27 officiellement)
20 buts :	Paul Nicolas, Jean Nicolas, Vincent
19 buts :	Baratte
18 buts :	Kopa, Piantoni
17 buts :	Veinante
15 buts :	Hervé Revelli
14 buts :	Maës

ESPOIRS

Le 5 septembre 1984 à Troyes
(match amical)

FRANCE b ALBANIE : 2-1 (1-1). — 2 000 spect. env. Arb : M. Baumann (Suisse). Buts : Buisine (1er), Fernier (66e sur pen.) pour la France ; Briza (17e) pour l'Albanie. Avertissement à Lekbello (35e) pour l'Albanie.

France : Rousset — Nono, Buisine, Péan, Bacconnier — Lucas (puis Zago, 66e), P. Plancque, Fournier, Fernier — Garande, Spadiny (puis Robert, 46e). Entr. : Bourrier.

Albanie : Durimi — Zmijani, Lekbello, Hodja, Ocelli — Ulba, Demollari, Josa, Jance — Briza, Topclu. Entr. : Rragami.

Le 10 octobre 1984 à Leeuwarden
(match amical)

PAYS-BAS b. FRANCE : 4-2 (1-1). — 7 000 spect. environ. Arb. : M. Van Volcem (Belgique). Buts : pour les Pays-Bas : Bakker (19e, 74e, 78e), Boogaard (89e) ; pour la France : Ferrer (33e et 68e). Avertissements : Boessen (7e), Lucas (72e), Boogaard (75e), P. Plancque (87e).

Pays-Bas : Snelders — Boessen, Duut (puis Benthem, 60e), Rutjes, Roossien — Bilj (puis Brouwer, 46e), Been, Godee — Boereback, Bosman (puis Boogaard, 46e), Bakker. Entr. : Raab.

France : Nadon — Nono, Buisine, Péan (puis Colin, 20e), Bacconnier — Lucas, Fournier, Fernier, P. Plancque — Paille, Guion (puis Ferrer, 16e). Entr. : Bourrier.

Le 20 novembre 1984 à Auxerre
(Championnat d'Europe)

FRANCE b. BULGARIE : 2-1 (0-0). — Arb. : M. Pes Perez (Espagne). 3 184 spect. payants plus 5 000 scolaires invités. Buts : Fernier (46e et 81e) pour la France ; Pachev (71e) pour la Bulgarie. Avertissements à Dyakov (12e), Iliev (72e) pour la Bulgarie ; Paille (31e) pour la France. Expulsion de Dyakov (31e).

France : Rousset — Boli, Buisine, Péan, Nono (puis Bacconnier, 46e) — Lucas, Fournier, Fernier (puis Ferrer, 86e), Colin — Paille, Garande. Entr. : Bourrier.

Bulgarie : Ananiev — Dyakov, Mladenov, Iliev, Vasev (puis Mironov, 87e) — Markov (puis Mehtarski, 85e), Metkov, Zehtinski, Balakov — Stoynov, Pachev. Entr. : Dermendjlev.

Le 7 décembre 1984 à Lorient
(Championnat d'Europe)

FRANCE et RDA : 1-1 (0-1) — 12 270 spect. dont 5 000 scolai-

res invités. Arb. : M. Farrell (Irl.). Buts : Krauss (31ᵉ sur pen.) pour la RDA ; Buscher (73ᵉ) pour la France. Avertissements : Krauss (32ᵉ), Bacconnier (52ᵉ), Peschke (56ᵉ), Boli (57ᵉ), Baum (76ᵉ).
France : Rousset — Boli (puis Périlleux, 64ᵉ), Casoni, Péan, Bacconnier — Lucas, Fournier, Fernier, Colin (puis Robert, 46ᵉ) — Paille, Buscher. Entr. : Bourrier.
RDA : Hoffmeister — Kräuter, Kreer, Baum, Frankhänel — Krauss (puis Kirsten, 84ᵉ), Peschke, Lindner, März — Röhrich, Marschall (puis Grether, 73ᵉ). Entr. : Brunzlow.

Le 2 avril 1985 à Sarajevo
(Championnat d'Europe)

YOUGOSLAVIE et FRANCE : 0-0. — 6 000 spect. env. Arb : M. Germanakos (Grèce). Avertissements : Casoni (17ᵉ), Mihajlovic (55ᵉ), Péan (65ᵉ).
Yougoslavie : Stojanovic — Spanic, Sabanadzovic, Elsner, Brnovic (puis Braun, 52ᵉ) — Istvanic, Kolb, Asanovic (puis Savicevic, 67ᵉ), Mihajlovic — Pancev, Mrkela. Entr. : Toplak.
France : Rousset — Ottaviani, Boli, Péan, Casoni — Lucas, Périlleux (puis Colin, 79ᵉ), Fournier (puis Daniel, 57ᵉ), P. Plancque — Paille, Pascal. Entr. : Bourrier.

Le 1ᵉʳ mai 1985 à Plovdiv
(Championnat d'Europe)

BULGARIE b. FRANCE : 4-0 (1-0). — 8 000 spect. env. Arb. : M. Stiegler (Tch.). Buts : Stoinov (34ᵉ, 71ᵉ), Zehtinski (58ᵉ), Koev (65ᵉ). Avertissements : Fournier (40ᵉ), Cubaynes (53ᵉ), Lucas (56ᵉ) pour la France ; Koev (65ᵉ), Balokov (73ᵉ) pour la Bulgarie.
Bulgarie : Ganchev — Dyakov (puis Balrev, 66ᵉ), Mladenov, Vassev, Koev — Markov, Mironov (puis Metkov, 50ᵉ), Zehtinski, Mihtarski — Stoinov, Balokov. Entr. : Dermendjlev.
France : Rousset — Ottaviani, Boli, Péan, Pérard — Fournier, Lucas, Périlleux (puis Colin, 46ᵉ), Fernier — Ferrer, Cubaynes. Entr. : Bourrier.

Le 31 mai 1985 à Toulon
(Tournoi de Toulon)

FRANCE b. COTE-D'IVOIRE : 3-1 (1-1). — Arb. : M. Mendoza (Mexique). 3 000 spect. env. Buts : Pérard (25ᵉ), Passi (47ᵉ), Papin (73ᵉ) pour la France ; Oumar (5ᵉ) pour la Côte-d'Ivoire. Avertissement à Papin (50ᵉ).
France : Nadon — Croci, Cobos, Pérard, Bails — Ribar (puis Thomas, 46ᵉ), Zanko, Passi (puis Mège, 60ᵉ) — Paille, Papin. Entr. : Bourrier.
Côte-d'Ivoire : Assiehoussou — Niamba, Lignon, Lue, Sacre — Balo, Ouman, Guédé — Oumar (puis Tieki, 54ᵉ), Bamba, Kassy.

Le 2 juin 1985 à Marseille
(Tournoi de Toulon)

FRANCE b. ESPAGNE : 1-0 (1-0). — 500 spect. Arb. : M. Butenko (URSS). But : Papin (13ᵉ). Avertissements à Croci (42ᵉ) et à Sauzée (63ᵉ).
France : Nadon — Croci, Cobos, Pérard, Bails — Sauzée, Ferrer (puis Blamart, 61ᵉ), Zanko, Passi — Paille, Papin. Entr. : Bourrier.
Espagne : Unzue — Costa (puis Ras Paz, 62ᵉ), Tirado, Arozarena, Mendiodo — Marcelino, Fernando, Carmona, Moya (puis Cristobal, 72ᵉ) — Alcaniz, Pena.

Le 4 juin 1985 à Toulon
(Tournoi de Toulon)

FRANCE b. ROUMANIE : 2-0 (1-0). — 1 500 spect. Arb. : M. Robinson (Angl.). Buts : Paille (26ᵉ), Sauzée (79ᵉ sur pen.). Avertissements : Topolinski (30ᵉ), pour la Roumanie ; Pérard (46ᵉ), pour la France.
France : Nadon — Croci, Cobos, Pérard, Bails — Ribar, Sauzée, Ferrer, Passi (puis Thomas, 62ᵉ) — Papin, Paille (puis Zanko, 41ᵉ). Entr. : Bourrier.
Roumanie : Toader — Lazar, Balcea, Ruicea, Topolinski — Tirca (puis Pena, 50ᵉ), Ivan, Casuba (puis Rotariu, 60ᵉ), Ursu — Bobaru, Burchel.

Le 7 juin 1985 à Toulon
(Tournoi de Toulon)

FRANCE b. ANGLETERRE : 3-1 ap. pr. (0-0, 1-1). — 5 000 spect. Arb. : M. Mendoza (Mexique). Buts : Sauzée (59ᵉ), Ribar (92ᵉ), Papin (94ᵉ), pour la France ; Wakenshaw (85ᵉ), pour l'Angleterre. Avertissements : Kerslake (38ᵉ), Atkinson (60ᵉ), pour l'Angleterre ; Paille (74ᵉ), pour la France.
France : Nadon — Bails, Cobos, Pérard, Blamart — Ferrer (puis Ribar, 78ᵉ), Sauzée, Passi, Zanko (puis Thomas, 75ᵉ) — Papin, Paille. Entr. : Bourrier.
Angleterre : Williams — Gibbs, Bradley, Isaacs, Dublin — Cooke, Kerslake (puis Palin, 38ᵉ), Stebbings, Cooper (puis Allen, 36ᵉ) — Wakenshaw, Atkinson.

38 JOUEURS POUR 10 MATCHES OFFICIELS

Marc Bourrier a utilisé 38 joueurs pour les dix matches officiels que l'équipe de France Espoirs à joués en 1984-85.
8 MATCHES : Paille (Sochaux).
6 MATCHES : Pean (Lille), Lucas (Sochaux), Fournier (Lyon), Ferrer (Auxerre).
5 MATCHES : Rousset (Sochaux), Fernier (Sochaux), Nadon (Guingamp), Pérard (Laval), Colin (Sochaux).
4 MATCHES : Bacconnier (Paris S.G.), Boli (Auxerre), Cobos (Strasbourg), Bails (Montpellier), Sauzée (Sochaux), Zanko (Laval), Passi (Montpellier), Papin (Valenciennes).
3 MATCHES : Nono (Lyon), Buisine (Rouen), P. Plancque (Lille), Perilleux (Lille), Croci (Sochaux), Ribar (Saint-Etienne), Thomas (Sochaux).
2 MATCHES : Garande (Auxerre), Robert (Nantes), Casoni (Toulon), Ottaviani (Bastia), Blamart (Strasbourg).
1 MATCH : Zago (Monaco), Spadiny (Lyon), Guion (Lille), Buscher (Brest), Daniel (Saint-Etienne), Pascal (Marseille), Cubaynes (Nîmes), Mège (Nice).

JEUNES

COUPE GAMBARDELLA
Le 12 juin 1985 à Bourges

AUXERRE b. MONTPELLIER : 3-0 (2-0). — Arb. M. Ghesquier, 2 500 spect. env. (dont 1 000 scolaires). Buts : Cantona (25ᵉ, 38ᵉ sur pen. et 84ᵉ).
Auxerre : Charbonnier — Darras, Prunier, Messager, Villa — Meilley, Dutuel, Monier (puis Guereiro, 70ᵉ) — R. Boli, Cantona, Vahirua (puis Khirat, 83ᵉ). Entr. : Rolland.
Montpellier : Singla — Muzet, Djouara, Hoyau, Gazin — F. Passi, Defilion (puis Lutran, 61ᵉ), Blanc — Guédé, Rioust, Gomez (puis Garrol, 54ᵉ). Entr. : Bonnet.
Auxerre vainqueur.

CHAMPIONNAT NATIONAL CADETS
26 juin 1985 à Epinal

LENS b. TOULOUSE : 2-1 (1-0). — Arb. : M. Humbert. 3 500 spect. (dont 1 600 scolaires). Buts : pour Lens : Leroy (12ᵉ), M'Bae (73ᵉ) : pour Toulouse : Recher (60ᵉ).
Lens : Kowac — Magniez, Talaga, Toffats (puis Wable, 41ᵉ), Lavieu — Hancart, Lingot, Zaplata — M'Bae, Darnaux, Leroy. Entr. : Dombrowski.
Toulouse : Pedemas — Broca (puis Périssé, 58ᵉ), Andrade, Hernandez, Darbas — Baguer, Lecompte, Rodor — Recher, Merland, Auret. Entr. : Baup.
Lens vainqueur.

COUPE NATIONALE DES CADETS
Le 5 juin 1985 à Dijon

ATLANTIQUE b. NORD : 0-0 (6 pen. à 5). — Arb. M. Mesnadi, 123 spect.
Atlantique : Astier — Clouet, Guyot, Pabois, Leclerc — Viaud, Meme (puis Noiraud, 41ᵉ), Vrignaud — Lobé, Flinambu (puis Garory, 41ᵉ), Guery. Entr. : Allard.
Nord : Lefèvre — Lavieu, Leroy, Plattel, Magnier — Zaplata, Persoon, Vandeputte, M'Bae — Moriss, Lefichant (Delavigne, 72ᵉ). Entr. : Demont.
Atlantique vainqueur.

COUPE NATIONALE DES MINIMES
Le 5 juin 1985 à Dijon

AQUITAINE b. RHONE-ALPES : 1-0 (1-0). — Arb. M. Ferney. 123 spect. But : Sazatornil (31ᵉ).
Aquitaine : Piboteau — Barrière, Bruat, Sachetti, Sassus-Bourda — Tastet, Chenuc, Dugarry — Peyrichou, Thebault, Sazatornil. Entr. : Duporte.
Rhône-Alpes : Mériard — Flachez, Chabert, Foussat, Sidorenko — Planes, Bochu, Garcia — Deplace, Stavant, Vaisse. Entr. : Genton.
Aquitaine vainqueur.

COUPE DE FRANCE

HUITIÈME TOUR
12, 13, 19, 20, 23 et 27 janvier 1985

DIVISION II entre eux

Martigues-Gueugnon	1-1
(Martigues aux pen.)	
Red-Star - Montceau	2-0
Valenciennes-St. Français (a.p.)	1-3

DIVISION II contre DIVISION III

Compiègne-**Reims**	1-0
Sedan-Thionville	1-0
Nice-INF Vichy	1-0
Annecy-**Grenoble**	1-1
(Annecy aux pen.)	
Villefranche-**Cuiseaux-L.**	0-0
(Villefranche aux pen.)	
Libourne-**Béziers**	3-1
Angoulême-**Montpellier**	1-2
Mulhouse-Vauban	4-0
Amiens-Saint-Omer	1-0
Chaumont-**Besançon** (a.p.)	1-2
UCK Vannes-**Caen** (a.p.)	0-2
Le Havre-Melun	3-1
Guingamp-SO Maine	2-2
(SO Maine aux pen.)	
Lisieux-**Rennes**	0-1
AEPB-La Roche-Rodez	2-1

DIVISION II contre DIVISION IV

Sundhoffen-**Lyon**	0-4
Sète-Luçon	4-1

DIVISION II contre DIVISION D'HONNEUR

NOCPB Rennes-**Quimper**	0-2
St-Etienne-M. à L'Eau (Guad.)	1-0
Jojo Grenoble-**Valence**	1-1
(Valence aux pen.)	
Red Star-ASP Papeete (Tah.)	1-0
Cannes-Vauvert	2-1
Nîmes-Villefranche de Rouergue	6-0
Orléans-Carhaix	2-1

DIVISION III entre eux

Epinal - Saint-Dizier	1-0
Poitiers-La Rochelle	1-4
AS Brest-FC Yonnais	3-1
Antibes-Istres (a.p.)	3-0

DIVISION III contre DIVISION IV

Senlis-**Roubaix**	1-0
Maubeuge-Villecresnes	3-2
Corbeil-Douai (a.p.)	2-1
Clermont-Ferrand - Gannat	2-1
Pau-Brive	4-1

DIVISION III contre DIVISION D'HONNEUR

Plouhinec-**Lorient**	2-0
Montjoly (Guy.)-**Niort**	0-1
Fort de France-**Beauvais**	1-2
Viry.-Chât.-Savanna (La Réun.)	0-0
(Viry aux pen.)	

DIVISION III contre PROMOTIONNAIRES

Albertville-**Ajaccio**	1-1
(Ajaccio aux pen.)	

DIVISION IV ENTRE EUX

Forbach-Cronenbourg (a.p.)	1-2

DIVISION IV contre DIVISION D'HONNEUR

Thouars-Les Herbiers (a.p.)	1.0

DIVISION IV contre PROMOTIONNAIRES

Moissy-Cramayel-**Creil**	3-2

D'HONNEUR contre PROMOTIONNAIRES

Avon-**AS Mantes**	0-1

TRENTE-DEUXIÈMES DE FINALE
27, 28 et 29 janvier 1984

DIVISION I entre eux

AU PARC DES PRINCES	
Auxerre et Metz (a.p.)	0-0
(Metz vainqueur, 4 pen. à 3)	
A CHALON	
Bastia b. Strasbourg (a.p.)	4-2
AU HAVRE	
Lille b. Laval	4-0

DIVISION I contre DIVISION II

A CANNES	
Nice b. **Toulon**	2-0
A SAINT-ETIENNE	
Brest b. Lyon	3-1
A ABBEVILLE	
Monaco b. Amiens	2-1
A ALES	
Paris SG et Montpellier (a.p.)	0-0
(P-SG vainqueur 8 pen à 7)	
A ARLES	
Sochaux b. Martigues (a.p.)	3-2
A BLOIS	
Toulouse b. Orléans	1-0
A CHERBOURG	
Rouen b. Caen	2-1
A NEVERS	
St-Etienne b. **Tours**	1-0

DIVISION I contre DIVISION III

A POITIERS	
Nantes b. Niort (a.p.)	4-1
A SAINT-BRIEUC	
Lens b. AS Brest	2-0
A GRENOBLE	
Nancy b. Annecy	2-0
A VERSAILLES	
RC Paris b. Viry (a.p.)	1-0

DIVISION I contre DIVISION IV

A BRIVE	
Bordeaux b. Thouars	6-1
A SAINT-QUENTIN	
Marseille et Senlis (a.p.)	1-1
(Marseille vainqueur 4 pen. à 1)	

DIVISION II entre eux

A VANNES	
Rennes b. AEPB La Roche	2-0

DIVISION II contre DIVISION III

A PERONNAS	
Nîmes b. Villefranche	3-1
A AGEN	
Le Havre b. Libourne	4-1
A FREJUS	
Cannes b. Antibes (a.p.)	3-2
A ANGOULEME	
Sedan b. La Rochelle	1-0
A MONTATAIRE	
Red Star et Compiègne (a.p.)	1-1
(Red Star vainqueur 7 pen. à 6)	
A MEAUX	
Sète b. Corbeil (a.p.)	1-0
A MONT-DE-MARSAN	
Pau b. **Quimper**	1-0
A CREIL	
Valence b. Beauvais	2-1

DIVISION II contre DIVISION IV

A COLMAR	
Besançon b. Cronenbourg	1-0

DIVISION II contre DIVISION D'HONNEUR

A QUIMPER	
St. Français b. Plouhinec	2-1

DIVISION II contre PROMOTIONNAIRES

A FONTAINEBLEAU	
Mulhouse b. Moissy-Cramayel	3-0

DIVISION III entre eux

A LA CIOTAT	
Clermont-F. et Ajaccio (a.p.)	2-2
(Clermont vainqueur 5 pen. à 4)	
A VITRY-LE-FRANÇOIS	
Maubeuge b. Epinal (a.p.)	4-1

DIVISION III contre DIVISION D'HONNEUR

A EVREUX	
AS Mantes b. **Le Mans (a.p.)**	2-1

SEIZIÈMES DE FINALE (Aller)
8 mars 1985

Metz-Bastia	3-1
Bordeaux-Lille	3-1
Nantes-Sète	6-0
Besançon-Monaco	0-0
Mulhouse-Brest	3-0
Lens-Stade Français	4-0
Le Havre-Paris SG	2-2
Valence-Marseille	1-0
Rennes-Rouen	0-0
RC Paris-Red Star	3-0
Clermont-Ferrand - Toulouse	1-2
Pau-Nancy	0-1
AS Mantes-Sochaux	0-3
Nice - Saint-Etienne	1-2
Nîmes-Cannes	3-1
Maubeuge-Sedan	1-3

SEIZIÈMES DE FINALE (Retour)
12 mars 1985

Bastia-Metz	2-0
Lille-Bordeaux (a.p.)	5-1
Sète-**Nantes**	1-2
Monaco-Besançon	5-0
Brest-**Mulhouse**	2-0
Stade Français-**Lens**	0-0
Paris SG-Le Havre	2-1
Marseille-**Valence**	2-1
Rouen-Rennes	2-0
Red Star-**RC Paris**	1-1
Toulouse-Clermont-Ferrand	3-1
Nancy-Pau	3-0
Sochaux-AS Mantes	8-1
Saint-Etienne - Nice	4-1
Cannes-**Nîmes**	1-0
Sedan-Maubeuge	1-1

HUITIÈMES DE FINALE (Aller)
9 avril 1985

* NANCY b. PARIS S.-G. : 2-1 (0-0)
8 000 spect. env. Arb. : M. Rideau. Buts : Arribart (68ᵉ, 87ᵉ) pour Nancy ; Toko (89ᵉ) pour Paris-SG.
Nancy : Martini – Casini, Cartier, Arribart, Abreu – Germain, Martin, Zahoui (Jacques, 72ᵉ), Umpierrez – Philippe, Picot (Etienne, 84ᵉ). Entr. : Wenger.
Paris-S.G. : Moutier – Guillochon, Morin, Bathenay, Tanasi – Lemoult, Charbonnier, Bacconnier, Lanthier (Toko, 77ᵉ) – Rocheteau, Susic. Entr. : Coste.

SOCHAUX b. *BASTIA : 2-0 (0-0)
3 500 spect. env. Arb. : M. Biguet. Buts : Paille (51ᵉ), Agerbeck (68ᵉ).
Bastia : Mlynarczyk – Ottaviani, Nativi, Orlanducci, Pastinelli (Squaglia, 76ᵉ) – Moizan, Ihily, Solsona – Zimako, Meyer, Marcialis. Entr. : Redin.
Sochaux : Rust – Croci, Ruty, Bonnevay, Dreossi – Lucas, Colin, Fernier (Sauzée, 76ᵉ) – Agerbeck, Krause, Paille. Entr. : Takac.

*LILLE b. ROUEN : 2-1 (1-0)
Arb. : M. De Zayas. 12 000 spect. env. Buts : Kourichi (27ᵉ), Stéphane Plancque (65ᵉ) pour Lille ; Malbeaux (90ᵉ) pour Rouen.
Lille : Mottet – Périlleux, Kourichi, Péan, Thomas – Primorac, Garcia (Froger, 72ᵉ), P. Plancque, S. Plancque – Savic, Bureau (Guion, 46ᵉ). Entr. : Heylens.
Rouen : Bensoussan – Desbouillons, Recordier, Amours (Malbeaux, 62ᵉ), Mogis – Larue, Bertelsen, Monteilh – Heaulmé, Monczuck (Rolland, 74ᵉ), Didaux. Entr. : Vicot.

*NANTES et NIMES : 1-1 (1-1)
7 074 spect. Arb. : M. Ferrary. Buts : Morice (44ᵉ), pour Nantes ; Poortvliet (7ᵉ), pour Nîmes.
Nantes : Bertrand-Demanes – Bibard, Der Zakarian, Bossis, Ayache (Kombouaré, 77ᵉ) – Poullain, Morice, Eydelie – Robert (Furic, 63ᵉ), Ramos, Amisse. Entr. : Suaudeau.
Nîmes : Morisseau – Fournier, Lopez, Le Blayo, Lucchesi – Poortvliet, Herrero, Nygaard – Goudard (Lorant, 80ᵉ), Cubaynes, Perez (Espeisse, 74ᵉ). Entr. : Domingo.

*LENS et SAINT-ETIENNE : 1-1 (0-0)
46 839 spect. Arb. : M. Claude Lopez. Buts : Ribar (80ᵉ), pour Saint-Etienne ; Deplanche (81ᵉ), pour Lens.
Lens : Huard – Deplanche, Sénac, Zaremba, Marsiglia – Gillot, Krawczyk, Vercruysse, Tlokinski (Peltier, 53ᵉ) – Xuereb (Oudjani, 66ᵉ), Brisson. Entr. : Houllier.
Saint-Etienne : Castaneda – Claveloux, Oleksiak, Gilles, Ferri – Da-

niel, Sab, Ribar (Cangini, 87e) – Sanchez, Milla, Diarté. Entr. : Kasperczak.

MONACO b. *SEDAN : 3-0 (2-0)
15 000 spect. env. Arb. : M. Konrath. Buts : Le Roux (23e), Genghini (29e), Amoros (70e).
Sedan : Dupuis – L. Andry, Curé, Trassard, Sroka – Lefebvre, M. Andry, Frappart – Lagrange (Trungadi, 45e), Rolshausen, Solomenko. Entr. : Tordo.
Monaco : Ettori – Liégeon, Stojkovic, Simon, Amoros – Le Roux, Puel (Benoît, 71e), Genghini (Lopez, 71e) – Bravo, Anziani, Tibeuf. Entr. : Muller.

*TOULOUSE b. VALENCE : 7-0 (5-0)
4 700 spect. Arb. : M. Quiniou. Buts : Stopyra (7e, 39e), Durand (32e), Ferratge (41e), Tarantini (44e), Domergue (58e, 89e sur pen.).
Toulouse : Bergeroo – Brisson, Tarantini, Domergue, Marx – Lacombe, Laverny, Durand (Christophe, 58e), Espanol – Ferratge, Stopyra (Aouiriri, 46e). Entr. : Jeandupeux.
Valence : Garnier – Zali, Tremblay, Pons, Perlin – Chevalier, Marco (Bassot, 55e), Romanet – Merulla, Carrot, Fadil (Letemahulu, 55e). Entr. : Navarro.

*RC PARIS b. MULHOUSE : 2-1 (0-0)
3 628 spect. Arb. : M. Swirog. Buts : Ekeke (55e, 58e), pour le Racing ; Bernardet (73e), pour Mulhouse.
RC Paris : Rousseau – Debu, Peltier, Renaut, Honorine – Landré, Tihy (Mahut, 70e), Piette, Madjer – Ekeke, Bridier (Sither, 74e). Entr. : Zvunka.
Mulhouse : Tempet – F. Mansouri, Tirloit, Ehrlacher, Glassmann – Toffolo, A. Mansouri, Diringer (Gaisser, 15e), Bernardet – Bouafia, Eriksen (Zemb, 83e). Entr. : Domenech.

HUITIÈMES DE FINALE (Retour)
16 avril 1985

*PARIS S.-G. b. NANCY : 4-0 (0-0)
15 000 spect. env. Arb. : M. Delmer. Buts : Susic (54e et 85e), Toko (64e et 80e). Avertissements à Abreu (69e) et à Charbonnier (81e) au P-SG.
Paris-S.G. : Moutier – Tanasi, Morin, Bathenay, Bacconnier (Janvion, 84e) – Lemoult, Charbonnier, Fernandez, Lanthier (Toko, 60e) – Susic, Rocheteau. Entr. : Coste.
Nancy : Martini – Abreu, Cartier, Arribart, Chevalier – Germain, Martin, Zahoui (Étienne, 78e), Umpierrez – Jacques, Philippe. Entr. : Wenger.
PARIS S.-G. qualifié

*SOCHAUX b. BASTIA : 5-1 (3-0)
3 500 spect. Arb. : M. Girard. Buts : Paille (11e), Krause (14e et 53e), Agerbeck (30e), Dreossi (55e), pour Sochaux ; Biamonte (57e), pour Bastia.
Sochaux : Rust – Croci, Ruty, Bonnevay, Dréossi – Lucas, Sauzée, Fernier – Agerbeck (Thomas, 46e), Krause, Paille (Colin, 55e). Entr. : Takac.
Bastia : Mlynarczyk – Ottaviani, Nativi, Orlanducci, Squaglia – Moizan, Ihily, Solsona – Biamonte, Ferrigno, Meyer. Entr. : Redin.
SOCHAUX qualifié

*ROUEN et LILLE : 0-0
7 060 spect. Arb. : M. Lopez. Avertissements à Stéphane Plancque (19e) et à Thomas (80e), à Lille ; Monteilh (21e), à Rouen.
Rouen : Sence – Mogis, Desbouillons, Alberto, Amours – Recordier, Bertelsen, Monteilh – Heaulmé (Rolland, 62e), Monczuck (Malbeaux, 62e), Didaux. Entr. : Vicot.
Lille : Mottet – Robin, Kourichi, Péan, Thomas – Primorac, Périlleux, P. Plancque, S. Plancque – Savic, Bureau (Guion, 87e). Entr. : Heylens.
LILLE qualifié

NANTES b. *NIMES : 2-1 (2-1)
12 984 spect. Arb. : M. Wurtz. Buts : Cubaynes (17e), pour Nîmes ; Touré (34e), Amisse (44e), pour Nantes. Avertissements à Bossis (60e) à Nantes et à Poortvliet (66e) à Nîmes.
Nîmes : Morisseau – Fournier, Lopez, Le Blayo, Lucchesi – Poortvliet, Herrero, Nygaard – Goudard, Cubaynes, Perez. Entr. : Domingo.
Nantes : Bertrand-Demanes – Bibard, Kombouaré, Bossis (Robert, 78e), Ayache – Poullain, Der Zakarian, Frankowski, Morice – Touré, Amisse. Entr. : Suaudeau.
NANTES qualifié

*SAINT-ETIENNE b. LENS : 2-1 (0-1)
46 352 spect. Arb. : M. Benali. Buts : Gilles (79e, sur pen.), Ribar (84e), pour Saint-Etienne ; Gillot (33e), pour Lens. Avertissements : Ribar (40e), Milla (58e), à Saint-Étienne ; Deplanche (58e), Marsiglia (89e), à Lens.
Saint-Etienne : Castaneda – Claveloux, Oleksiak, Gilles, Ferri – Sab, Daniel, Ribar – Sanchez, Milla, Diarté (Chillet, 46e). Entr. : Kasperczak.
Lens : Huard – Pagal (Deplanche, 46e), Sénac, Zaremba, Marsiglia – Gillot (Tlokinski, 87e), Vercruysse, Krawczyk – Peltier, Ramos, Brisson. Entr. : Houllier.
SAINT-ETIENNE qualifié

*MONACO b. SEDAN : 1-0 (0-0)
1 134 spect. Arb. : M. Bouillet. But : Le Roux (66e), pour Monaco. Avertissements : Sroka (14e), à Sedan ; Puel (84e), à Monaco.
Monaco : Ettori – Liégeon, Stojkovic, Simon, Puel – Le Roux, Benoît, Bijotat (Lopez, 69e) – Tibeuf, Bravo, Bellone (Anziani, 46e). Entr. : Muller.
Sedan : Dupuis – Sesniac, Curé (L. Andry, 22e), Tassart, Sroka – Lefebvre, M. Andry, Frappart – Lagrange, Rolshausen (Leduc, 80e), Solomenko. Entr. : Tordo.
MONACO qualifié

TOULOUSE b. *VALENCE : 3-0 (3-0)
850 spect. Arb. : M. Vautrot. Buts : Roland (8e, 11e), Lacombe (43e).
Valence : Jacquemet – Zali, Pons, Tramblay, Perlin (Marco, 12e) – Bassot, Romanet, Chevalier – Merulla, Carrot, Fadil (Levan, 69e). Entr. : Navarro.
Toulouse : Bergeroo – Brisson, Domergue, Lopez, Marx (Olivier, 57e) – Tarantini (Camus, 46e), Abega, Sassus, Roland – Ferratge, Lacombe. Entr. : Jeandupeux.
TOULOUSE qualifié

RC PARIS b. *MULHOUSE : 2-1 (1-0)
10 000 spect. env. Arb. : M. Lartigot. Buts : Landré (83e), Madjer (89e), pour le Racing ; Zemb (27e), pour Mulhouse. Avertissement : Bernardet (72e) à Mulhouse.
Mulhouse : Tempet – Subiat, Tirloit, Ehrlacher, Glassman – Toffolo, A. Mansouri, Gaisser, Bernardet – Zemb, Assad. Entr. : Domenech.
R.C. Paris : Rousseau – Debu, Peltier, Renaut, Honorine – Mahut, Landré, Tihy – Madjer, Ekéké (Oekland, 58e), Bridier. Entr. : Zvunka.
R.C. PARIS qualifié

QUARTS DE FINALE (Aller)
11 mai 1985

*PARIS S.-G. b. NANTES : 1-0 (0-0)
37 000 spect. Arb. : M. Konrath. But : Rocheteau (69e, sur penalty). Avertissement : Ayache (69e).
Paris-S.G. : Moutier – Lemoult, Morin, Bathenay, Janvion (puis Bacconnier, 36e) – Charbonnier, Fernandez, Lanthier, Susic – Toko, Rocheteau. Entr. : Coste.
Nantes : Bertrand-Demanes – Bibard, Kombouaré, Bossis, Ayache – Frankowski, Der Zakarian, Touré, Morice – Halilhodzic, Amisse. Entr. : Suaudeau.

*SAINT-ETIENNE b. LILLE : 1-0 (1-0)
47 747 spect. Arb. : M. Vautrot. But : Milla (45e).
Saint-Etienne : Castaneda – Claveloux, Oleksiak (puis Cangini, 33e), Gilles, Ferri – Daniel, Sab, Ribar – Sanchez, Milla, Diarté (puis Chillet, 75e). Entr. : Kasperczak.
Lille : Mottet – Robin, Kourichi, Péan, Thomas –Périlleux, Primorac, P. Planque (puis Garcia, 80e), S. Plancque – Savic, Bureau (puis Guion, 73e). Entr. : Heylens.

*MONACO b. R.C. PARIS : 3-0 (2-0)
3 109 spect. Arb. : M. Benali. Buts : Tibeuf (10e, 63e), Anziani (12e).
Monaco : Ettori – Liégeon, Stojkovic, Simon, Amoros – Puel, Bijotat, Genghini – Tibeuf, Anziani (puis Benoit, 25e), Bellone. Entr. : Muller.
R.C. Paris : Rousseau – Debu (puis Laffargue), Peltier, Renaut, Tihy – Landré, Mahut, Chebel (puis Ekéké, 20e), Honorine – Oekland, Sither. Entr. : Zvunka.

*TOULOUSE b. SOCHAUX : 2-0 (0-0)
17 800 spect. Arb. : M. Bouillet. Buts : Ferratge (59e), Domergue (75e, sur pen.). Avertissements à Toulouse : Domergue (12e), Laverny (87e). A Sochaux : Sauzée (8e), Lucas (76e).
Toulouse : Bergeroo – Brisson, Tarantini, Domergue, Marx – Lacombe, Laverny, Durand (puis Aouiriri, 85e), Espanol – Ferratge (puis Sassus, 81e), Stopyra. Entr. : Jeandupeux.
Sochaux : Rust – Croci, Ruty, Bonnevay, Dréossi – Lucas, Sauzée, Colin – Agerbeck, Krause (puis Thomas, 62e), Paille. Entr. : Takac.

QUARTS DE FINALE (Retour)
17 et 21 mai 1985

PARIS S.-G. b. *NANTES : 1-0 (0-0)
35 000 spect. env. Arb. : M. René Lopez. But : Charbonnier (54e) pour Paris-S.G. Avertissement à Der Zakarian (57e) à Nantes.
Nantes : Bertrand-Demanes – Bibard (puis Frankowski, 68e), Der Zakarian, Bossis, Ayache – Poullain, Morice, Touré – Ramos (puis Robert, 68e), Halilhodzic, Amisse. Entr. : Suaudeau.
Paris-S.G. : Moutier - Lemoult, Morin, Jeannol, Bacconnier – Charbonnier (puis Tinmar, 88e), Fernandez, Susic, Lanthier – Toko, Rocheteau (puis Njo-Léa, 83e). Entr. : Coste.
PARIS S.-G. qualifié

*LILLE b. SAINT-ETIENNE : 2-0 (0-0)
25 000 spect. Arb. : M. Biguet. Buts : Kourichi (84e), Savic (90e). Avertissements : Péan (75e) et Robin (88e) à Lille.
Lille : Mottet – Robin, Kourichi, Péan, Thomas – Primorac, P. Plancque (puis Périlleux, 65e), S. Plancque – Bureau (puis Courson, 58e), Savic, Guion. Entr. : Heylens.
Saint-Etienne : Castaneda – Cla-

veloux, Oleksiak, Gilles, Ferri – Cangini, Sab, Sanchez, Ribar – Milla, Diarté (puis Bellus, 80e). Entr. : Kasperczak.
LILLE qualifié

MONACO b. * R.C. PARIS : 3-0 (0-0)
2 500 spect. env. Arb. : M. Wurtz. Buts : Le Roux (50e), Tibeuf (58e, 90e).
R.C. Paris : Rousseau – Gendron, Peltier, Renaut, Honorine – Mahut, Piette, Madjer (puis Laffargue, 62e), Leuregans (puis Avenet, 62e) – Oekland, Bridier. Entr. : Zvunka.
Monaco : Ettori – Puel, Stojkovic, Simon, Amoros – Le Roux, Bijotat (puis Lopez, 66e), Genghini – Bravo (puis Benoît, 66e), Tibeuf, Bellone. Entr. : Muller.
MONACO qualifié

*SOCHAUX et TOULOUSE : 3-3 (1-0)
12 000 spect. env. Arb. : M. Lartigot. Buts : Sauzée (17e), Krause (64e), Ruty (73e) pour Sochaux ; Durand (71e), Stopyra (85e), Ferratge (86e) pour Toulouse. Avertissement à Tarantini (80e).
Sochaux : Rust – Crocci (puis Colin, 74e), Ruty, Bonnevay (puis Thomas, 77e), Dréossi – Lucas, Sauzée, Henry – Agerbeck, Krause, Paille. Entr. : Takac.
Toulouse : Bergeroo – Brisson, Tarantini, Domergue, Marx – Lacombe (puis Camus, 86e), Laverny, Durand (puis Christophe, 74e), Espanol – Ferratge, Stopyra. Entr. : Jeandupeux.
TOULOUSE qualifié

DEMI-FINALES (Aller)
1er juin 1985

*TOULOUSE b. PARIS S.-G. : 2-0 (1-0)
27 184 spect. Arb. : M. Vautrot. Buts : Stopyra (24e) et Lacombe (80e). Avertissements à Paris : Lemoult (42e), Charbonnier (47e). A Toulouse : Ferratge (42e), Marx (87e), Christophe (87e).
Toulouse : Bergeroo – Brisson, Tarantini, Domergue, Marx – Laverny, Lacombe (puis Christophe, 83e), Durand, Espanol (puis Sassus, 70e) – Stopyra, Ferratge. Entr. : Jeandupeux.
Paris S.-G. : Moutier – Lemoult, Morin, Jeannol, Bacconnier (puis Guillochon, 46e) – Fernandez, Charbonnier, Susic, Lanthier – Toko (puis Bathenay, 80e), Rocheteau. Entr. : Coste.

*MONACO b. LILLE : 2-0 (2-0)
6 536 spect. Arb. : M. Lartigot. Buts : Bravo (21e), Bellone (27e). Avertissements : Robin et Thomas à Lille. Amoros à Monaco.
Monaco : Ettori – Liégeon, Stojkovic, Simon, Amoros – Puel, Bijotat, Genghini – Bravo, Tibeuf, Bellone. Entr. : Muller.
Lille : Mottet – Robin, Kourichi, Péan (puis Froger, 55e), Thomas – Périlleux, Primorac, S. Plancque, P. Plancque (puis Guion, 76e) – Savic, Bureau. Entr. : Heylens.

DEMI-FINALES (Retour)
4 juin 1985

*PARIS S.-G. b. TOULOUSE : 2-0 après prolongation (5 pen. à 3) (1-0, 2-0).
28 000 spect. Arb. : M. Girard. Buts : Segura (36e), Lanthier (60e) pour le Paris-S.G. Avertissements à Charbonnier (17e), Fernandez (57e), pour le Paris S.-G. ; Brisson (99e), pour Toulouse.
Paris-S.G. : Moutier – Lemoult, Morin, Jeannol, Bacconnier – Charbonnier, Fernandez, Susic, Lanthier – Segura (puis Bathenay, 91e), Rocheteau. Entr. : Coste.
Toulouse : Bergeroo – Brisson, Tarantini, Domergue, Marx – Lacombe, Laverny, Durand (puis Christophe, 81e), Espanol (puis Sassus, 60e) – Ferratge, Stopyra. Entr. : Jeandupeux.
PARIS S.-G. qualifié

*LILLE b. MONACO : 1-0 (1-0)
22 000 spect. env. Arb. : M. Wurtz. But : Périlleux (2e). Avertissements : Genghini (58e), Anziani (87e), pour Monaco. Expulsions : Thomas (58e), pour Lille ; Puel (58e), pour Monaco.
Lille : Mottet – Robin, Kourichi, Péan, Thomas – Périlleux, Primorac, S. Plancque, P. Plancque – Savic, Bureau (puis Guion, 70e). Entr. : Heylens.
Monaco : Ettori – Liégeon, Stojkovic, Simon, Amoros – Puel, Bravo, Bijotat, Genghini – Tibeuf (puis Le Roux, 59e), Bellone (puis Anziani, 81e). Entr. : Muller.
MONACO qualifié

FINALE
8 juin 1985
(au Parc des Princes)

MONACO b. PARIS S.-G. : 1-0 (1-0)
45 711 spect. Arb. : M. Biguet. But Genghini (14e). Avertissements : Bravo (41e), Simon (86e), à Monaco.
Monaco : Ettori – Liégeon, Stojkovic, Simon, Amoros – Bijotat, Bravo, Genghini – Tibeuf, Anziani, Bellone. Entr. : Muller.
Paris S.-G. : Moutier – Bacconnier, Jeannol, Morin, Lemoult – Lanthier (puis Segura, 71e), Susic, Fernandez, Charbonnier – Rocheteau, Toko. Entr. : Coste.
MONACO vainqueur

PALMARES DE LA COUPE DE FRANCE

1918 : Olympique de Pantin b. FC-Lyon 3-0
1919 : CAS Généraux b. Olympique Paris 3-2 (après prolongation)
1920 : C.A. Paris b. Le Havre 2-1
1921 : Red Star b. Olympique Paris 2-1
1922 : Red Star b. Rennes 2-0
1923 : Red Star b. FC Sète 4-2
1924 : Olympique Marseille b. FC Sète 3-2 (après prolongation)
1925 : CAS Généraux b. Rouen 1-1 puis 3-2
1926 : Olympique Marseille b. Valentigney 4-1
1927 : Olympique Marseille b. Quevilly 3-0
1928 : Red Star b. C.A. Paris 3-1
1929 : Montpellier b. Sète 2-0
1930 : Sète b. Racing Club de France 3-1
1931 : Club Français b. Montpellier 3-0
1932 : Cannes b. R.C. Roubaix 1-0
1933 : Excelsior Roubaix b. R.C. Roubaix 3-1
1934 : Sète b. Marseille 2-1
1935 : Marseille b. Stade Rennais 3-0
1936 : R.C. Paris b. Charleville 1-0
1937 : Sochaux b. Strasbourg 2-1
1938 : Marseille b. Metz 2-1 (après prolongation)
1939 : R.C. Paris b. Olympique Lillois 3-1
1940 : R.C. Paris b. Marseille 2-1
1941 : Bordeaux b. Fives 2-0
1942 : Red Star b. Sète 2-0
1943 : Marseille b. Bordeaux 2-2, puis 4-0
1944 : Nancy-Lorraine b. Reims-Champagne 4-0
1945 : R.C. Paris b. Lille 3-0
1946 : Lille b. Red Star 4-2
1947 : Lille b. Strasbourg 2-0
1948 : Lille b. Lens 3-2
1949 : R.C. Paris b. Lille 5-2
1950 : Reims b. R.C. Paris 2-0
1951 : Strasbourg b. Valenciennes 3-0
1952 : Nice b. Bordeaux 5-3
1953 : Lille b. Nancy 2-1
1954 : Nice b. Marseille 2-1
1955 : Lille b. Bordeaux 5-2
1956 : Sedan b. Troyes 3-1
1957 : Toulouse b. Angers 6-3
1958 : Reims b. Nîmes 3-1
1959 : Le Havre b. Sochaux 2-2 puis 3-0
1960 : Monaco b. Saint-Etienne 4-2 (après prolongation)
1961 : Sedan b. Nîmes 3-1
1962 : Saint-Etienne b. Nancy 1-0
1963 : Monaco b. Lyon 0-0 puis 2-0
1964 : Lyon b. Bordeaux 2-0
1965 : Rennes b. Sedan 2-2 puis 3-1
1966 : Strasbourg b. Nantes 1-0
1967 : Lyon b. Sochaux 3-1
1968 : Saint-Etienne b. Bordeaux 2-1
1969 : Marseille b. Bordeaux 2-0
1970 : Saint-Etienne b. Nantes 5-0
1971 : Rennes b. Lyon 1-0
1972 : Marseille b. Bastia 2-1
1973 : Lyon b. Nantes 2-1
1974 : Saint-Etienne b. Monaco 2-1
1975 : Saint-Etienne b. Lens 2-0
1976 : Marseille b. Lyon 2-0
1977 : Saint-Etienne b. Reims 2-1
1978 : Nancy b. Nice 1-0
1979 : Nantes b. Auxerre 4-1 (après prolongation)
1980 : Monaco b. Orléans 3-1
1981 : Bastia b. Saint-Etienne 2-1
1982 : Paris S.G. b. Saint-Etienne 2-2, aux penalties
1983 : Paris S.G. b. Nantes 3-2
1984 : Metz b. Monaco 2-0
1985 : Monaco b. Paris S.G. 1-0

CHAMPIONNAT DE FRANCE

DIVISION I

	AUXERRE	BASTIA	BORDEAUX	BREST	LAVAL	LENS	LILLE	MARSEILLE	METZ	MONACO	NANCY	NANTES	PARIS-S.G.	RACING	ROUEN	SOCHAUX	STRASBOURG	TOULON	TOULOUSE	TOURS
AUXERRE		3-1	1-1	3-1	2-1	0-0	3-0	4-2	2-0	2-0	1-0	1-0	2-1	1-0	2-0	0-0	2-0	1-1	2-0	1-0
BASTIA	2-2		0-0	2-0	1-0	2-1	2-1	1-0	1-3	1-0	1-1	1-1	1-2	0-0	3-0	1-1	2-1	3-2	4-0	2-2
BORDEAUX	6-1	4-0		3-0	5-2	2-1	2-0	4-1	6-0	0-0	3-1	2-1	3-1	1-0	2-0	1-0	3-2	2-0	2-1	2-1
BREST	2-0	4-2	0-0		3-0	3-2	0-0	3-0	0-1	0-2	2-2	4-2	3-1	3-0	0-2	1-0	1-1	0-1	2-2	3-3
LAVAL	2-1	2-1	0-2	0-0		1-3	1-1	4-2	1-4	0-0	2-2	0-1	0-0	1-0	2-0	2-1	2-1	1-0	3-3	3-1
LENS	1-0	3-0	2-1	1-1	3-0		2-0	3-0	0-0	2-2	3-0	0-1	4-2	1-0	1-0	3-1	0-0	3-0	0-0	6-1
LILLE	1-1	1-2	0-1	2-0	0-0	2-0		1-1	1-0	1-1	4-0	1-1	3-1	2-1	0-0	1-1	3-0	1-1	0-0	3-0
MARSEILLE	1-1	5-0	0-1	3-2	0-0	1-2	2-0		2-1	3-0	0-1	0-2	3-1	0-2	3-2	3-1	2-1	4-2	2-1	3-2
METZ	2-1	1-0	1-1	2-0	0-2	4-1	2-0	3-0		1-1	2-2	1-1	2-1	2-0	1-0	1-1	1-0	1-0	2-1	1-1
MONACO	0-0	4-0	3-0	0-0	0-0	3-0	6-1	3-0	7-0		1-0	1-1	4-1	3-0	2-0	2-0	3-0	0-2	0-0	4-0
NANCY	1-1	2-0	0-1	0-2	2-3	2-1	1-0	3-1	2-1	1-1		1-2	6-1	4-0	2-2	2-2	1-1	0-2	1-1	1-0
NANTES	2-1	3-0	0-1	0-2	2-0	2-0	1-0	3-0	1-0	1-0	2-1		2-0	1-1	2-1	1-1	2-2	3-1	2-2	4-0
PARIS S.-G.	0-0	7-1	1-2	1-1	0-1	4-3	2-3	2-1	1-2	2-1	2-4	2-3		2-2	3-2	1-1	2-0	0-0	3-1	2-0
RACING	1-3	0-0	0-0	3-0	2-0	2-1	2-2	0-2	0-2	0-1	1-0	1-2	0-1		1-0	0-2	2-2	0-1	3-1	3-1
ROUEN	1-2	1-1	0-0	2-2	2-0	1-0	0-0	1-1	1-0	2-1	0-1	1-0	0-1	1-1		1-1	1-0	1-0	0-2	0-0
SOCHAUX	2-1	4-0	1-1	4-2	2-0	1-2	1-0	2-0	1-1	1-2	1-0	0-1	4-1	5-1	4-0		3-1	0-0	0-1	2-2
STRASBOURG	1-1	1-1	2-2	1-1	2-0	1-1	2-1	2-1	4-1	3-3	2-1	1-3	1-1	3-0	1-1	4-2		0-1	1-0	1-0
TOULON	2-0	1-0	1-2	2-1	1-1	1-0	2-1	2-0	0-2	0-1	3-1	1-2	5-1	1-0	1-1	1-0	3-1		2-1	2-0
TOULOUSE	1-3	3-0	2-1	0-0	1-1	1-0	1-0	2-0	1-1	1-2	1-0	1-3	0-1	1-3	1-1	0-0	2-1	2-0		3-1
TOURS	3-1	2-0	1-0	1-1	1-1	1-1	2-0	2-2	2-1	2-1	1-3	0-1	2-3	2-0	2-0	2-2	1-0	0-1	2-2	

MATCHES												Classement	Pts	BUTS						Diff.
Terrain				Adv.				Total						Terr.		Adv.		Total		
J	G	N	P	J	G	N	P	J	G	N	P			P	C	P	C	P	C	
19	18	1	0	19	7	8	4	38	25	9	4	1. Bordeaux	59	53	12	17	15	70	27	+43
19	13	4	2	19	11	4	4	38	24	8	6	2. Nantes	56	34	13	28	19	62	32	+30
19	13	5	1	19	5	7	7	38	18	12	8	3. Monaco	48	46	5	19	23	65	28	+37
19	15	4	0	19	3	7	9	38	18	11	9	4. Auxerre	47	33	8	20	31	53	39	+14
19	12	6	1	19	6	3	10	38	18	9	11	5. Metz	45	30	13	20	33	50	46	+ 4
19	13	2	4	19	6	4	9	38	19	6	13	6. Toulon	44	31	15	15	22	46	37	+ 9
19	13	5	1	19	3	3	13	38	16	8	14	7. Lens	40	38	9	19	34	57	43	+14
19	11	4	4	19	1	10	8	38	12	14	12	8. Sochaux	38	39	16	17	27	56	43	+13
19	9	6	4	19	2	8	9	38	11	14	13	9. Brest	36	36	21	14	30	50	51	− 1
19	9	6	4	19	3	6	10	38	12	12	14	10. Laval	36	27	23	12	29	39	52	−13
19	9	5	5	19	2	8	9	38	11	13	14	11. Toulouse	35	24	18	19	31	43	49	− 6
19	8	6	5	19	4	4	11	38	12	10	16	12. Nancy	34	32	22	20	32	52	54	− 2
19	8	5	6	19	5	2	12	38	13	7	18	13. Paris-S.G.	33	37	28	21	45	58	73	−15
19	10	7	2	19	1	3	15	38	11	10	17	14. Bastia	32	30	17	9	51	39	68	−29
19	8	9	2	19	1	4	14	38	9	13	16	15. Lille	31	27	11	10	34	37	45	− 8
19	9	8	2	19	0	5	14	38	9	13	16	16. Strasbourg	31	33	21	14	36	47	57	−10
19	12	2	5	19	1	3	15	38	13	5	20	17. Marseille	31	37	22	14	45	51	67	−16
19	7	8	4	19	1	5	13	38	8	13	17	18. Rouen	29	16	13	12	33	28	46	−18
19	9	6	4	19	0	5	14	38	9	11	18	19. Tours	29	29	20	15	46	44	66	−22
19	7	4	8	19	2	4	13	38	9	8	21	20. RC Paris	26	21	19	11	37	32	56	−24

CLASSEMENT DES BUTEURS 1984-85

27 buts
Halilhodzic (Nantes).
22 buts
Lacombe (Bordeaux).
19 buts
Buscher (Brest).
17 buts
Onnis (Toulon), Stopyra (Toulouse).
15 buts
Paille (Sochaux), Rocheteau (Paris-S.G.), Genghini (Monaco).
14 buts
Anziani (Monaco), Da Fonseca (Tours).
13 buts
Garande (Auxerre), Meyer (Bastia), Savic (Lille), Bellone (Monaco), Umpierrez (Nancy).
12 buts
Müller (Bordeaux), Vercruysse (Lens), Kelsch et Pécout (Strasbourg).
11 buts
Giresse (Bordeaux), Brisson (Lens), Jacques (Nancy).
10 buts
Susic (Paris-S.G.), Krause (Sochaux), Zénier (Marseille), Szarmach (Auxerre), Bocande (Metz).
9 buts
Delamontagne (Laval), Bravo (Monaco), Picot (Nancy), Ramos (Nantes).
8 buts
Danio (Auxerre), Cunningham (Marseille), Sauzée (Sochaux), Emon et Ricort (Toulon).

LE MEILLEUR BUTEUR DE CHAQUE CLUB

Auxerre : Garande 13 buts
Bastia : Meyer 13 buts
Bordeaux : Lacombe 22 buts
Brest : Buscher 19 buts
Laval : Delamontagne 9 buts
Lens : Vercruysse 12 buts
Lille : Savic 13 buts
Metz : Bocande 10 buts
Monaco : Genghini 15 buts
Nancy : Umpierrez 13 buts
Nantes : Halilhodzic 27 buts
Paris-S.G. : Rocheteau 15 buts
R.C. Paris : Ekeke et Oekland 7 buts
Rouen : Beltramini 5 buts
Sochaux : Paille 15 buts
Strasbourg : Kelsch et Pécout 12 buts
Toulon : Onnis 17 buts
Toulouse : Stopyra 17 buts
Tours : Da Fonseca 14 buts

LES BUTEURS DEPUIS 1946

1985 :	**Halilhodzic** (Nantes)	27
1984 :	**Garande** (Auxerre)	21
	Onnis (Toulon)	21
1983 :	**Halilhodzic** (Nantes)	27
1982 :	**Onnis** (Tours)	29

1981 : **Onnis** (Tours) 24
1980 : **Onnis** (Monaco) 21
Kostedde (Laval) 21
1979 : **Bianchi** (Paris-S.G.) 27
1978 : **Bianchi** (Paris-S.G.) 37
1977 : **Bianchi** (Reims) 28
1976 : **Bianchi** (Reims) 34
1975 : **Onnis** (Monaco) 30
1974 : **Bianchi** (Reims) 30
1973 : **Skoblar** (Marseille) 26
1972 : **Skoblar** (Marseille) 30
1971 : **Skoblar** (Marseille) 44
1970 : **H. Revelli** (St-Etienne) 28
1969 : **Guy** (Lyon) 25
1968 : **Sansonetti** (Ajaccio) 25
1967 : **H. Revelli** (St-Etienne) 31
1966 : **Gondet** (Nantes) 36
1965 : **Simon** (Nantes) 24
1964 : **Oudjani** (Lens) 30
1963 : **Masnaghetti** (Valenciennes) 35
1962 : **Sékou** (Montpellier) 25
1961 : **Piantoni** (Reims) 28
1960 : **Fontaine** (Reims) 28
1959 : **Cisowski** (RC Paris) 30
1958 : **Fontaine** (Reims) 34
1957 : **Cisowski** (RC Paris) 33
1956 : **Cisowski** (RC Paris) 31
1955 : **Bliard** (Reims) 30
1954 : **Kargu** (Bordeaux) 35
1953 : **Andersson** (Marseille) 35
1952 : **Andersson** (Marseille) 31
1951 : **Piantoni** (Nancy) 27
Courteaux (Nice) 27
1950 : **Grumellon** (Rennes) 25
1949 : **Baratte** (Lille) 26
Humpal (Sochaux) 26
1948 : **Baratte** (Lille) 31
1947 : **Sinibaldi** (Reims) 33
1946 : **Bihel** (Lille) 28

PALMARES DU CHAMPIONNAT

1932-33 Lille OI ; 1933-34 Sète ; 1934-35 Sochaux ; 1935-36 RC Paris ; 1936-37 Marseille ; 1937-38 Sochaux ; 1938-39 Sète ; 1945-46 Lille ; 1946-47 Roubaix-Tourcoing ; 1947-48 Marseille ; 1948-49 Reims ; 1949-50 Bordeaux ; 1950-51 Nice ; 1951-52 Nice ; 1952-53 Reims ; 1953-54 Lille ; 1954-55 Reims ; 1955-56 Nice ; 1956-57 Saint-Etienne ; 1957-58 Reims ; 1958-59 Nice ; 1959-60 Reims ; 1960-61 Monaco ; 1961-62 Reims ; 1962-63 Monaco ; 1963-64 Saint-Etienne ; 1964-65 Nantes ; 1965-66 Nantes ; 1966-67 Saint-Etienne ; 1967-68 Saint-Etienne ; 1968-69 Saint-Etienne ; 1969-70 Saint-Etienne ; 1970-71 Marseille ; 1971-72 Marseille ; 1972-73 Nantes ; 1973-74 Saint-Etienne ; 1974-75 Saint-Etienne ; 1975-76 Saint-Etienne ; 1976-77 Nantes ; 1977-78 Monaco ; 1978-79 Strasbourg ; 1979-80 Nantes ; 1980-81 Saint-Etienne ; 1981-82 Monaco ; 1982-83 Nantes ; 1983-84 Bordeaux ; 1984-85 Bordeaux.

CHAMPIONNAT DE FRANCE

DIVISION II

A

	ABBEVILLE	AMIENS	ANGERS	BESANÇON	CAEN	CHATEAUROUX	DUNKERQUE	GUINGAMP	LE HAVRE	MULHOUSE	ORLEANS	QUIMPER	RED STAR	REIMS	RENNES	SEDAN	STADE FRANÇAIS	VALENCIENNES
ABBEVILLE		1-1	4-0	0-0	0-2	2-2	1-2	1-4	0-0	2-0	1-1	2-1	1-1	1-1	1-0	1-2	0-0	2-0
AMIENS	1-1		1-2	0-1	0-0	2-0	1-0	1-3	1-2	1-3	0-0	0-2	0-0	1-1	0-2	1-1	2-1	1-1
ANGERS	2-2	1-0		2-1	1-2	6-0	1-1	2-0	1-4	0-0	0-1	1-1	0-3	3-0	0-1	1-2	5-1	0-0
BESANÇON	6-1	2-0	3-2		3-1	6-0	2-0	2-5	1-0	1-1	0-1	4-0	2-2	0-1	1-1	2-0	1-1	1-0
CAEN	1-1	1-0	1-0	1-0		3-1	1-0	1-1	1-4	0-1	0-0	4-2	0-0	0-0	2-1	1-1	1-1	1-3
CHATEAUROUX	0-2	1-2	0-2	1-1	1-3		1-0	0-0	0-1	1-1	1-2	0-0	0-1	2-2	0-0	1-2	3-3	1-2
DUNKERQUE	2-2	1-2	3-2	0-0	3-0	2-1		2-2	0-3	2-0	1-2	2-1	2-1	0-0	0-2	1-1	2-1	1-1
GUINGAMP	1-0	3-0	3-1	0-0	3-0	1-0	3-1		1-0	2-0	1-1	0-1	2-1	1-0	0-3	2-2	2-0	1-0
LE HAVRE	4-0	2-0	2-0	4-0	1-0	4-0	2-0	3-1		1-0	0-0	2-0	7-2	6-0	1-0	3-0	4-0	1-3
MULHOUSE	7-2	2-0	9-0	2-1	2-0	2-0	1-0	1-0	4-2		2-1	4-0	1-0	1-1	4-2	1-0	3-2	5-0
ORLEANS	0-0	1-0	1-0	2-0	2-0	3-1	1-0	3-0	1-2	0-1		0-1	0-0	1-1	0-0	0-0	1-1	4-2
QUIMPER	3-0	4-0	3-0	1-1	1-0	1-3	1-0	1-1	0-0	0-1	2-2		0-0	5-0	0-3	1-0	0-0	0-0
RED STAR	1-0	1-0	2-0	2-2	1-3	0-1	1-3	1-0	0-0	2-0	0-0	1-0		2-0	1-0	2-0	2-1	1-3
REIMS	1-0	1-2	1-0	2-1	1-0	1-1	3-1	1-3	1-2	0-1	0-0	2-1	3-1		1-1	2-0	1-1	1-2
RENNES	3-2	2-0	2-0	2-0	3-1	2-0	1-0	1-0	1-0	0-0	0-1	5-1	2-0	2-0		5-0	0-2	1-1
SEDAN	2-0	2-0	3-0	0-0	1-1	2-0	2-1	0-0	0-1	2-1	2-0	2-2	2-0	1-1	1-2		1-0	2-2
STADE FRANÇAIS	2-1	3-1	2-1	1-2	0-0	6-1	1-0	0-1	2-0	0-0	0-2	2-2	1-0	0-1	0-1	0-0		2-1
VALENCIENNES	3-1	3-2	1-1	0-0	1-1	5-1	2-0	3-0	0-1	0-1	1-0	1-2	1-0	1-0	1-0	1-0	1-1	

MATCHES														BUTS						
Terrain				Adv.				Total				Classement	Pts	Terr.		Adv.		Total		Diff.
J	G	N	P	J	G	N	P	J	G	N	P			P	C	P	C	P	C	
17	15	1	1	17	9	3	5	34	24	4	6	1. Le Havre	52	47	6	22	14	69	20	+49
17	16	1	0	17	6	5	6	34	22	6	6	2. Mulhouse	50	52	11	10	14	62	25	+37
17	13	2	2	17	7	4	6	34	20	6	8	3. Rennes	46	32	8	19	13	51	21	+30
17	9	5	3	17	6	8	3	34	15	13	6	4. Orléans	43	20	8	14	11	34	19	+15
17	12	3	2	17	5	5	7	34	17	8	9	5. Guingamp	42	26	10	21	23	47	33	+14
17	10	4	3	17	5	6	6	34	15	10	9	6. Valenciennes	40	25	11	21	25	46	36	+10
17	10	4	3	17	2	8	7	34	12	12	10	7. Besançon	36	37	16	11	21	48	37	+11
17	9	6	2	17	3	6	8	34	12	12	10	8. Sedan (P)	36	25	11	11	25	36	36	0
17	7	7	3	17	4	4	9	34	11	11	12	9. Quimper	33	24	12	17	32	41	44	−3
17	10	3	4	17	2	6	9	34	12	9	13	10. Red Star	33	20	13	12	24	32	37	−5
17	7	7	3	17	4	4	9	34	11	11	12	11. Caen (P)	33	19	16	14	24	33	40	−7
17	8	4	5	17	2	8	7	34	10	12	12	12. Reims	32	22	17	9	27	31	44	−13
17	8	4	5	17	1	7	9	34	9	11	14	13. Stade Fr.92*	29	22	14	15	29	37	43	−6
17	7	6	4	17	2	1	14	34	9	7	18	14. Dunkerque	25	24	21	9	25	33	46	−13
17	5	8	4	17	1	5	11	34	6	13	15	15. Abbeville	25	20	17	15	39	35	56	−21
17	6	5	6	17	2	1	14	34	8	6	20	16. Angers	22	26	19	11	41	37	60	−23
17	3	7	7	17	3	1	13	34	6	8	20	17. Amiens (P)	20	13	20	10	31	23	51	−28
17	1	7	9	17	2	2	13	34	3	9	22	18. Châteauroux	15	12	21	13	51	25	72	−47

* Le Stade Français abandonnant le professionalisme, Angers est repêché. (P) promu.

MEILLEURS BUTEURS DES DEUX GROUPES

28 buts : Dominguez (Nice).
27 buts : Eriksen (Mulhouse).
26 buts : Cubaynes (Nîmes).
22 buts : Milla (Saint-Etienne).
21 buts : Relmy (Rennes).
20 buts : Calasan (Béziers).
18 buts : Mariini (Besançon), Bandera (Gueugnon), Orts (Montpellier).
15 buts : Papin (Valenciennes).
14 buts : Kiefer (Sète), Nygaard (Nîmes).
13 buts : Jacquet (Le Havre), Goursat (Limoges).
12 buts : Rolshausen (Sedan), Prieur (Le Havre), Martinez (Martigues), Larsson (Nice), Nehoda (Grenoble), Augustin (Thonon).

POUR LE TITRE DE CHAMPION

Match aller

***NICE et LE HAVRE : 2-2 (1-0).** – Arb. : M. De Zayas. 6 302 spectateurs. Buts : Marguerite (21^{e}),

B	ALES	BEZIERS	AEPB LA ROCHE	CANNES	CUISEAUX-L.	GRENOBLE	GUEUGNON	LE PUY	LIMOGES	LYON	MARTIGUES	MONTPELLIER	NICE	NIMES	ST-ETIENNE	SETE	THONON	VALENCE
ALÈS		1-0	1-1	2-1	3-0	1-0	1-1	1-0	1-1	2-1	0-0	1-0	0-0	2-2	0-0	3-1	0-1	2-0
BEZIERS	1-5		5-2	1-1	2-2	3-1	4-0	0-0	4-1	2-1	2-1	2-1	1-1	1-2	1-1	2-1	1-0	1-1
AEPB LA ROCHE	0-0	2-2		0-0	3-1	1-0	2-1	2-1	3-1	2-0	0-2	1-1	1-2	1-1	2-1	1-1	0-2	1-1
CANNES	1-0	5-0	2-0		2-1	2-1	1-2	3-1	0-0	2-2	1-0	0-0	0-2	1-2	1-1	3-2	0-0	1-0
CUISEAUX-LOUHANS	0-1	1-0	2-0	0-1		1-2	1-1	4-1	0-3	1-1	0-0	0-2	0-0	2-0	0-0	4-2	1-0	3-1
GRENOBLE	2-1	1-0	1-0	1-1	2-1		1-1	1-0	3-1	1-0	2-1	1-0	2-3	1-0	1-2	2-2	0-2	0-0
GUEUGNON	0-1	2-1	2-1	3-2	0-0	1-2		1-1	1-1	2-0	2-1	2-2	0-2	1-1	2-0	3-1	1-0	3-0
LE PUY	1-0	1-3	1-1	3-0	0-1	2-1	2-0		2-0	0-1	2-0	1-0	1-1	2-1	1-2	0-3	0-3	2-0
LIMOGES	0-0	3-0	2-2	1-1	1-1	2-1	1-1	2-1		0-0	3-2	1-1	2-3	0-4	0-0	0-0	2-1	2-1
LYON	2-1	1-0	3-0	0-1	2-1	2-0	1-0	1-2	1-0		3-0	1-1	1-1	1-1	1-5	3-1	0-0	1-0
MARTIGUES	1-0	2-1	1-1	2-1	1-1	0-1	4-2	1-1	0-0	6-2		2-0	0-0	1-2	1-0	2-0	2-2	1-2
MONTPELLIER	2-1	3-0	3-1	3-3	1-0	5-0	4-0	2-2	1-0	1-0	3-1		2-2	2-2	1-0	3-0	1-0	6-2
NICE	3-0	4-1	6-0	2-0	2-0	4-0	1-1	4-0	3-1	1-3	0-0	3-2		2-1	0-0	3-2	6-0	7-1
NIMES	0-0	3-0	0-2	1-0	2-0	6-1	1-3	2-0	3-0	0-0	2-2	1-1	4-2		0-0	1-1	2-0	8-0
ST-ETIENNE	3-1	2-1	5-1	1-0	3-0	3-0	7-0	3-0	0-1	0-0	4-1	2-0	1-0	3-0		6-1	3-0	2-1
SETE	1-0	2-2	5-2	3-1	4-3	2-1	1-0	1-2	3-1	2-1	3-2	0-0	0-1	0-2	1-0		1-1	1-0
THONON	0-0	2-0	4-1	4-1	0-2	2-1	2-0	0-0	2-1	0-3	0-0	4-2	2-1	2-2	1-2	4-0		3-0
VALENCE	2-1	0-1	0-2	0-2	2-5	0-1	1-1	0-1	2-3	2-1	0-2	1-3	0-1	3-5	2-4	0-0	3-4	

MATCHES													Pts	BUTS						
Terrain				Adv.				Total				Classement		Terr.		Adv.		Total		Diff.
J	G	N	P	J	G	N	P	J	G	N	P			P	C	P	C	P	C	
17	13	3	1	17	7	7	3	34	20	10	4	1. Nice	50	51	12	22	17	73	29	+44
17	15	1	1	17	5	7	5	34	20	8	6	2. St-Etienne	48	48	7	18	15	66	22	+44
17	9	6	2	17	6	6	5	34	15	12	7	3. Nîmes	42	36	12	28	25	64	37	+27
17	13	4	0	17	2	7	8	34	15	11	8	4. Montpellier	41	43	14	16	23	59	37	+22
17	10	4	3	17	5	4	8	34	15	8	11	5. Thonon	38	32	16	16	23	48	39	+ 9
17	9	7	1	17	3	4	10	34	12	11	11	6. Alès	35	21	9	12	19	33	28	+ 5
17	10	4	3	17	3	5	9	34	13	9	12	7. Lyon	35	24	14	16	24	40	38	+ 2
17	9	5	3	17	3	5	9	34	12	10	12	8. Cannes	34	25	14	16	27	41	41	0
17	9	5	3	17	2	6	9	34	11	11	12	9. Gueugnon	33	26	16	14	35	40	51	−11
17	11	3	3	17	1	5	11	34	12	8	14	10. Sète	32	30	19	18	40	48	59	−11
17	10	4	3	17	4	0	13	34	14	4	16	11. Grenoble	32	22	15	13	37	35	52	−17
17	8	6	3	17	2	5	10	34	10	11	13	12. Martigues	31	27	16	15	27	42	43	− 1
17	6	9	2	17	3	4	10	34	9	13	12	13. Limoges	31	22	19	15	29	37	48	−11
17	9	2	6	17	3	5	9	34	12	7	15	14. Le Puy (P)	31	21	17	13	28	34	45	−11
17	9	6	2	17	2	2	13	34	11	8	15	15. Béziers	30	33	21	12	35	45	56	−11
17	7	5	5	17	3	4	10	34	10	9	15	16. Cuiseaux-L.	29	20	12	19	33	39	45	− 6
17	7	7	3	17	2	4	11	34	9	11	14	17. B.LaRoche(P)	29	21	16	18	44	39	60	−21
17	2	2	13	17	1	3	13	34	3	5	26	18. Valence (P)	11	18	37	10	44	28	81	−53

Dahleb (63e sur pén.) pour Nice ; Vidot (80e), Prieur (82e) pour Le Havre. Avertissement au Niçois Bruzzichezzi (69e).
Nice : Amitrano — Joly, Bruzzichezzi, Curbelo, Blanc (puis Dahleb, 60e) — Françoise, Castagnino, Mege, Lefebvre — Larsson, Marguerite (puis Gemmrich, 70e). Entr. : Sérafin.
Le Havre : Casanova — Carpentier, Drieu, Amouret, Vidot — Llorens, Bensaoula, Flores, Milosewicz — Pain (puis Jacquet, 60e). Prieur. Entr. : Notheaux.

Match retour

***LE HAVRE b. NICE : 3-0 (1-0).** — 9 620 spect. Arb. : M. Swirog. Buts : Prieur (32e), Flores (57e), Bensaoula (74e).
Le Havre : Casanova — Carpentier, Drieu, Amouret (puis Delaunay, 75e), Vidot — Llorens (puis Pain, 46e), Bensaoula, Florès, Milosewicz — Jacquet, Prieur. Entr. : Notheaux.
Nice : Amitrano — Joly, Bruzzichezzi, Curbelo, Volpatti — Françoise, Castagnino, Mege (puis Dahleb, 46e), Lefebvre — Marguerite, Larsson (puis Gemmrich, 66e). Entr. : Sérafin.
LE HAVRE champion de division II.

PRE-BARRAGE

RENNES b. *SAINT-ETIENNE : 2-0 (2-0). — 22 617 spect. Arb. : M. Quiniou. Buts : Bousdira (16e), Morin (35e) pour Rennes. Avertissements : Morin (29e), Ferri (70e). Expulsion : Relmy (53e).
Saint-Etienne : Castaneda — Claveloux, Oleksiak, Gilles (puis Chillet, 73e), Ferri — Daniel, Sab, Ribar — Sanchez (puis Cangini, 73e), Milla, Diarte. Entr. : Kasperczak.
Rennes : Hiard — Le Goff, Rio, Marais, Ninot. — Zajakowski, Muller (puis Robert, 61e), Bousdira, M'Fédé (puis Charrier, 75e) — Morin, Relmy. Entr. : Mosca.

***MULHOUSE b. NIMES : 2-0 (1-0).** — Arb. : M. Benali. 9 000 spect. Buts : Assad (20e), Eriksen (68e).
Mulhouse : Tempet — F. Mansouri, A. Mansouri, Ehrlacher, Glassmann — Subiat, Toffolo (puis Grumellon, 84e), Bernardet — Bouafia, Eriksen, Assad (puis Zemb, 36e). Entr. : Domenech.
Nîmes : Morisseau — Fournier, Lopez, Le Blayo, Lucchesi — Poortvliet, Espeisse (puis Herrero, 60e), Nygaard — Goudard, Cubaynes, Perez. Entr. : Domingo.

BARRAGES

Match aller

***RENNES b. MULHOUSE : 1-0 (1-0).** — 14 856 spectateurs. Arb. : M. Biguet. But : Morin (2e). Avertissements : A. Mansouri (43e), Glassmann (70e), Assad (86e), à Mulhouse ; Le Goff (53e), à Rennes.
Rennes : Hiard — Le Goff, Rio, Marais, Ninot — Zajakowski, Muller (puis Marin, 15e), Bousdira — M'Fédé, Morin, Charrier. Entr. : Mosca.
Mulhouse : Tempet — F. Mansouri, A. Mansouri, Ehrlacher, Glassmann — Toffolo, Subiat, Grumelon, Bouafia — Assad, Eriksen. Entr. : Domenech.

Match retour

RENNES b. *MULHOUSE : 4-2 (1-0). — 10 611 spect. Arb. : M. Vautrot. Buts pour Rennes : Relmy (15e, 83e), Samson (88e), Morin (90e). Pour Mulhouse : Subiat (83e), Assad (76e). Avertissements aux Rennais Robert (8e) et Relmy (60e).
Mulhouse : Tempet — F. Mansouri, A. Mansouri, Ehrlacher, Glassman — Toffolo, Subiat, Bernardet — Bouafia, Eriksen, Assad. Entr. : Domenech.
Rennes : Hiard — Le Goff, Rio, Marais (puis Doaré, 83e), Ninot —

Robert, Samson (puis Le Dizet, 75e), Bousdira — Morin, Reimy, M'Fédé. Entr. : Mosca.

RENNES, vainqueur, rencontre Rouen pour la montée en division I.

BARRAGES DIVISION I - DIVISION II

Match aller

ROUEN b. *RENNES : 1-0 (1-0). — 15 992 spectateurs. Arbitrage de M. Bouillet puis M. Lainé. But : Gallou (19e). Avertissements : Ninot (25e), à Rennes ; Malbeaux (45e, puis expulsion, 78e), Recordier (75e), à Rouen.
Rennes : Hiard — Le Goff, Rio, Marais (puis Robert, 49e), Ninot — Samson, Bousdira, M'Fédé — Charrier (puis Le Dizet, 76e), Relmy, Morin. Entr. : Mosca.
Rouen : Bensoussan — Larue, Desbouillons, Gallou, Malbeaux — Recordier, Heaulmé (puis Rolland, 58e), Mogis, Bertelsen — Garcia (puis Monteilh, 46e), Didaux. Entr. : Vicot.

Match retour

RENNES b. *ROUEN : 1-0 (0-0) (a.p.) (7 coups de pied au but à 6). — Pour Rennes : transformés par M'Fédé, Relmy, Bousdira, Marin, Samson, Ninot, Doaré ; manqués par Rio, Morin, Robert. Pour Rouen : transformés par Garcia, Mogis, Heaulmé, Rolland, Recordier, Didaux ; manqués par Larue, Monczuck, Gallou, Alberto. 12 150 spectateurs. Arb. : M. R. Lopez. But : Morin (58e). Avertissements : Gallou (18e), pour Rouen : M'Fédé (12e), pour Rennes.
Rouen : Bensoussan - Larue, Desbouillons (puis Garcia, 106e), Alberto, Gallou — Recordier, Mogis, Monteilh (puis Heaulmé, 66e) — Rolland, Monczuck, Didaux. — Entr. : Vicot.
Rennes : Hiard — Le Goff (puis Marin, 112e), Rio, Ninot, Doaré — Samson, Bousdira, M'Fédé — Morin, Relmy, Charrier (puis Robert, 66e). — Entr. : Mosca.

RENNES monte en division I.
ROUEN descend en division II.

DIVISION III

CENTRE

		Pts	J.	G.	N.	P.	p.	c.
1.	**Auxerre**	49	30	23	3	4	69	19
2.	Montceau	44	30	19	6	5	43	16
3.	Melun	34	30	12	10	8	35	25
4.	INF Vichy	33	30	9	15	6	32	26
5.	Tours	33	30	13	7	10	59	47
6.	St-Etienne	32	30	9	14	7	37	35
7.	Poissy	31	30	10	11	9	30	30
8.	Clermont	30	30	10	10	10	32	36
9.	Chalon	28	30	10	8	12	36	42
10.	Lyon	28	30	10	8	12	39	42
11.	Gueugnon	26	30	9	8	13	27	36
12.	Bourges	26	30	10	6	14	28	42
13.	Fontainebleau	24	30	8	8	14	33	39
14.	Corbeil	23	30	7	9	14	25	43
15.	Malakoff	21	30	8	5	17	29	41
16.	Cournon	18	30	5	8	17	20	55

Monte en division II : Montceau.
Meilleur buteur : Ferrer (Auxerre), 18 buts.

CENTRE-OUEST

		Pts	J.	G.	N.	P.	p.	c.
1.	**Niort**	43	30	16	11	3	48	28
2.	Bordeaux	40	30	17	6	7	60	34
3.	Angoulême	39	30	15	9	6	45	24
4.	Libourne	36	30	13	10	7	39	37
5.	Pau	35	30	13	9	8	42	33
6.	Rodez	34	30	14	6	10	37	26
7.	Toulouse	32	30	10	12	8	40	26
8.	Châtellerault	32	30	12	8	10	37	33
9.	Mt-de-Marsan	28	30	10	8	12	31	39
10.	Montauban	26	30	7	12	11	33	42
11.	Muret	25	30	8	9	13	35	46
12.	Poitiers	24	30	9	6	15	38	43
13.	Montmorillon	23	30	7	9	14	27	48
14.	La Rochelle	23	30	7	9	14	33	38
15.	Andernos	23	30	7	9	14	35	43
16.	Périgueux	17	30	6	5	19	29	69

Monte en division II : Niort.
Meilleur buteur : Gianetta (Poitiers), 15 buts.

EST

		Pts	J.	G.	N.	P.	p.	c.
1.	Chaumont	42	30	15	12	3	49	26
2.	Saint-Dizier	39	30	15	9	6	40	22
3.	Vauban	38	30	13	12	5	56	36
4.	Metz	35	30	12	11	7	35	26
5.	Thionville	34	30	12	10	8	40	44
6.	Nancy	32	30	11	10	9	42	40
7.	Epinal	31	30	12	7	11	41	40
8.	Sochaux	30	30	12	6	12	33	30
9.	Paris-S.G.	30	30	11	8	11	46	48
10.	Reims	29	30	10	9	11	26	28
11.	Mulhouse	29	30	8	13	9	36	32
12.	Merlebach	28	30	11	6	13	40	49
13.	Dijon	27	30	9	9	12	42	47
14.	RC Strasbourg	25	30	9	7	14	41	37
15.	Blénod	16	30	5	6	19	29	60
16.	FCSK 06	15	30	2	11	17	24	55

Monte en division II : Chaumont.
Meilleurs buteurs : Baubonne (Chaumont) et Erbs (Vauban), 14 buts.

NORD

		Pts	J.	G.	N.	P.	p.	c.
1.	Beauvais	41	30	14	13	3	44	19
2.	Lens	40	30	14	12	4	47	22
3.	Lille	35	30	15	5	10	46	27
4.	Le Havre	33	30	13	7	10	40	33
5.	Le Touquet	33	30	10	13	7	37	34
6.	Meaux	33	30	10	13	7	39	37
7.	Maubeuge	32	30	10	12	8	40	35
8.	Fécamp	30	30	9	12	9	32	31
9.	Saint-Omer	30	30	12	6	12	39	41
10.	Rouen	29	30	11	7	12	43	33
11.	Roubaix	28	30	9	10	11	37	39
12.	Compiègne	28	30	8	12	10	23	36
13.	RC Paris	27	30	8	11	11	32	33
14.	Calais	27	30	9	9	12	32	39
15.	Amiens	25	30	7	11	12	26	41
16.	Hazebrouck	9	30	1	7	22	12	69

Monte en division II : Beauvais.
Meilleur buteur : Lemoine (Maubeuge), 17 buts.

OUEST

		Pts	J.	G.	N.	P.	p.	c.
1.	Lorient	42	30	18	6	6	63	29
2.	Laval	41	30	16	9	5	49	27
3.	Nantes	40	30	14	12	4	53	24
4.	Lisieux	39	30	13	13	4	26	16
5.	FC Yonnais	34	30	13	8	9	58	34
6.	AS Brest	32	30	10	12	8	35	37
7.	Viry-Châtillon	31	30	9	13	8	24	30
8.	Rennes	30	30	11	8	11	45	36
9.	UCK Vannes	29	30	8	13	9	26	33
10.	Vél. Vannes	29	30	11	7	12	27	33
11.	SO Maine Le Mans	28	30	10	8	12	36	39
12.	Cholet	27	30	7	13	10	31	35
13.	Brest FC	25	30	5	15	10	31	39
14.	Redon*	21	30	6	9	15	30	50
15.	Evreux	18	30	5	8	17	23	52
16.	St-Pol-de-Léon	14	30	4	6	20	30	73

Monte en division II : Lorient.
Meilleur buteur : Colas (Lorient), 20 buts.
* Redon repêché en division III.

SUD

		Pts	J.	G.	N.	P.	p.	c.
1.	Nice	44	30	18	8	4	68	29
2.	Istres	39	30	14	11	5	59	37
3.	Marseille	36	30	14	8	8	39	29
4.	Annecy	35	30	13	9	8	46	40
5.	Montpellier	34	30	14	6	10	51	34
6.	Avignon	33	30	13	7	10	44	36
7.	Ajaccio	32	30	9	14	7	27	28
8.	St-Raphaël	31	30	12	7	11	44	34
9.	Monaco	30	30	11	8	11	36	37
10.	Villefranche	28	30	12	4	14	38	41
11.	Hyères	28	30	11	6	13	39	43
12.	Antibes	26	30	8	10	12	44	54
13.	Orange	25	30	7	11	12	25	50
14.	Toulon	25	30	6	13	11	31	36
15.	Bastia	24	30	6	12	12	40	54
16.	Pt-de-Chéruy	10	30	1	8	21	22	71

Monte en division II : Istres.
Meilleur buteur : Priou (Istres), 22 buts.

TOURNOI FINAL POUR LA DÉSIGNATION DU CHAMPION DE DIVISION III

Phase préliminaire

AUXERRE b. *NIORT : 3-1 a.p. (0-1, 1-1). — 2 608 spect. Arb. : M. Blouet. Buts : Deletang (38e) pour Niort ; Dutuel (54e), R. Boli (91e), Volkaert (98e) pour Auxerre.
Niort : Daviaud — Renoux, Boyer (puis Moriceau, 96e), Brottier, Guibert — Ribreau, Deletang, Gastien — Parizon (puis Guerineau, 90e), Bouchet, Drouet. Entr. : Parizon.
Auxerre : Loiseau (puis Vahirua, 72e) — Darras (puis Fargeon, 70e), Prunier, Volkaert, Messager — Cuperly, Dutuel, Villa — R. Boli, Saclier, Vahirua (puis Pelletier, 72e). Entr. : Rolland.

***BEAUVAIS b. CHAUMONT : 3-0 (0-0). — 837 spect. Arb. : M. Lambert. Buts : Zaba (49e), Roux (51e), Pinson (75e).**
Beauvais : Caullery — Delargillière, Pinot, Evrard, Tapin (puis Pinson, 65e) — Ademi, Essabik, Metsu — Cochez (puis Roussel, 74e), Zaba, Roux. Entr. : Dos Santos.
Chaumont : Pariset — Bonassi, Menteaux, Mouyabi, Collin (puis Jeans, 82e) — Alexer, Krzywanski, Harel — Jannaud (puis Baubonne, 65e), Brys, Keita. Entr. : Flamion.

Demi-finales

NICE b. *BEAUVAIS : 3-1 (1-0). — 1 469 spect. Arb. : M. Lopez. Buts : Morales (32e, 74e), Bellisi (75e), pour Nice ; Ademi (61e), pour Beauvais.
Beauvais : Caullery — Delargillière, Pinot, Evrard, Tapin — Ademi, Essabik (puis Roussel, 76e), Metsu — Cochez (puis Pinson, 46e), Zaba, Roux. Entr. : Dos Santos.
Nice : Jallamion — Mattio, Wathelet, Rabathaly, P. Soler — Bellisi, Oltra (puis F. Soler, 76e), Massa — Fernandez, Morales, Ardisson (puis Senoussi, 80e). Entr. : Alonzo.
***AUXERRE b. LORIENT : 6-0 (3-0).** — 500 spect. env. Arb. : M. Sculfort. Buts : R. Boli (17e, 46e), Monier (40e), Vahirua (43e, 60e, 66e).
Auxerre : Charbonnier — Darras, Prunier, Messager, Villa — Cuperly, Dutuel (puis Volkaert, 57e), Monier — R. Boli (puis Cargeon, 65e), Monate, Vahirua. Entr. : Rolland.
Lorient : Gouriou — Le Tallec, Le Lay, Leroux, Hado — Rouzo, Goadec, Gourcuff — Jehel (puis Robin, 55e), Le Nay, Briaho (puis Le Goff, 46e). Entr. : Gourcuff.

Finale
le 7 juin 1985 à Rodez

NICE b. AUXERRE : 2-0 (0-0). – 2 000 spect. env. Arb. : M. De Zayas. Buts : Bellisi (79ᵉ), Champoussin (90ᵉ).
Nice : Jallamion – Mattio, Wathelet, Rabathaly, P. Soler – Bellisi, Massa, Oltra, Fernandez – Ardisson (puis Champoussin, 81ᵉ), F. Soler (puis Senoussi, 86ᵉ). Entr. : Alonzo.
Auxerre : Charbonnier – Darras, Prunier, Messager, Villa – Cuperly, Dutuel, Saclier (puis Monate, 56ᵉ) – R. Boli, Vahirua, Monier. Entr. : Rolland.

NICE champion

PALMARES DE LA DIVISION III

1970-1971 : Nantes
1971-1972 : Nancy
1972-1973 : Vittel
1973-1974 : Nantes
1974-1975 : Bastia
1975-1976 : Nœux-les-Mines
1976-1977 : Saint-Etienne
1977-1978 : Sochaux
1978-1979 : INF Vichy
1979-1980 : Saint-Etienne
1980-1981 : Vauban
1981-1982 : Vauban
1982-1983 : Toulouse
1983-1984 : Auxerre
1984-1985 : Nice

DIVISION IV

GROUPE A

	Pts	J.	G.	N.	P.	p.	c.
1. Charleville	43	26	19	5	2	59	19
2. Creil	34	26	11	12	3	30	20
3. Senlis	33	26	15	3	8	41	32
4. St-Quentin	30	26	8	14	4	35	28
5. Douai	28	26	12	4	10	43	37
6. Valenciennes	28	26	11	6	9	38	27
7. Friville	27	26	10	7	9	41	38
8. Boulogne	23	26	9	5	12	37	48
9. Tourcoing	23	26	5	13	8	27	33
10. Raismes	22	26	8	6	12	28	37
11. Nœux	22	26	8	6	12	38	47
12. Cambrai	19	26	5	9	12	31	42
13. Abbeville	17	26	7	3	16	32	48
14. Carignan	15	26	5	5	16	24	48

GROUPE B

	Pts	J.	G.	N.	P.	p.	c.
1. Cherbourg	37	26	13	11	2	37	20
2. St-Lô	33	26	14	5	7	30	18
3. Lucé	31	26	9	13	4	29	19
4. Alençon	30	26	6	14	4	28	23
5. St-Leu	28	26	11	6	9	40	27
6. Rouen	28	26	8	12	6	27	22
7. Bayeux	27	26	9	9	8	40	37
8. PTT Caen	26	26	10	6	10	25	25
9. Mandeville	25	26	8	9	9	29	26
10. Mamers	22	26	6	10	10	24	37
11. US Normande	22	26	7	8	11	28	28
12. Trouville	20	26	5	10	11	27	37
13. Dieppe	18	26	5	8	13	23	51
14. Neiges Le Havre	17	26	4	9	13	17	34

GROUPE C

	Pts	J.	G.	N.	P.	p.	c.
1. PTT Metz	38	26	15	8	3	27	12
2. Forbach	37	26	15	7	4	42	18
3. Cronenbourg	31	26	12	7	7	38	29
4. Sundhoffen	30	26	12	6	8	45	41
5. Colmar	29	26	11	7	8	41	25
6. Sarreguemines	29	26	9	11	8	30	19
7. AS Strasbourg	28	26	10	8	8	34	29
8. St-Dié	27	26	9	9	8	42	31
9. Florange	27	26	10	7	9	34	27
10. SR Haguenau	27	26	9	9	8	32	37
11. Neudorf	25	26	8	9	9	31	32
12. Neufchâteau	14	26	4	6	16	22	47
13. FC Haguenau	11	26	3	5	18	22	61
14. Talange	11	26	2	7	17	22	47

GROUPE D

	Pts	J.	G.	N.	P.	p.	c.
1. US Montagnarde	35	26	16	3	7	62	29
2. Concarneau	33	26	12	9	5	49	32
3. St-Brieuc	32	26	12	8	6	39	33
4. Angers	31	26	13	5	8	38	21
5. Ancenis	30	26	12	6	8	28	22
6. Le Mans	29	26	12	5	9	30	32
7. Thouars	29	26	13	3	10	39	30
8. Nantes	27	26	10	7	9	35	26
9. Guingamp	26	26	12	2	12	49	36
10. Ingrandes	23	26	10	3	13	42	46
11. Luçon	21	26	9	3	14	22	40
12. SO Maine Le Mans	20	26	8	4	14	32	50
13. St-Brévin	19	26	7	5	14	26	50
14. Lannion	9	26	2	5	19	27	66

GROUPE E

	Pts	J.	G.	N.	P.	p.	c.
1. Auxerre*	39	26	16	7	3	59	25
2. INF Vichy*	33	26	11	11	4	48	19
3. Montluçon	33	26	14	5	7	43	24
4. Orléans	31	26	12	7	7	39	23
5. Mer	29	26	11	7	8	38	34
6. Joué-lès-Tours	28	26	11	6	9	37	34
7. Villecresnes	26	26	10	6	10	33	35
8. Longjumeau	25	26	9	7	10	25	23
9. Police Paris	24	26	7	10	9	21	29
10. Moulins	24	28	8	8	10	28	40
11. Blois	24	26	8	8	10	26	29
12. Châteauroux	22	26	8	6	12	32	42
13. Gannat	15	28	5	5	16	20	51
14. Montargis	11	26	4	3	19	23	64

GROUPE F

	Pts	J.	G.	N.	P.	p.	c.
1. Beaune	34	26	15	4	7	43	33
2. Annemasse	33	26	13	7	6	45	29
3. Bavans	29	26	11	7	8	37	36
4. Romilly	28	26	9	10	7	32	33
5. Belfort	27	26	9	9	8	30	26
6. Tavaux	26	26	9	8	9	34	29
7. Dampierre	26	26	12	2	12	35	39
8. Isle-s-Doubs	25	26	8	9	9	32	34
9. Roanne	24	26	9	6	11	28	26
10. Montceau	24	26	8	8	10	35	39
11. Faucigny	23	26	7	9	10	31	33
12. Baume	23	26	10	3	12	34	43
13. Vendœuvre	22	26	8	6	12	34	42
14. Troyes	20	26	6	8	12	30	38

GROUPE G

	Pts	J.	G.	N.	P.	p.	c.
1. Brive	37	26	15	7	4	44	20
2. Toulouse Font.	33	26	12	9	5	38	24
3. Aurillac	31	26	9	13	4	26	17
4. Requista	28	26	10	8	8	33	33
5. Isle	27	26	[illegible]	[illegible]	[illegible]	[illegible]	[illegible]
6. St-Seurin	26	26	8	10	8	30	30
7. Albi	26	26	10	6	10	27	27
8. Limoges	25	26	11	3	12	37	39
9. Beaumont	23	26	6	11	9	32	32
10. Clermont-F.	23	26	6	11	9	30	31
11. Mérignac	22	26	8	6	12	38	44
12. St-Médard	21	26	9	3	14	28	41
13. Bayonne	21	26	7	7	12	19	33
14. Libourne	19	26	6	7	13	26	47

GROUPE H

	Pts	J.	G.	N.	P.	p.	c.
1. Grenoble	35	26	14	7	5	38	21
2. Sète	34	26	13	8	5	47	22
3. Arles	31	26	13	5	8	48	30
4. Nîmes	30	26	11	8	7	37	31
5. Grasse	28	26	10	8	8	32	31
6. Bastia	27	26	12	3	11	30	33
7. Ajaccio	27	26	9	9	8	27	29
8. Cagnes	24	26	8	8	10	33	36
9. St-Priest	24	26	8	8	10	31	30
10. Aix	24	26	10	4	12	29	40
11. Saint-Cyr	23	26	8	7	11	28	33
12. Canet	21	26	6	9	11	28	36
13. Uzès	20	26	5	10	11	24	42
14. Digne	16	26	5	6	15	24	40

TOURNOI FINAL POUR LA DESIGNATION DU CHAMPION DE DIVISION IV

Quarts de finale

*Charlev. b. US Montagnarde	3-0
*Auxerre b. Beaune	1-0
*Cherbourg b. PTT Metz	1-0
*Grenoble b. Brive	1-0

Demi-finales

GRENOBLE b. *CHARLEVILLE : 1-0 (0-0). – 1 900 spect. Arb. : M. Desessart (Picardie). But : Perrier (60ᵉ). Avertissements : Pierrel (72ᵉ) à Charleville ; Ottaviano (56ᵉ) à Grenoble.
Charleville : Pourchaux – Molinari, Martinot, Compère, Schneider (puis Magris, 78ᵉ) – Pierrei (puis Cools, 78ᵉ), Breny, Yali – Gueye, Clesse, Delcampe.
Grenoble : Desvignes – Suscillon (puis Lafranceschina, 84ᵉ), Baron, Lopez, Fontana – Ottaviano, Piarulli, Sabi – Garcia, Belail, Perrier.

***AUXERRE b. *CHERBOURG : 4-1 (0-1).** – 1 547 spect. Arb. : M. Tual. Buts : Vignola (50ᵉ), Guerreiro (69ᵉ, sur pén.), Khirat (80ᵉ et 88ᵉ) pour Auxerre ; Jore (30ᵉ) pour Cherbourg.
Cherbourg : Tatard – Lucbert, Leday (puis Jiguet, 82ᵉ), Fleury, Delhaye – Jore, Brou, Koum Kang, Bernard – Chojnacki, Bourloton.
Auxerre : Charbonnier – Robin, Anastasio, Scarpari, Favrot (puis Poulain, 88ᵉ) – Guerreiro, Vignola, Meilley – Monate, Monier (puis Paquereau, 88ᵉ), Khirat.

Finale
Le 1ᵉʳ juin 1985 à Brive

AUXERRE b. GRENOBLE : 2-0 (2-0). – 800 spect. Arb. : M. Rideau. Buts : Savrot (9ᵉ), Vignola (19ᵉ).
Auxerre : Ulentin – Robin, Anastasio, Scarpari, Paquerot – Guerreiro, Favrot (puis Leclerc, 78ᵉ), Meilley (puis Moulin, 85ᵉ) – Vignola, Poulain, Khirat. Entr. : Mourey.
Grenoble : Desvignes – Sucillon, Lopez, Fontana, Baron – Ottaviano, Touati (puis Lafranceschina, 55ᵉ), Bellal (puis Sabi, 55ᵉ) – Piarulli, Garcia, Perrier. entr. : Lafranceschina.

AUXERRE champion

CHAMPIONNATS REGIONAUX

ALSACE

		Pts	J.	G.	N.	P.	p.	c.
1.	R.S. Mulhouse	38	26	14	10	2	52	18
2.	Riedisheim	31	26	12	8	6	28	23
3.	Bischwiller	31	26	13	5	8	45	29
4.	Westhouse	30	26	10	10	6	31	22
5.	Wissembourg	29	26	12	5	9	43	37
6.	Bischheim	28	26	11	6	9	50	34
7.	A.S. Mulhouse	25	26	7	11	8	33	36
8.	Erstein	24	26	11	2	13	36	38
9.	Hochfelden	23	26	8	7	11	33	38
10.	Soultz	22	26	7	8	11	26	38
11.	Wittelsheim	22	26	7	8	11	36	44
12.	Gundershoffen	21	26	6	9	11	29	44
13.	Hirtzbach	20	26	6	8	12	31	52
14.	Kogenheim	19	26	6	7	13	23	43

AQUITAINE

		Pts	J.	G.	N.	P.	p.	c.
1.	Orthez	53	22	13	5	4	36	15
2.	Villenave	50	22	9	10	3	27	14
3.	Arcachon	49	22	9	9	4	26	19
4.	St-Symphorien	48	22	10	6	6	29	24
5.	Bergerac	47	22	8	9	5	26	17
6.	Castets	46	22	9	6	7	32	26
7.	Arin-Luzien	43	22	6	9	7	23	26
8.	SBUC	41	22	7	5	10	25	34
9.	Lège	40	22	5	8	9	24	30
10.	St-Christophe	39	22	4	9	9	27	36
11.	Mont-de-Marsan	38	22	4	8	10	18	30
12.	Pauillac	34	22	3	6	13	19	41

ATLANTIQUE

		Pts	J.	G.	N.	P.	p.	c.
1.	Bourg/Roche	68	26	19	4	3	80	28
2.	FC Yonnais	57	26	11	9	6	47	33
3.	Les Herbiers	57	26	12	7	7	42	31
4.	Segré	57	26	12	7	7	49	11
5.	SA Fontenay	53	26	9	9	8	40	35
6.	Saint-Sébastien	53	26	10	7	9	40	37
7.	AS Briéronne	53	26	8	11	7	32	37
8.	ES Fontenay	51	26	8	9	9	31	36
9.	Cholet	49	26	7	9	10	28	36
10.	Pontchâteau	49	26	8	7	11	33	50
11.	Montreuil J.	48	26	8	6	12	47	47
12.	PTT Nantes	48	26	6	10	10	30	42
13.	Saumur	46	26	6	8	12	41	56
14.	Saint-Nazaire	39	26	4	5	17	35	66

AUVERGNE

		Pts	J.	G.	N.	P.	p.	c.
1.	Riom	52	22	10	10	2	27	11
2.	Arpajon	51	22	12	5	5	30	15
3.	RC Vichy	49	22	9	9	4	34	20
4.	INF Vichy	47	22	10	5	7	29	16
5.	Val-Vert	46	22	8	8	6	32	25
6.	Domerat	45	22	10	3	9	40	34
7.	Messeix	44	22	8	6	8	26	21
8.	Lapalisse	43	22	6	9	7	23	22
9.	Saint-Flour	42	22	7	6	9	28	31
10.	Ambert	37	22	5	5	12	17	44
11.	Vergonghéon	36	22	5	4	13	21	39
12.	Varennes	36	22	3	8	11	18	50

BOURGOGNE

		Pts	J.	G.	N.	P.	p.	c.
1.	Auxerre	69	28	17	7	4	75	33
2.	Gueugnon	68	28	15	10	3	54	21
3.	Le Creusot	67	28	17	5	6	61	19
4.	Nevers	63	28	14	7	7	50	27
5.	Decize	62	28	15	4	9	48	40
6.	Saint-Florentin	59	28	11	9	8	36	32
7.	Cuiseaux-Louh.	57	28	11	7	10	40	36
8.	Selongey	56	28	10	8	10	38	32
9.	Sens	54	28	7	12	9	44	43
10.	Joigny	54	28	9	8	11	37	40
11.	Pontailler	54	28	8	10	10	26	44
12.	Dijon	49	28	5	11	12	30	40
13.	Messigny	48	28	6	8	14	33	59
14.	Mâcon PTT	45	28	5	7	16	16	47
15.	Bourbon	34	28	2	3	23	18	93

CENTRE

		Pts	J.	G.	N.	P.	p.	c.
1.	Beaugency	57	22	16	3	3	46	17
2.	Tours	53	22	14	3	5	61	22
3.	Loches	50	22	10	8	4	31	29
4.	FCO Saint-Jean	47	22	9	7	6	27	25
5.	Gien	46	22	8	8	6	30	25
6.	Amilly	46	22	10	4	8	26	31
7.	Salbris	45	22	8	7	7	17	22
8.	Bourges	44	22	8	6	8	29	25
9.	Châteaudun	44	22	8	6	8	31	31
10.	Pithiviers	35	22	5	3	14	21	43
11.	Blois	34	22	5	2	15	17	37
12.	Saint-Pierre	27	22	1	3	18	14	43

CENTRE OUEST

		Pts	J.	G.	N.	P.	p.	c.
1.	Poitiers	60	24	14	8	2	49	25
2.	Cognac	57	24	13	7	4	40	25
3.	Angoulême	50	24	9	8	7	30	24
4.	Soyaux	50	24	9	8	7	35	25
5.	Cerizay	49	24	9	7	8	39	36
6.	Roumazières	48	24	9	6	9	38	33
7.	Bressuire	47	24	9	5	10	36	33
8.	Saintes	46	24	9	4	11	29	34
9.	Loudun	44	24	8	4	12	35	30
10.	Tulle	44	24	7	6	11	36	44
11.	La Rochelle	43	24	5	9	10	20	44
12.	Montmorillon	43	24	7	5	12	21	34
13.	Rochefort	43	24	9	1	14	33	54

CORSE

		Pts	J.	G.	N.	P.	p.	c.
1.	FAIR	63	22	20	1	1	66	6
2.	Aleria	49	22	11	5	6	34	28
3.	ASPV	48	22	9	8	5	36	24
4.	Corte	45	22	8	7	7	38	31
5.	EFB	44	22	8	6	8	23	26
6.	ASJF	42	22	6	8	8	32	31
7.	Murato	42	22	8	4	10	31	38
8.	Muriani	41	22	7	5	10	25	44
9.	Propriano	40	22	6	6	10	22	32
10.	SCOB	39	22	6	5	11	18	28
11.	ROC	38	22	6	5	11	19	35
12.	FCCB	36	22	5	5	12	11	32

FRANCHE-COMTE

		Pts	J.	G.	N.	P.	p.	c.
1.	RCFC Besançon	60	22	18	2	2	53	12
2.	Molinges	53	22	13	5	4	45	23
3.	Moirans	50	22	12	4	6	34	23
4.	Dole	46	22	9	6	7	33	31
5.	Audincourt	45	22	10	3	9	35	24
6.	Luxeuil	44	22	7	8	7	29	26
7.	Fesches	43	22	8	5	9	24	32
8.	Château-Farine	43	22	9	3	10	25	31
9.	Bart	38	22	6	4	12	22	39
10.	PSBA	37	22	6	3	13	21	35
11.	Fougerolles	35	22	4	5	13	15	35
12.	Beaucourt	34	22	4	4	14	18	43

LANGUEDOC-ROUSSILLON

		Pts	J.	G.	N.	P.	p.	c.
1.	Perpignan	33	22	12	9	1	35	13
2.	Montpellier	28	22	10	8	4	24	15
3.	Vauvert	27	22	9	9	4	28	22
4.	Lecrès	25	22	9	7	6	29	24
5.	La Clermontaise	25	22	9	7	6	30	23
6.	Pont-St-Esprit	22	22	5	12	5	37	31
7.	Aigues-Mortes	20	22	7	6	9	29	36
8.	Agde	20	22	6	8	8	21	21
9.	Le Grau-du-Roi	20	22	7	6	9	31	35
10.	Sète	18	22	7	4	11	29	40
11.	La Gd-Combe	13	22	3	7	12	11	26
12.	Paulhan	13	22	2	9	11	10	28

LORRAINE

		Pts	J.	G.	N.	P.	p.	c.
1.	Villerupt	34	26	14	6	6	34	25
2.	Anould	33	26	13	7	6	46	33
3.	Vandœuvre	30	26	10	10	6	42	36
4.	Basse-Yutz	30	26	11	8	7	27	22
5.	Bataville	28	26	9	10	7	29	24
6.	Sarrebourg	27	26	8	11	7	32	25
7.	Solgne	26	26	8	10	8	26	30
8.	Audun-le-Tiche	25	26	7	11	8	30	33
9.	Creutzwald	24	26	8	8	10	46	43
10.	Stiring	24	26	7	10	9	27	29
11.	Hombourg	24	26	8	8	10	25	29
12.	Algrange	23	26	6	11	9	26	30
13.	Verdun	20	26	6	8	12	29	38
14.	Amnéville	16	26	4	8	14	24	46

MAINE

		Pts	J.	G.	N.	P.	p.	c.
1.	Stade Lavallois	56	22	15	4	3	46	15
2.	CO Pontlieue	52	22	12	6	4	37	18
3.	US St-Berthevin	48	22	11	4	7	38	33
4.	L'Ernéenne	44	22	8	6	8	24	24
5.	ES Yvré-l'Evêque	44	22	7	8	7	23	25
6.	Evron	43	22	8	5	9	26	32
7.	CA Mayennais	41	22	6	7	9	30	29
8.	Etoile Sabolienne	41	22	5	10	7	28	37
9.	CS Ch.-Le Mans	40	22	6	6	10	20	24
10.	FA Laval	40	22	5	8	9	21	36
11.	Ch-Gontier	39	22	4	9	9	23	32
12.	FC Cosséen	39	22	4	9	9	22	33

MEDITERRANEE

		Pts	J.	G.	N.	P.	p.	c.
1.	Le Puget	60	26	13	8	5	42	23
2.	Saint-Tropez	59	26	14	5	7	53	26
3.	Martigues	59	26	11	11	4	35	25
4.	Cannes	58	26	12	6	6	37	28
5.	Fréjus	56	26	13	4	9	45	41
6.	Saint-Antoine	56	26	12	5	9	43	38
7.	1er Canton	53	26	9	9	8	39	31
8.	Ardiv	51	26	8	9	9	36	29
9.	La Fontonne	51	26	9	7	10	30	42
10.	Gardanne	51	26	10	5	11	29	42
11.	Port-de-Bouc	50	26	8	8	10	33	40
12.	Draguignan	44	26	6	6	14	34	44
13.	Sanary	41	26	6	3	17	28	47
14.	Pertuis	40	26	5	4	17	27	55

MIDI-PYRENEES

		Pts	J.	G.	N.	P.	p.	c.
1.	Luzenac	63	28	13	9	6	45	30
2.	Cazeres	62	28	9	16	3	37	26
3.	Revel	61	28	10	13	5	38	30
4.	Colomiers	60	28	10	12	6	37	25
5.	Villefranche	59	28	11	9	8	48	33
6.	Luchon	59	28	10	11	7	37	35
7.	Labège	58	28	11	8	9	40	26
8.	Cugnaux	58	28	9	12	7	27	23
9.	Carmaux	57	28	9	11	8	35	40
10.	Fenouillet	56	28	10	8	10	33	34
11.	Millau	54	28	9	8	11	36	30
12.	Toulouse AC	54	28	8	10	10	31	27
13.	Boulogne	49	28	5	11	12	19	42
	Decazeville	49	28	7	7	14	25	50
15.	Fronton	41	28	2	9	17	24	55

NORD

		Pts	J.	G.	N.	P.	p.	c.
1.	Arras	57	22	15	5	2	52	17
2.	Grande-Synthe	53	22	11	9	2	50	24
3.	Béthune	50	22	10	8	4	34	16
4.	Arques	48	22	10	6	6	36	23
5.	Aulnoye	47	22	9	7	6	34	22
6.	Dunkerque	45	22	8	7	7	39	24
7.	Wasquehal	44	22	8	6	8	30	31
8.	Lens	43	22	7	7	8	31	21
9.	Billy Berclau	41	22	7	5	10	30	36
10.	Hénin	39	22	4	9	9	18	29
11.	Le Portel	37	22	7	1	14	32	49
12.	Avesnes	24	22	0	2	20	10	104

NORD-EST

		Pts	J.	G.	N.	P.	p.	c.
1.	Saint-Dizier	66	26	15	10	1	36	10
2.	Stade Reims	64	26	15	8	3	37	16
3.	Charleville	63	26	16	5	5	48	24
4.	Epernay	61	26	17	1	8	75	30
5.	Chaumont	53	26	11	5	10	53	29
6.	Vitry	52	26	8	10	8	34	34
7.	Eclaron	51	26	8	9	9	40	38
8.	PTT Chalons	51	26	10	5	11	31	37
9.	Bourg-Fidèle	51	26	8	9	9	39	53
10.	Blagny	48	26	9	4	13	26	40
11.	Vrigne	45	26	7	5	14	22	41
12.	Sézanne	44	26	5	8	13	26	53
13.	US Romilly	41	26	5	5	16	25	56
14.	Brionne	38	26	4	4	18	29	58

BASSE-NORMANDIE

		Pts	J.	G.	N.	P.	p.	c.
1.	Caen	52	22	12	6	4	44	20
2.	Argentan	51	22	10	9	3	24	15
3.	Avranches	48	22	11	4	7	35	22
4.	Granville	48	22	9	8	5	26	20
5.	Surtainville	44	22	5	6	8	30	28
6.	Saint-Georges	43	22	5	11	6	22	25
7.	US Normande	43	22	8	5	9	22	30
8.	Saint-Lô	42	22	5	10	7	21	27
9.	Condé	42	22	6	8	8	21	28
10.	Périers	41	22	6	7	9	33	39
11.	Aiglon	40	22	5	8	9	26	30
12.	IFS	34	22	4	4	14	21	41

HAUTE-NORMANDIE

		Pts	J.	G.	N.	P.	p.	c.
1.	Evreux	65	26	14	11	1	48	25
2.	Oissel	62	26	13	10	3	45	24
3.	Levillain	59	26	13	7	6	59	31
4.	Pavilly	58	26	13	6	7	39	33
5.	Le Havre	56	26	11	8	7	47	36

		Pts	J.	G.	N.	P.	p.	c.
6.	Elbeuf	52	26	8	10	8	30	25
7.	Tourville	50	26	7	10	9	21	25
8.	Lillebonne	50	26	6	12	8	29	43
9.	Gaillon	49	26	6	11	9	35	41
10.	Le Vaudreuil	49	26	8	7	11	28	44
11.	Arques	47	26	7	7	12	31	36
12.	Bernay	45	26	4	11	11	27	42
13.	Montfort	43	26	4	9	13	23	26
14.	Le Houlme	43	26	5	7	14	27	48

OUEST

		Pts	J.	G.	N.	P.	p.	c.
1.	Pont-l'Abbé	61	26	16	3	7	57	30
2.	Saint-Malô	59	26	14	5	7	42	24
3.	St. Lamballais	57	26	12	7	7	56	38
4.	NOCPB Rennes	57	26	13	5	8	61	45
5.	Lanester	55	26	11	7	8	39	35
6.	Carhaix	54	26	10	8	8	40	36
7.	Cléder	53	26	10	7	9	43	47
8.	Coray	51	26	10	5	11	43	50
9.	Plumelec	51	26	9	7	10	33	42
10.	Plouhinec	49	26	7	9	10	43	38
11.	TA Rennes	49	26	9	5	12	28	35
12.	Quimperlé	45	26	6	7	13	29	41
13.	Locminé	42	26	7	2	14	25	51
14.	La Bouëxière	42	26	7	2	17	38	65

PARIS

		Pts	J.	G.	N.	P.	p.	c.
1.	Versailles	69	26	19	5	2	67	21
2.	Brévannes	58	26	12	8	6	37	27
3.	Garges	58	26	9	13	4	31	21
4.	Villemomble	57	26	12	7	7	35	25
5.	Vincennes	55	26	9	11	6	38	33
6.	CA Mantes	54	26	12	4	10	35	35
7.	AS Mantes	53	26	10	7	9	46	39
8.	Créteil	52	26	9	8	9	32	28
9.	RC Paris	52	26	7	12	7	30	30
10.	Viry	52	26	9	8	9	35	40
11.	Paris FC	47	26	8	5	13	27	37
12.	Sarcelles	47	26	8	5	13	25	40
13.	Juvisy	39	26	3	6	17	31	62
14.	Poissy	37	26	3	5	18	25	52

PICARDIE

		Pts	J.	G.	N.	P.	p.	c.
1.	Longpré	55	22	14	5	3	41	19
2.	Laon	52	22	13	4	5	40	16
3.	Beauvais	46	22	8	8	6	39	32
4.	Pont	46	22	8	8	6	32	27
5.	Tergnier	45	22	9	5	8	26	30
6.	Beaurevoir	43	22	9	3	10	29	27
7.	Noyon	43	22	6	9	7	24	28
8.	Prémontré	42	22	7	6	9	28	31
9.	Thourotte	40	22	7	4	11	27	41
10.	Chantilly	40	22	6	6	10	31	39
11.	Ribécourt	39	22	5	7	10	27	47
12.	Origny	37	22	5	5	12	26	33

RHÔNE-ALPES

		Pts	J.	G.	N.	P.	p.	c.
1.	Jojo Grenoble	65	26	16	7	3	51	24
2.	Feyzin	62	26	16	4	6	51	25
3.	L'Etrat Sportif	59	26	14	5	7	40	37
4.	Thonon	56	26	13	4	9	48	31
5.	Vals-les-Bains	56	26	9	12	5	41	31
6.	UGA Décines	54	26	8	12	6	38	33
7.	Montélimar	53	26	10	7	9	34	27
8.	Villefranche	52	26	9	8	9	38	40
9.	Norcap Gren.	50	26	8	8	10	35	37
10.	Chambéry	49	26	8	7	11	36	44
11.	St-Etienne	49	26	6	11	9	26	32
12.	Cruseilles	44	26	5	8	13	27	46
13.	Aubenas	43	26	5	7	14	23	49
14.	Corbelin	36	26	2	6	18	23	55

COUPE D'EUROPE DES CHAMPIONS
(PREMIÈRE COMPÉTITION EUROPÉENNE)

SEIZIÈMES DE FINALE (19 septembre et 3 octobre 1984)	Match Aller	Match Retour	Clubs qualifiés
Aberdeen (Ecosse) – Dynamo Berlin (RDA)	2-1	1-2**	Dynamo Berlin
BORDEAUX (France) – Athletic Bilbao (Espagne)	3-2	0-0	**Bordeaux**
Levski Spartak Sofia (Bulgarie) – Stuttgart (RFA)	1-1	2-2	Levski Sofia
Feyenoord (Pays-Bas) – Panathinaïkos (Grèce)	0-0	1-2	Panathinaïkos
Valerengen Oslo (Norvège) – Sparta Prague (Tchécoslovaquie)	3-3	0-2	Sparta Prague
Lech Poznan (Pologne) – Liverpool (Angleterre)	0-1	0-4	Liverpool
Dinamo Bucarest (Roumanie) – Omonia Nicosie (Chypre)	4-1	1-2	Dinamo Bucarest
Ilves Tampere (Finlande) – Juventus Turin (Italie)	0-4	1-2	Juventus
Austria Vienne (Autriche) – FC La Valette (Malte)	4-0	4-0	Austria Vienne
Etoile Rouge Belgrade (Yougoslavie) – Benfica (Portugal)	3-2	0-2	Benfica
Avenir Beggen (Luxembourg) – IFK Göteborg (Suède)	0-8	0-9	IFK Göteborg
Grasshoppers Zurich (Suisse) – Honved (Hongrie)	3-1	1-2	Grasshoppers
Trabzonspor (Turquie) – Dniepropetrovsk (URSS)	1-0	0-3	Dniepropetrovsk
IA Akranes (Islande) – Beveren (Belgique)	2-2	0-5	Beveren
Linfield (Irlande N.) – Shamrock Rovers (Eire)	0-0	1-1	Linfield
Labinoti Elbasan (Albanie) – Lyngby (Danemark)	0-3	0-3	Lyngby
HUITIÈMES DE FINALE (24 octobre et 7 novembre 1984)	Match Aller	Match Retour	Clubs qualifiés
BORDEAUX – Dinamo Bucarest	1-0	1-1*	**BORDEAUX**
Dynamo Berlin – Austria Vienne	3-3	1-2	Austria Vienne
Panathinaïkos – Linfield	2-1	3-3	Panathinaïkos
Sparta Prague – Lyngby	0-0	2-1	Sparta Prague
Liverpool – Benfica	3-1	0-1	Liverpool
IFK Göteborg – Beveren	1-0	1-2*	IFK Göteborg
Levski Spartak Sofia – Dniepropetrovsk	3-1	0-2	Dniepropetrovsk
Juventus – Grasshoppers Zurich	2-0	4-2	Juventus

* *après prolongation.*
** *aux penalties.*

QUARTS DE FINALE (Aller)
6 mars 1985

***BORDEAUX et DNIEPROPETROVSK : 1-1 (1-1).**
35 067 spect. Arb. : M. Keizer (Pays-Bas). Buts : Lacombe (10e) pour Bordeaux ; Luiti (43e) pour Dniepropetrovsk. Avertissement : Luiti à Dniepropetrovsk.
Bordeaux : Dropsy – Thouvenel, Specht, Battiston, Rohr – Tigana, Girard, Giresse, Chalana (puis Tusseau, 81e) – Lacombe, Müller.
Dniepropetrovsk : Krakovski – Batchkirov, Poutchkov, Vichniesky, Lyssenko – Luiti, Dilai, Kouznetsov, Bagmut – Protassov (puis Koulinitch, 85e), Taran.

***JUVENTUS TURIN b. SPARTA PRAGUE : 3-0 (1-0).**
45 000 spect. environ. Arb. : M. Prokop (RDA). Buts : Tardelli (35e), Rossi (64e), Briaschi (82e). Avertissements : Tardelli à la Juventus ; Beznoska au Sparta.
Juventus : Bodini – Favero, Brio, Scirea, Cabrini – Bonini, Tardelli, Platini, Boniek – Briaschi, Rossi.
Sparta Prague : Steskal – Hasek, Straka, Chovanec, Beznoska (puis Jarolim, 61e) – Calta, Pokluda (puis Denk, 55e), Berger, Blelik – Griga, Novak.

***AUSTRIA DE VIENNE et LIVERPOOL : 1-1 (1-0).**
20 000 spect. environ. Arb. : M. Dotschev (Bulgarie). Buts : Polster (23e) pour l'Austria ; Nicol (85e) pour Liverpool. Avertissements : Rush et McDonald à Liverpool.
Austria de Vienne : Koncillia – Dihanich, Türmer, Obermayer, Degeorgi – Mustedanagic, Prohaska, Baumeister – Polster, Nyilasi, Steinkogler.
Liverpool : Grobbelaar – Neal, Lawrenson, Hansen, Kennedy – Nicol, Wark, Whelan, McDonald – Walsh, Rush.

PANATHINAIKOS b. *GÖTEBORG : 1-0 (0-0).
40 000 spect. Arb. : M. McGuinlay (Ecosse). But ; Saravakos (50e sur pen.). Avertissements : Carlsson, Wernersson, Fredriksson à Göteborg ; Karoulias, Tarasis, Mavridis, Vonortas à Panathinaikos. Expulsions : Wernersson (90e) à Goeteborg ; Tarasis (88e) à Panathinaikos.
IFK Göteborg : Wernersson – Holmgren, Larsson, Kullberg, Fredriksson – Ekstroem (puis R. Nilsson, 71e), Carlsson, Pettersson, Holmgren – Gren, T. Nilsson.
Panathinaikos : Laftsis – Karoulias, Tarasis, Vonortas, Kyrastas – Gerothodoros, Antoniou, Zajec – Dimopoulos, Saravakos, Mavridis.

QUARTS DE FINALE (Retour)
20 mars 1985

***DNIEPROPETROVSK et BORDEAUX : 1-1 (1-0, 1-1). Bordeaux vainqueur 5 pen. à 3.**
45 000 spect. environ. Arb. : M. Trischler (RFA). Buts : Lyssenko (12e) pour Dniepr. ; Tusseau (75e) pour Bordeaux. Avertissements : Poutchkov et Tcherednick à Dniepr. ; Thouvenel à Bordeaux. Expulsion : Vichnievsky à Dniepr.
Dniepropetrovsk : Krakovski – Batchkirov, Poutchkov, Vichnievsky, Lyssenko – Bagmut (puis Kouznetsov, 72e), Tcherednik, Litovchenko, Luiti – Protassov, Taran.
Bordeaux : Dropsy – Thouvenel (puis Martinez, 82e), Specht, Battiston, Rohr – Tusseau, Tigana, Chalana, Giresse – Lacombe, Müller.

Bordeaux qualifié

***SPARTA PRAGUE b. JUVENTUS TURIN : 1-0 (0-0).**
33 500 spect. Arb. : M. Hackett (G.-B.). But : Berger (78e s.p.). Avertissement : Scirea à la Juve.
Sparta Prague : Stejskal – Bielik, Straka, Chovanec, Hasek – Calta, Berger, Jarolim – Denk (puis Pokluda, 46e), Griga, Novak.
Juventus : Bodini – Favero, Brio (puis Pioli, 46e), Scirea, Cabrini – Tardelli, Bonini, Boniek, Platini – Briaschi, Rossi (puis Caricola, 86e).

JUVENTUS qualifiée

***LIVERPOOL b. AUSTRIA VIENNE : 4-1 (2-0).**
32 761 spect. Arb. : M. Bergamo (Italie). Buts : Walsh (16e, 58e), Nicol (37e), Obermeyer (46e c.s.c.) pour Liverpool ; Prohaska (62e) pour l'Austria. Avertissements : Degeorgi, Baumeister à l'Austria ; Rush à Liverpool.
Liverpool : Grobbelaar – Neal, Lawrenson, Hansen, Kennedy – Nicol, Whelan, Wark, McDonald – Walsh, Rush.
Austria Vienne : Koncilia – Dihanich, Zore (puis Drazan, 52e), Ober-

mayer, Degeorgi – Baumeister, Prohaska, Daxbacher, Nyliasi – Polster, Steinkogler.

LIVERPOOL qualifié.

***PANATHINAIKOS et GOTEBORG : 2-2 (1-1).**
80 000 spect. environ. Arb. : M. Roth (RFA). Buts : Dimopoulos (44e), Saravakos (79e) pour Panathinaïkos ; T. Nillson (10e) et Holmgren (53e) pour Göteborg. Avertissement : Gerothodoros à Panathinaïkos ; Nillsson, Svensson à Göteborg. Expulsion : Carlsson à Göteborg.
Panathinaïkos : Laftsis – Livathinos, Karoulias, Kyrastas, Zajec – Vonostas, Antoniou, Gerothodoros – Saravakos, Mavridis, Dimopoulos (puis Domtas, 86e).
Göteborg : Tobiasson – Svensson, Larsson, Kullberg, Schiller – R. Nillsson, Tord, Holmgren, Carlsson, Petersson – T. Nillsson (puis Ekstroem, 81e), Gren.

PANATHINAIKOS qualifié

DEMI-FINALES (Aller)
10 avril 1985

***LIVERPOOL b. PANATHINAIKOS : 4-0 (1-0).**
39 488 spectateurs. Arbitre : M. Keizer (P.B.). Buts : Wark (36e), Rush (48e, 49e), Beglin (85e). Avertissement : Gerethorodos à Panathinaïkos.
Liverpool : Grobbelaar – Neal, Lawrenson, Hansen, Beglin – Whelan, Lee, Dalglish, McDonald – Rush, Wark. Entr. : Fagan.
Panathinaïkos : Laftsis – Gerothodoros, Kyrastas, Zajec, Karoulias – Domtas, Antoniou (puis Livathinos, 54e), Rocha, Mavridis – Saravakos, Dimopoulos (puis Kavouras, 81e). Entr. : Gmoch.

***JUVENTUS b. BORDEAUX : 3-0 (1-0).**
65 237 spectateurs. Arbitre : M. Galler (Suisse). Buts : Boniek (28e), Briaschi (67e), Platini (70e).
Juventus : Bodini – Favero, Caricola, Scirea, Cabrini – Bonini, Tardelli, Platini, Boniek – Rossi, Briaschi. Entr. : Trapattoni.
Bordeaux : Dropsy – Rohr, Specht, Battiston, Tusseau – Girard (puis Thouvenel, 31e), Tigana, Giresse, Chalana – Lacombe, Müller. Entr. : Jacquet.

DEMI-FINALES (Retour)
24 avril 1985

***LIVERPOOL b. PANATHINAIKOS : 1-0 (0-0).**
60 000 spect. Arb. : M. Prokop (RDA). But : Lawrenson (60e).
Panathinaïkos : Laftsis – Tarassis, Karoulias, Kyrastas, Zajec (puis Papavassiliou, 77e) – Mavridis, Saravakos, Antoniou, Rocha – Charalambidis (puis Karavidas, 69e), Dimoupoulos. Entr. : Gmoch.
Liverpool : Grobbelaar – Neal, Gillespie, Hansen, Beglin – Nicol, Wark, Lawrenson, Whelan – Walsh (puis Johnston, 69e), Dalglish. Entr. : Fagan.

LIVERPOOL qualifié.

***BORDEAUX b. JUVENTUS : 2-0 (1-0).**
42 000 spect. (record du stade). Arb. : M. Lamo Castillo (Esp.). Buts : Müller (25e), Battiston (80e). Avertissements : Girard (28e), Rohr (37e), Thouvenel (64e), Lacombe (83e) à Bordeaux ; Briaschi (31e), Bonini (36e), Favero (83e) à la Juve.
Bordeaux : Dropsy – Thouvenel, Specht, Battiston, Tusseau – Girard, Tigana, Giresse, Rohr (puis Chalana, 55e) – Lacombe, Müller. Entr. : Jacquet.
Juventus : Bodini – Favero, Caricola, Scirea, Cabrini – Bonini, Tardelli, Platini, Boniek – Briaschi (puis Pioli, 87e), Rossi (puis Prandelli, 64e). Entr. : Trapattoni.

JUVENTUS qualifiée.

FINALE
29 mai 1985 à Bruxelles

JUVENTUS b. LIVERPOOL : 1-0 (0-0).
58 000 spectateurs. Arbitre : M. Daina (Suisse). But : Platini (57e, sur pen.). Avertissement : Wark à Liverpool.
Liverpool : Grobbelaar – Neal, Lawrenson (puis Gillespie, 2e), Hansen, Beglin – Nicol, Dalglish, Wark, Whelan – Rush, Walsh (puis Johnston, 46e). Entr. : Fagan.
Juventus : Tacconi – Favero, Brio, Scirea, Cabrini – Tardelli, Bonini, Boniek, Platini – Rossi (puis Vignola, 89e), Briaschi (puis Prandelli, 85e). Entr. : Trapattoni.

JUVENTUS vainqueur.

MEILLEURS BUTEURS DE LA C1

7 buts : Platini (Juventus) et Nillson (Göteborg).
5 buts : Rossi (Juventus), Wark et Rush (Liverpool).
3 buts : Polster (Austria Vienne), Petersson, Carlsson et Fredriksson (Göteborg), Walsh (Liverpool), Thom (Dynamo Berlin), Litovchenko (Dniepropetrovsk), Saravakos (Panathinaïkos), Briaschi (Juventus).

COUPE DES VAINQUEURS DE COUPE
(DEUXIÈME COMPÉTITION EUROPÉENNE)

SEIZIÈMES DE FINALE (19 septembre et 3 octobre 1984)	**Match Aller**	**Match Retour**	**Clubs qualifiés**
METZ (France) – FC Barcelone (Espagne)	2-4	4-1	**Metz**
Bayern Munich (RFA) – Moss FK (Norvège)	4-1	2-1	Bayern
Wrexham (Galles) – FC Porto (Portugal)	1-0	3-4	Wrexham
Dynamo Moscou (URSS) – Hajduk Split (Youg.)	1-0	5-2	Dyn. Moscou
AS Rome (Italie) - Steaua Bucarest (Roum.)	1-0	0-0	AS Rome
KB Copenhague (Dan.) – Fortuna Sittard (P.-B.)	0-0	0-3	Sittard
Malmö FF (Suède) – Dynamo Dresde (RDA)	2-0	1-4	Dyn. Dresde
Wisla Cracovie (Pologne) – Vestmannaeyjar (Islande)	4-2	3-1	Wisla Cracovie
Trakia Plovdiv (Bulg.) – US Luxembourg (Lux.)	4-0	1-1	Trakia Plovdiv
Rapid Vienne (Autriche) – Besiktas (Turquie)	4-1	1-1	Rapid Vienne
Siofok Banyasz (Hongrie) – Larissa (Grèce)	1-1	0-2	Larissa
Ballymena (Irl. N.) – Hamrun Spartans (Malte)	0-1	1-2	Hamrun Sp.
University College Dublin (Eire) – Everton (Angleterre)	0-0	0-1	Everton
Inter Bratislava (Tch.) – Kuusysi Lahti (Finl.)	2-1	0-0	Int. Bratislava
Apoel Nicosie (Chypre) - Servette Genève (Suisse)	0-3	1-3	Servette
La Gantoise (Belgique) - Celtic Glasgow (Ecosse)	1-0	0-3	Celtic Glasgow
HUITIÈMES DE FINALE (24 octobre et 7 novembre 1984)	Match Aller	Match Retour	Clubs qualifiés
Dynamo Dresde - **METZ**	3-1	0-0	Dyn. Dresde
Inter Bratislava – Everton	0-1	0-3	Everton
Rapid Vienne – Celtic Glasgow	3-1	0-3*	Rapid Vienne
AS Rome – Wrexham	2-0	1-0	AS Rome
Fortuna Sittard – Wisla Cracovie	2-0	1-2	Sittard
Dynamo Moscou – Hamrun Spartans	5-0	1-0	Dyn. Moscou
Bayern Munich – Trakia Plovdiv	4-1	0-2	Bayern
Larissa – Servette Genève	2-1	1-0	Larissa

* *Le match retour fut rejoué le 12 décembre à Manchester.*

QUARTS DE FINALE (Aller)
6 mars 1985

***LARISSA et DYNAMO MOSCOU : 0-0**
20 000 spect. environ. Arb. : M. Nemeth (Hongrie). Avertissement : Ataulin au Dynamo Moscou.
Larissa : Plitsis – Parafestas, Galitsios, Mitsibonas, Patslavouras – Voutiritsas, Andreoudis, Kmiezcyk – Ziogas, Adamzcyk, Vaisoras.
Dynamo Moscou : Proudnikov – Silkin, Novikov, Fomitchev, Golovnja – Pudjisev, Borojuk (Molochov, 53e), Karataiev, Ataulin – Vasiliev (Stukarov, 77e), Gazaev.

***EVERTON b. FORTUNA SITTARD : 3-0 (0-0).**
28 000 spect. Arb. : M. Sostaric (Yougoslavie). Buts : Gray (48e, 74e et 76e).
Everton : Southall – Stevens, Ratcliffe, Mountfield, Van den Hauwe – Reid, Steven, Curran – Gray, Bracewell, Sheedy.
Fortuna Sittard : Van der Ven – Maessen, Kovermans, Schrijnemakers, Dekker – Suvrjin, Thijssen, Hoyer, Van Weil – Holverda, Evers.

***DYNAMO DRESDE b. RAPID DE VIENNE : 3-0 (0-0).**
36 000 spect. Arb. : M. Bridges (Galles). Buts : Trautmann (47e), Minge (57e), Kirsten (83e).
Dynamo Dresde : Jakubowski – Schuster, Trautmann, Dörner,

Döschner – Häfner, Pilz, Stübner – Kirsten, Minge (Losert, 82e), Gütschow (Lippmann, 65e).
Rapid Vienne : Feurer – Lainer, H. Weber, Garger, Brauneder – Gröss (Stadler, 60e), Brucic, Kranjcar, Willfurth – Krankl, Pacult.

***BAYERN MUNICH b. A.S. ROME : 2-0 (1-0).**
70 000 spect. environ. Arb. : M. Courtney (Angl.). Buts : Augenthaler (44e), Hoeness (77e). Avertissement : Ancelotti à Rome.
Bayern Munich : Pfaff - Dremmler, Eder, Augenthaler, Willmer – Nachtwelh, Mathy (Kögl, 74e), Matthäus, Lerby – D. Hoeness, Wohlfarth.
AS Rome : Tancredi – Oddi, Bonetti, Righetti, Nela – Ancelotti, Chierico, Giannini, Cerezo – Di Carlo (Iorio, 79e), Pruzzo.

QUARTS DE FINALE (Retour)
20 mars 1985

***DYNAMO MOSCOU b. LARISSA : 1-0 (0-0).**
16 200 spect. Arb. : M. Valentine (Ecosse). But : Fomitchev (61e). Avertissement : Golovnia au Dynamo Moscou.
Dynamo Moscou : Proudnikov – Silkin, Novikov, Fomitchev, Golovnja – Knabsalis, Ataulin, Vasiliev – Stoukachov (Poudychev, 58e), Karataiev (Borodiouk, 86e), Gazaev.
Larissa : Plitsis – Parafestas, Patsiavouras, Misibonas, Galitsios – Voutiritsas, Ziogas (Tsiolis, 40e, Rigas, 68e), Kmieczyk – Adamczyk, Andreoudis, Valaoras.
DYNAMO MOSCOU qualifié.

EVERTON b. *FORTUNA SITTARD : 2-0 (1-0).
20 000 spect. environ. Arb. : M. Wohrer (Autr.). Buts : Sharp (16e), Reid (75e).
Fortuna Sittard : Korver – Maessen, Boessen, Schrijnemakers, Dekker (Evens, 46e) – Suvrijn, Thijssen, Koevermans – Hoyer, Van Well, Philippen (Reijners, 75e).
Everton : Southall – Stevens, Ratcliffe (Atkins, 62e), Mountfield, Van den Hauwe – Reid, Stevens, Harper, Curran – Sharp (Wakenshaw, 76e), Richardson.
EVERTON qualifié.

***RAPID DE VIENNE b. DYNAMO DRESDE : 5-0 (3-0).**
15 000 spect. Arb. : M. Delmer (France). Buts : Pacult (4e, 37e), Lainer (17e), Panenka (70e s.p.), Krankl (78e). Avertissements : Weber à Vienne ; Döchner à Dresde.
Rapid Vienne : Feurer – Lainer, Weber, Garger, Brauneder – Panenka, Brucic, Willfurth – Kranjcar, Krankl, Pacult.
Dynamo Dresde : Jakubowski – Schuster, Dörner, Trautmann, Döschner – Häfner, Pilz (Losert, 82e), Stübner – Kirsten, Minge, Guetschow (Lippmann, 53e).
RAPID DE VIENNE qualifié.

BAYERN MUNICH b. AS ROME : 2-1 (1-0)
Arb. : M. Christov (Tch.). Buts : Nela (80e) pour Rome ; Matthaus (33e s.p.), Kögl (81e) pour le Bayern. Avertissement : Conti, Oddi à Rome.
AS ROME : Tancredi – Oddi, Ancelotti, Righetti, Benetti (Giannini, 86e) – Nela, Cerezo, Chierico – Conti, Pruzzo (Graziani, 46e), Iorio.
BAYERN MUNICH : Pfaff – Dremmler, Eder, Augenthaler, Willmer – Lerby, Matthaus, Pfügler, Nachtweih – Hoeness (Kögl, 60e), Mathy.
BAYERN MUNICH qualifié

DEMI-FINALES (Aller)
10 avril 1985

***BAYERN MUNICH et EVERTON : 0-0**
– 75 000 spectateurs. Arbitre : M. Bergamo.
BAYERN : Pfaff – Dremmler, Eder, Augenthaler, Willmer – Matthaus, Lerby, Pfügler – Rummenigge, Hoeness, Kögl.
EVERTON : Southall – Stevens, Ratcliffe, Mountfield, Van den Hauwe – Reid, Harper, Bracewell, Steven – Richardson, Sharp.

***RAPID VIENNE b. DYNAMO MOSCOU 3-1 (0-1).**
20 000 spectateurs. Arbitre M. Christov (Tch.). Buts : Lainer (67e), Krankl (70e), Hrstic (73e) pour le Rapid ; Karataiev (26e s. pen.) pour Moscou. Avertissements : Weinhoffer au Rapid ; Gassaiev et Silkin à Moscou.
RAPID : Konsel – Lainer, Pregesbauer (puis Hrstic, 46e), Garger, Weinhoffer – Panenka (puis Stadler, 85e), Willfurth, Brauneder – Kranjcar, Krankl, Pacult.
DYNAMO MOSCOU : Proudnikov – Silkin, Bulanov, Novikov, Bosnakov – Chapsalis (puis Brodjuk 76e), Ataulin, Vasiliev (puis Pudichev, 65e), Karataiev, Stoukachov, Gazaev.

DEMI-FINALES (Retour)
24 avril 1985

***EVERTON b. BAYERN MUNICH : 3-1 (0-1)**
49 476 spectateurs. Arbitre : M. Fredriksson (Suède). Buts : Sharp (48e), Gray (70e), Steven (83e) pour Everton ; Hoeness (37e) pour Bayern Munich. Avertissements : Gray (24e) à Everton ; Pfügler (24e) au Bayern Munich.
EVERTON : Southall – Stevens, Mountfield, Ratcliffe, Van Den Hauwe – Steven, Reid, Bracewell, Sheedy – Sharp, Gray.
BAYERN MUNICH : Pfaff – Dremmler, Eder (puis Rummenigge, 71e), Augenthaler, Willmer (puis Beierlorzer, 66e) – Matthaus, Lerby, Pfügler, Nachtweih, Hoeness, Kögl.
EVERTON qualifié.

***DYNAMO MOSCOU et RAPID VIENNE : 1-1 (1-1)**
50 000 spectateurs. Arbitre : M. Langenhove (Belg.). Buts : Pozdniakov (29e) pour Dynamo Moscou ; Panenka (4e) pour Rapid Vienne. Avertissements : Bulanov au Dynamo Moscou ; Brucic au Rapid Vienne.
DYNAMO MOSCOU : Proudnikov – Bulanov, Novikov, Golovnia, Khapsalis (puis Matiounine, 75e) – Ataulin, Pozdniakov, Karataiev, Molotsov (puis Pyudichev, 23e) – Vasiliev, Stoukachov.
RAPID VIENNE : Konsel – Lainer, Garger, Brauneder, Weber – Kienast, Kranjcar, Panenka, (puis Hrstic, 65e) – Krankl, Brucic, Pacult, (puis Willfurth, 60e).
RAPID DE VIENNE qualifié

FINALE
15 mai 1985 à Rotterdam

EVERTON b. RAPID DE VIENNE : 3-1 (0-0).
42 000 spect. environ. Arbritage de M. Casarin (It.). Buts pour Everton : Gray (57e), Steven (72e), Sheedy (86e) ; pour le Rapid : Krankl (85e). Avertissements : Weber (38e) pour le Rapid et Stevens (42e) pour Everton.
EVERTON : Southall – Stevens, Mountfield, Ratcliffe, Van Den Hauwe – Steven, Reid, Bracewell, Sheedy – Gray, Sharp. Entr. : Kendall.
RAPID : Konsel – Lainer, Weber, Brauneder, Garger – Kranjcar, Hrstic, Kienast, Weinhoffer (puis Panenka, 67e) – Krankl, Pacult (puis Gross, 60e). Entr. : Baric.
EVERTON vainqueur.

MEILLEURS BUTEURS DE LA C2

5 buts : Panenka (Rapid Vienne), Gazaev (Dynamo Moscou) et Gray (Everton).
4 buts : Sharp (Everton), Krankl (Rapid Vienne), Kurbos (Metz), Wohlfahrt (Bayern Munich).
3 buts : Iwan et Banaskiewicz (Wisla Cracovie), Xuereb (Hamrun Spartans), Hoyer (Fortuna Sittard), Lainer (Rapid Vienne).

COUPE DE L'U.E.F.A.
(TROISIÈME COMPÉTITION EUROPÉENNE)

TRENTE-DEUXIÈMES DE FINALE (19 septembre et 3 octobre 1984)	Match Aller	Match Retour	Clubs qualifiés
Sporting Lisbonne (Portugal) — **AUXERRE** (France)	2-0	2-2*	Sporting Lisbonne
PARIS-S.G. (France) — Heart of Midlothian (Ecosse)	4-0	2-2	**PARIS-S.G.**
MONACO (France) — CSKA Sofia (Bulgarie)	2-2	1-2	CSKA Sofia
Glentoran (Irl. N.) — Standard Liège (Belgique)	1-1	0-2	Standard
Braga (Portugal) — Tottenham (Angleterre)	0-3	0-6	Tottenham
F.C. Sion (Suisse) — Atletico Madrid (Espagne)	1-0	3-2	F.C. Sion
Vorwaerts Francfort (RDA) — P.S.V. Eindhoven (P.-B.)	2-0	0-3	P.S.V. Eindhoven
Red Boys Differdange (Lux.) — Ajax Amsterdam (P.-B.)	0-0	0-14	Ajax
Real Madrid (Espagne) — S.S.W. Innsbruck (Autriche)	5-0	0-2	Real Madrid
Videoton Szekesfehervar (Hon.) — Dukla Prague (Tch.)	1-0	0-0	Videoton
Manchester U. (Angleterre) — Raba Eto Györ (Hon.)	3-0	2-2	Manchester U.
Dukla Banska Bystrica (Tch.) — Mönchengladbach (RFA)	2-3	1-4	M'Gladbach
Valladolid (Espagne) — FC Rijeka (Yougoslavie)	1-0	1-4	FC Rijeka
Anderlecht (Belgique) — Werder Breme (RFA)	1-0	1-2	Anderlecht
AIK Stockholm (Suède) — Dundee U. (Ecosse)	1-0	0-3	Dundee U.
FC Reykjavik (Islande) — Q.P.R. (Angleterre)	0-3	0-4	Q.P.R.
Dynamo Minsk (URSS) — HJK Helsinki (Finlande)	4-0	6-0	Dyn. Minsk
F.C. Cologne (RFA) — Pogon Szczecin (Pologne)	2-1	1-0	F.C. Cologne
Nottingham F. (Angleterre) — F.C. Bruges (Belgique)	0-0	0-1	F.C. Bruges
Lokomotive Leipzig (RDA) — Lilleström (Norvège)	7-0	0-3	Lok. Leipzig
Odense B.K. (Danemark) — Spartak Moscou (URSS)	1-5	1-2	Spartak Moscou
Widzew Lodz (Pologne) — Aarhus G.F. (Danemark)	2-0	0-1	Widzew Lodz
Southampton (Angleterre) — Hambourg (RFA)	0-0	0-2	Hambourg
Bohemians Dublin (Eire) — Glasgow Rangers (Ecosse)	3-2	0-2	Glasgow R.
Oester Växjö (Suède) — Linz A.S.F. (Autriche)	0-1	0-1	Linz A.S.K.
Sportul Bucarest (Roum.) — Inter Milan (Italie)	1-0	0-2	Inter Milan
Bohemians Prague (Tch.) — Apollon Limassol (Chypre)	6-1	2-2	Boh. Prague
Olympiakos Pirée (Grèce) — Neuchâtel (Suisse)	1-0	2-2	Olympiakos
F.C. Sliven (Bulgarie) — Zeljeznicar Sarajevo (You.)	1-0	1-5	Zeljeznicar
Betis Seville (Espagne) — Université Craïova (Roum.)	1-0	0-1**	Un. Craïova
Fenerbahce (Turquie) — Fiorentina (Italie)	0-1	0-2	Fiorentina
Rabat Ajax (Malte) — Partizan Belgrade (You.)	0-2	0-2	Partizan
SEIZIÈMES DE FINALE (24 octobre et 7 novembre 1984)	Match Aller	Match Retour	Clubs qualifiés
PARIS-S.G. — Videoton Szekesfehervar	2-4	0-1	Videoton
Lokomotive Leipzig — Spartak Moscou	1-1	0-2	Sp. Moscou
Sporting Lisbonne — Dynamo Minsk	2-0	0-2**	Dyn. Minsk
Ajax Amsterdam — Bohemians Prague	1-0	0-1**	Boh. Prague
Mönchengladbach - Widzew Lodz	3-2	0-1	Widzew Lodz
Univerté Craïova — Olympiakos	1-0	1-0	Univ. Craïova
Hambourg — C.S.K.A. Sofia	4-0	2-1	Hambourg
F.C. Bruges — Tottenham	2-1	0-3	Tottenham
Q.P.R. — Partizan Belgrade	6-2	0-4	Partizan
Inter Milan — Glasgow Rangers	3-0	1-3	Inter Milan
Standard Liège — F.C. Cologne	0-2	1-2	F.C. Cologne
F.C. Rijeka — Real Madrid	3-1	0-3	Real Madrid
Linz A.S.K. — Dundee U.	1-2	1-5	Dundee U.
P.S.V. Eindhoven — Manchester U.	0-0	0-1*	Manchester U.
Zeljeznicar Sarajevo — F.C. Sion	2-1	1-1	Zeljeznicar
Fiorentina — Anderlecht	1-1	2-6	Anderlecht
HUITIÈMES DE FINALE (28 novembre et 12 décembre 1984)	Match Aller	Match Retour	Clubs Qualifiés
Anderlecht — Real Madrid	3-0	1-6	Real Madrid
Spartak Moscou — F.C. Cologne	1-0	0-2	F.C. Cologne
Université Craïova — Zeljeznicar Sarajevo	2-0	0-4	Zeljeznicar
Hambourg — Inter Milan	2-1	0-1	Inter Milan
Widzew Lodz — Dynamo Minsk	0-2	1-0	Dyn. Minsk
Tottenham — Bohemians Prague	2-0	1-1	Tottenham
Manchester U. — Dundee U.	2-2	3-2	Manchester U.
Videoton Szekesfehervar — Partizan Belgrade	5-0	0-2	Videoton

** après prolongation ** aux penalties*

QUARTS DE FINALE (Aller)
6 mars 1985

***INTER MILAN b. F.C. COLOGNE : 1-0 (0-0).**
81 000 spect. Arb. : M. Wurtz (France). But : Causio (56e). Avertissements : Bergomi à l'Inter ; Littbarski à Cologne.
Inter Milan : Zenga — Bergomi, Collovati, Ferri, Mandorlini (puis Pasinato) — Causio, Baresi, Sabato (puis Cucchi, 22e), Marini — Altobelli, Rummenigge.
F.C. Cologne : Schumacher — Prestin, Steiner, Geils (puis Gleichen, 63e), Hoenerbach — Hartwig, Lehnoff, Bein, Engels — Littbarski (puis Strack, 88e), Allofs.

REAL MADRID b. *TOTTENHAM : 1-0 (1-0).
Arb. : M. Casarin (Italie). But : Perryman (18e, c.s.c.).
Tottenham : Clemence — Stevens, Hazard, Miller, Hughton — Perryman, Chiedozie, Hoddle, Galvin — Falco, Crooks.
Real Madrid : Miguel Angel — Chendo, Camacho, Stielike, Sanchis — Salguero, Santos, Michel — Butragueno, Gallego, Valdano.

*** MANCHESTER UNITED b. VIDEOTON : 1-0 (0-0).**
Arb. : M. Castillo (Espagne). But : Stapleton (61e).
Manchester United : Bailey — Gidman, Duxbury, Hogg, Albiston — McGrath, Strachan, Whiteside — Hughes, Stapleton, Olsen.
Videoton : P. Disztl — Czuhay, Horvath, L. Disztl, Vegh — Burcsa, Majer, Csongrad — Szabo, Vadasz, Palkovics.

*** ZELJEZNICAR SARAJEVO b. DYNAMO MINSK : 2-0 (0-0).**
22 spect. Arb. : M. Daina (Suisse). Buts : Samardzijc (64e), Bazdarevic (87e). Avertissements : Baljic, Mihajovic à Zeljeznicar Sarajevo ; Chichkine, Aleinikov à Dynamo Minsk.
Zeljeznicar Sarajevo : Skrba — Berjan, Baljic, Adzovic, Capljic — Cilic, Bahtic, Skoro, Mihajovic — Bazdarevic, Djuric (puis Samardzijc, 50e).
Dynamo Minsk : Cektu — Borovski, Kurianine, Januchevski (puis Liudas), Truhan — Zigmantovich, Gotsmanov, Chichkine (puis Kiscin, 46e) — Aleinikov, Sokol, Kondratiev.

QUARTS DE FINALE (retour)
20 mars 1985

INTER DE MILAN b. *FC COLOGNE : 3-1 (1-0).
60 000 spect. Arb. : M. Ponnet (Belg.). Buts : Marini (13e), Rummenigge (75e, 85e) pour l'Inter ; Bein (65e) pour Cologne.
Cologne : Schumacher — Geils (puis Haas, 20e, puis Strack, 46e), Steiner, Hoenerbach, Prestin — Lehnoff, Hartwig, Bein, Engels — Littbarski, K. Allofs.
Inter de Milan : Zenga — Bergomi, Baresi, Collovati, Mandorlini — Ferri, Causio (puis Bini, 13e), Brady, Marini — Rummenigge, Altobelli.
INTER DE MILAN qualifié.

***REAL DE MADRID et TOTTENHAM : 0-0.**
95 000 spect. Arb. : M. Galler (Suisse). Avertissement : Michel (90e) au Real. Expulsion : Perryman (78e) à Tottenham.
Real Madrid : Miguel Angel — Chendo, Sanchis, Salguero, Camacho — Michel, Gallego, Angel — Pineda (puis San José, 89e), Butragueno (puis Lozano, 90e), Valdano.
Tottenham : Clemence — Thomas, Roberts, Miller, Hughton — Perry-

man, Hoddle, Hazard, Galvin — Falco, Crooks.
REAL MADRID qualifié.

***VIDEOTON b. MANCHESTER UNITED : 1-0 a.p. et 5 pen. à 4 (1-0, 1-0).**
25 000 spect. environ. Arb. : M. Fredriksson (Sède). But : Gidman (20e c.s.c.).
Videoton : P. Disztl — Borsanyi, L. Disztl, Horvath, Vegh — Burcsa, Vaszil, Witmann — Palkovics, Szabo, Badasz.
Manchester United : Bailey — Gidman, Hogg, Duxbury, Albiston — McGrath, Robson (puis Olsen, 76e), Strachan — Hughes, Stapleton, Whiteside.
VIDEOTON qualifié.

***DYNAMO MINSK et ZELJEZNICAR SARAJEVO : 1-1 (1-1).**
31 500 spect. Arb. : M. Tokat (Turquie). Buts : Kisten (14e) pour Minsk ; Batic (22e) pour Zeljeznicar. Avertissements : Kournenine, Aleinikov, Januchevski à Minsk ; Berjan à Zeljeznicar.
Dynamo Minsk : Jektu — Borovski, Kourmenine, Januchevski, Truhan — Zigmantovitch, Gotsmanov, Kisten, Aleinikov — Sokol, Kondratiev.
Zeljeznicar Sarajevo : Skrba — Berjan, Komjic, Sabanadjevic, Capljic — Citic, Bahtic, Skoro, Mihajlovic — Bazdarevic, Samardjilc.
ZELJEZNICAR SARAJEVO qualifié.

DEMI-FINALES (Aller)
10 avril 1985

***INTER MILAN b. REAL MADRID : 2-0 (1-0).**
80 000 spectateurs. Arbitre : M. Wohrer. Buts : Brady (25e sur pen.), Altobelli (57e). Avertissements : Marini à l'Inter ; Sanchis et Isidro au Real.
Inter : Zenga — Bergomi, Mandorlini, Cucchi, Baresi — Pasinato (puis Causio, 84e), Marini, Sabato, Brady — Altobelli, Rummenigge.
Real : Miguel Angel — Chendo (puis San José, 62e), Salguero, Sanchis, Camacho — Isidro, Martin Vasquez (puis Juanito, 69e), Lozano, Gallego — Butragueno, Valdano.

***VIDEOTON b. ZELJEZNICAR SARAJEVO : 3-1 (2-1).**
30 000 spect. Arb. : M. Igna (Roumanie). Buts : Burcsa (7e), L. Disztl (18e), Vadasz (83e) pour Videoton ; Skoro (20e) pour Zeljeznicar Sarajevo.
Videoton : P. Disztl — Vegh, L. Disztl, Csuhay, Horvath — Burcsa, Witman, Vadasz — Palkovics (puis Vaszil, 68e), Szabo, Gyentl (puis Borsanyli, 64e).
Zeljeznicar Sarajevo : Skrba — Komsic, Capljic, Sabanadjevic, Csilic — Skoro, Bazdarevic, Baljic — ahtic, Mihajlovic, Samardzijc.

DEMI-FINALES (retour)
24 avril 1985

***REAL MADRID b. INTER MILAN : 3-0 (2-0).**
100 000 spect. Arb. : M. Valentine (Ecosse). Buts : Santillana (12e et 42e), Michel (59e). Avertissements : Gallego (44e), Fraile (61e) au Real ; Mandorlini (11e), Sabato (47e), Pasinato (73e) à l'Inter.
Real de Madrid : Miguel Angel — Chendo, Salguero (puis Fraile, 26e, puis Juanito, 76e), Stielike, Camacho — Gallego, San José, Michel — Pineda, Santillana, Valdano.
Inter de Milan : Zenga — Bergomi (puis Pasinato, 36e, puis Causio, 80e), Bini, Collovatti, Mandorlini — Baresi, Cucchi, Sabato, Brady — Rummenigge, Altobelli.
REAL MADRID qualifié.

***ZELJEZNICAR SARAJEVO b. VIDEOTON 2-1 (1-0).**
27 000 spect. Arb. : M. Pauly (RFA). Buts : Bahtic (5e), Curic (73e) pour Zeljeznicar Sarajevo ; Csuhay (87e) pour Videoton.
Zeljeznicar Sarajevo : Skrba — Berjan, Baljic, Sabanadjevic, Caplic — Komsic, Bahtic, Skoro — Curic (puis Kilic, 73e), Bazdarevic, Samardzijc.
Videoton : P. Disztl — Csuhay, Horvath (puis Novak, 65e), L. Disztl, Vegh — Burcsa, Borsanyi, Witman — Szabo, Vadasz, Palkovics.
VIDEOTON qualifié.

FINALE (Aller)
8 mai 1985
à Szekesfehervar

REAL MADRID b. *VIDEOTON : 3-0 (1-0).
32 000 spect. Arb. : M. Vautrot (France). Buts : Michel (31e), Santillana (76e), Valdano (89e)..
Videoton : P. Disztl —Csuhay, L. Disztl, Vegh, Horvath — Burcsa, Witman, Vadasz (puis Gyentl, 62e) — Borzanyi, Palkovics, Novak. Entr. : Kovacs.
Real Madrid : Miguel Angel — San José, Sanchis, Stielike, Camacho —Chendo, Gallego, Michel — Butragueno (puis Juanito, 79e), Santillana (puis Salguero, 81e), Valdano. Entr. : Molowny.

FINALE (retour)
22 mai 1985 à Madrid

VIDEOTON b. *REAL DE MADRID : 1-0 (0-0).
90 000 spect. Arb. : M. Ponnet. But : Majer (86e).
Real Madrid : Miguel Angel — Chendo, Sanchis, Stielike, Camacho — San José, Michel, Gallego — Butragueno, Santillana (puis Juanito, 57e), Valdano. Entr. : Molowny.
Videoton : P. Disztl — Csuhay, L. Disztl, Vegh, Horvath — Burcsa, Csongrad (puis Witman, 57e), Vadasz — Majer, Szabo, Novak (puis Palkovics, 51e). Entr. : Kovacs.
REAL MADRID vainqueur.

MEILLEURS BUTEURS DE LA C3

7 buts : Bahtic (Zeljeznicar), Bannister (QPR).
6 buts : Szabo (Videoton).
5 buts : Van Basten (Ajax), Rummenigge (Inter Milan), Santillana (Real Madrid).
4 buts : Bein (FC Cologne), Falco (Tottenham), Krondatiev (Dynamo Minsk), Fegic (Rijeka), Rahn (Mönchengladbach), Cina (Sion), Michel et Valdano (Real de Madrid).

LES FRANÇAIS EN COUPE D'EUROPE

C1 GIRONDINS DE BORDEAUX

Seizièmes de finale (Aller)
19 septembre 1984

***BORDEAUX b. ATHLETIC BILBAO : 3-2 (1-1).** — 23 989 spect. Arb. : M. Casarin (It.). Buts : Müller (28e), Battiston (61e), Lacombe (79e) pour Bordeaux ; Endika (30e), J. Salinas (70e) pour Bilbao. Avertissement : Sarrabia (80e).
Bordeaux : Dropsy — Thouvenel, Specht, Battiston, Rohr (puis Lassagne, 87e) — Girard, Martinez, Tusseau, Giresse — Lacombe, Müller. Entr. : Jacquet.
Bilbao : Zubizarreta — Urquiaga, Goïcoetchea, Liceranzu, Nunez — De Andres, Gallego, Urtubi, Endika — Norlega (puis Sarrabia, 63e), J. Salinas (puis Dani, 78e). Entr. : Clemente.

Seizièmes de finale (Retour)
3 octobre 1984

***ATHLETIC BILBAO et BORDEAUX : 0-0.** — 50 000 spect. environ. Arb. : M. Ponnet (Belg.).
Bilbao : Zubizarreta — Urquiaga (puis Arrien, 75e), Liceranzu, Goïcoetchea, Nunez — De Andres, Gallego, Urtubi, Dani — Nortega, Argote (puis Sarrabia, 20e). Entr. Clemente.
Bordeaux : Dropsy — Thouvenel, Specht, Battiston, Lassagne — Girard, Tusseau, Giresse, Rohr — Müller (puis Martinez, 77e), Lacombe. Entr. : Jacquet.

Huitièmes de finale (Aller)
24 octobre 1984

***BORDEAUX b. DINAMO BUCAREST : 1-0 (1-0).** — 28 665 spect. Arb. : M. Woehrer (Autr.). But : Müller (35e). Avertissements : Tulba (30e) et Movila (55e) pour Bucarest.
Bordeaux : Dropsy — Thouvenel, Specht, Battiston, Rohr — Tigana, Girard, Martinez, Giresse — Lacombe, Müller. Entr. : Jacquet.
Dinamo Bucarest : Moraru — Rednic, Nicolae, Marin, Stanescu — Dragnea, Suciu (puis Talmer, 83e), Movila, Andone — Tulba (puis Augustin, 83e), Orac. Entr. : Dinu.

Huitièmes de finale (Retour)
7 novembre 1984

***DINAMO BUCAREST et BORDEAUX : 1-1 (1-0).** — 70 000 spect. Arb. : M. McGinlay (Ecosse). Buts : Dragnea (9e) pour Bucarest ; Lacombe (111e) pour Bordeaux. Avertissements : Suciu (12e), Marin (36e), Orac (58e, expulsé à la 115e) pour Bucarest ; Lacombe (56e) pour Bordeaux.
Dinamo Bucarest : Moraru — Rednic, Nicolae, Marin, Stanescu — Dragnea, Suciu (puis Movila, 103e), Andone — Talnar, Augustin (puis Tulba, 87e), Orac. Entr. : Dinu.
Bordeaux : Dropsy — Rohr, Battiston, Specht, Tusseau — Tigana, Girard, Martinez, Giresse (puis Audrain, 75e) — Lacombe, Müller. Entr. : Jacquet.

La suite du parcours de Bordeaux figure au palmarès général de la Coupe des Champions.

C2 F.C. METZ

Seizièmes de finale (Aller)
19 septembre 1984

F.C. BARCELONE b. *METZ : 4-2 (1-1). — 22 000 spectateurs. Arb. : M. Keizer (P.-B.). Buts : Sonor (12e c.s.c.), Schuster (47e), Calderer (53e), Carrasco (64e) pour Barcelone ; Kurbos (44e), Rohr (85e s. pen.) pour Metz.
Metz : Ettore — Sonor, Colombo (puis Lowitz, 82e), Zappia, Barraja — Bracigliano, Rohr, Bernad, Kurbos —

Bocandé, Hinschberger (puis Deza, 77e). Entr. : Husson.
Barcelone : Urruti — Sanchez, Alexanco, Moratella, Julio Alberto — Victor, Calderer, Schuster, Rojo — Archibald, Carrasco. Entr. : Venables.

Seizièmes de finale (Retour)
3 octobre 1984

METZ b. *F.C. BARCELONE : 4-1 (2-1). — 24 000 spectateurs. Arbitrage de M. Bridges. Buts : Kurbos (38e, 55e et 85e), Sanchez (c.s.c., 39e) pour Metz ; Carrasco (33e) pour Barcelone.
Barcelone : Amador — Sanchez, Migueli, Alexanco, Julio Alberto — Victor, Schuster, Calderer (puis Clos, 72e), Rojo (puis Esteban, 63e) — Archibald, Carrasco. Entr. : Venables.
Metz : Ettore — Sonor (puis Colombo, 52e), Barraja (puis Pauk, 60e), Zappia, Lowitz — Bracigliano, Rohr, Bernad, Hinschberger — Kurbos, Bocande. Entr. : Husson.

Huitièmes de finale (Aller)
24 octobre 1984

***DYNAMO DRESDE b. METZ : 3-1 (2-1).** — 36 000 spect. Arb. : M. Midgley (Angleterre). Buts : Trautmann (8e c.s.c.), pour Metz ; Häfner (24e s. pen.), Stübner (36e), Gustschow (51e) pour Dresde. Avertissements : Döschner (33e), Stübner (77e) à Dresde ; Sonor (24e), Zappia (79e) à Metz.
Dynamo Dresde : Jakubowski — Schuster, Trautmann, Dörner, Döschner — Häfner, Kirsten (puis Schulbe, 73e), Stübner — Gutschow, Minge, Lippmann. Entr. : Sammer.
Metz : Ettore — Sonor, Barraja, Zappia, Lowitz — Bracigliano, Rohr, Pauk, Bernad — Kurbos (puis Micciche, 89e), Hinschberger (puis Morgante, 69e). Entr. : Husson.

Huitièmes de finale (Retour)
7 novembre 1984

***METZ et DYNAMO DRESDE : 0-0.** — 19 926 spect. Arb. : M. Petrovic (Youg.). Avertissement à Schuster (25e).
Metz : Ettore — Sonor, Barraja, Zappia, Lowitz (puis Pauk, 72e) — Bracigliano, Rohr, Bernad — Hinschberger (puis Deza, 59e), Bocande, Micciche. Entr. : Husson.
Dynamo Dresde : Jakubowski — Trautmann, Schuster, Döschner, Dörner — Häfner (puis Schmuck, 32e), Kirsten (puis Butner, 67e), Stübner — Gutschow, Minge, Lippmann. Entr. : Sammer.

C3
A.J. AUXERRE

Trente-deuxièmes de finale (Aller)
19 septembre 1984

***SPORTING LISBONNE b. AUXERRE : 2-0 (0-0).** — 50 000 spect. Arb. : M. Losert (Autr.). Buts : Manuel Fernandes (54e), Pacheco (81e).
Sporting Lisbonne : Damas — Carlos Xavier, Oceano, Venancio, Mario Jorge — Virgilio, Sousa (puis Litos, 70e), Pacheco — Lito, Manuel Fernandes, Jordao (puis Eldon, 68e). Entr. : Toshack.
Auxerre : Bats — Charles, Boli, Janas, Barret — Cuperly, Fiard, Ferreri — Danio, Szarmach, Garande. Entr. : Roux.

Trente-deuxièmes de finale (Retour)
3 octobre 1984

***AUXERRE et SPORTING LISBONNE : 2-2 ap. prol. (1-0, 2-0, 2-2).** — Arbitrage de M. Valentine (Ecosse). Buts : Szarmach (16e et 84e), pour Auxerre : Oceano (93e) et Litos (119e), pour Lisbonne. Avertissements : Xavier (67e) et Mario Jorge (104e) au Sporting.
Auxerre : Bats — Charles, Boli, Janas, Barret — Cuperly (puis Ferrer, 66e), Fiard (puis Géraldès, 100e), Ferreri — Garande, Szarmach, Danio. Entr. : Roux.
Sporting Lisbonne : Damas — Xavier, Venancio, Oceano, Mario Jorge — Virgilio, Jaime Pacheco, Romeu (puis Gabriel, 81e) — Lito (puis Litos, 66e), Manuel Fernandes, Eldon. Entr. : Toshack.

A.S. MONACO

Trente-deuxièmes de finale (Aller)
19 septembre 1984

***MONACO et CSKA SOFIA : 2-2 (2-2).** — 7 764 spect. Arb. : M. Aldren (Esp.). Buts : Genghini (9e, 19e), pour Monaco ; Slavkov (14e), Markov (15e) pour Sofia. Avertissements : N. Mladenov (16e), Slavkov (29e), Bezinski (37e) et I. Dimitrov (74e) au CSKA ; Bellone (43e) à Monaco.
Monaco : Stambouli — Puel, Le Roux, Simon, Amoros — Stojkovic (puis Lopez, 60e), Benoît, Genghini — Bravo, Anziani, Bellone. Entr. : Muller.
CSKA : Velinov — N. Mladenov, Bezinski, Zdravkov, Chervenkov — G. Dimitrov, Markov, Tintchev (puis Tomanov, 71e) — Taner, Slavkov (puis I. Dimitrov, 73e), S. Mladenov. Entr. : Manolov.

Trente-deuxièmes de finale (Retour)
3 octobre 1984

CSKA SOFIA b. MONACO : 2-1 (2-0). — 30 000 spect. Arb. : M. Tokat (Turquie). Buts : S. Mladenov (7e), Slavkov (13e sur pen.), pour Sofia ; Tibeuf (75e), pour Monaco. Avertissements : Bellone (40e) et Simon (72e). Expulsion de Benoît (49e).
CSKA Sofia : Velinov — N. Mladenov, G. Dimitrov, Zdravkov, Tintchev — Bezinski, Tanev, Yantchev, Markov (puis Kerimov, 82e) — Slavkov, S. Mladenov (puis I. Dimitrov, 86e). Entr. : Manolov.
Monaco : Stambouli — Puel, Stojkovic, Simon, Amoros — Benoît, Lopez, Bravo, Genghini — Anziani (puis Platto, 83e), Bellone (puis Tibeuf, 46e). Entr. : Muller.

PARIS-ST-GERMAIN F.C.

Trente-deuxièmes de finale (Aller)
19 septembre 1984)

***PARIS-S.G. b HEART OF MIDLOTHIAN : 4-0 (2-0).** — 21 639 spect. Arb. : M. Sostaric (Youg.). Buts : Susic (21e, 59e), Rocheteau (36e), Niederbacher (64e)'.
Paris-S.G. : Baratelli — Lemoult, Janvion, Bathenay, Jeannol (puis Bacconnier, 71e) — Couriol, Fernandez, Susic — Toko, Rocheteau (puis Lanthier, 76e), Niederbacher. Entr. : Peyroche.
Heart : Smith — Bowman, Whittaker, Jardine, Levine — Kidd, McKay, McDonald, Black — Robertson, Bone. Entr. : McDonald.

Trente-deuxièmes de finale (Retour)
3 octobre 1984

***HEART OF MIDLOTHIAN et PARIS-S.G. : 2-2 (1-2).** — 10 023 spect. Arb. : M. Ericsson (Suède). Buts : Niederbacher (10e) et Jeannol (44e), pour le P.-S.G. Robertson (28e et 86e), pour Heart.
Heart : Smith — Cowle, Whittaker, Levine, Kidd — Bowman, Black, Bone (puis O'Connor, 72e) — Park (puis McDonald. 72e), Robertson, Johnson. Entr. : Mc Donald.
Paris-S.G. : Baratelli — Bacconnier, Janvion, Bathenay, Jeannol (puis Tinmar, 78e) — Couriol, Lemoult, Susic — Niederbacher, Rocheteau (puis Lanthier, 72e), Toko. Entr. : Peyroche.

Seizièmes de finale (Aller)
24 octobre 1984

VIDEOTON b. *PARIS-S.G. : 4-2 (2-0). — 20 000 spect. env. Arb. : M. Robinson (Angleterre). Buts : Szabo (2e, 27e), Csongradi(53e, 71e) pour Videoton ; Rocheteau (75e, 82e) pour Paris-S.G. Avertissements à : Csuhay (15e), Szabo (27e) à Videoton.
Paris-S.G. : Baratelli — Lemoult, Janvion (puis Lanthier, 46e), Bathenay, Jeannol — Couriol, Fernandez, Susic — Niederbacher, Rocheteau. Toko. Entr. : Peyroche.
Videoton : Disztl — Palkovics (puis Witman, 77e), Csuhay, Novak, Horvath — Vegh, Burcsa, Csongradi — Majer (puis Borsanyi, 70e), Szabo, Vadasz. Entr. : Kovacs.

Seizièmes de finale (Retour)
7 novembre 1984

***VIDEOTON - PARIS-S.G. : 2-0 (2-0).** — Match interrompu en raison du brouillard à la 67e minute. 25 000 spect. env. Arb. : M. Schmidhuber (RFA). Buts : Burcsa (35e), Szabo (37e, sur pen.). Avertissement : Janvion (20e).
Videoton : Disztl — Palkovics, Csuhay, Novak, Horvath — Burcsa, Vegh, Csongradi — Majer, Szabo, Vadasz. Entr. : Kovacs.
Paris-S.G. : Moutier — Janvion (puis Bacconnier, 54e), Havet, Jeannol, Lemoult — Couriol (puis Charbonnier, 63e), Fernandez, Lanthier — Njo-Léa, Niederbacher, Susic. Entr. : Peyroche.

8 novembre 1984

***VIDEOTON b. PARIS-S.G. : 1-0 (0-0).** — 18 000 spect. env. Arb. : M. Huber (RFA). But : Majer (54e). Avertissements : Havet (43e), Fernandez (55e).
Videoton : Disztl — Palkovics (puis Borsanyi, 57e), Csuhay, Novak, Horvath — Burcsa, Vegh, Csongradi — Majer, Szabo, Witman, (puis Gömöri, 54e). Entr. : Kovacs.
Paris-S.G. : Moutier — Tinmar, Havet, Jeannol, Lemoult — Fernandez (puis Charbonnier, 84e), Cardinet, Lanthier — Susic, Niederbacher, Bathenay. Entr. : Peyroche.

CHAMPIONNATS NATIONAUX A L'ETRANGER

ALBANIE

	Pts	J.	G.	N.	P.	p.	c.
1. 17 Nent. Tirana	39	26	15	9	2	45	22
2. Dinamo Tirana	33	26	13	7	6	42	22
3. Vllaznia Shkodra	29	26	13	3	10	33	23
4. Partizan Tirana	29	26	12	5	9	26	19
5. Flamurtari Vlore	27	26	8	11	7	22	20
6. Tomori	27	26	9	9	8	20	23
7. Luf. Gjirokaster	26	26	8	10	8	24	24
8. Traktori	24	26	7	10	9	15	28
9. Beselidhoja	24	26	8	8	10	18	32
10. Lok. Dürrës	23	26	7	9	10	25	26
11. Labinoti Elbasan	23	26	7	9	10	28	32
12. Naftetari	23	26	6	11	9	23	29
13. Besa Kavaja	22	26	7	8	11	28	32
14. Skenderbeu	15	26	3	9	14	15	32

Buteurs :
1. Minga (17 Nentori Tirana) et Fakja (Vllaznia Shkodra) 13 buts.
3. Kola (17 Nentori Tirana) 10 buts.

ANGLETERRE

	Pts	J.	G.	N.	P.	p.	c.
1. Everton	90	42	28	6	8	86	43
2. Liverpool	77	42	22	11	9	63	35
3. Tottenham	77	42	23	8	11	73	51
4. Manchester Utd.	76	42	22	10	10	77	47
5. Southampton	68	42	19	11	12	56	47
6. Chelsea	66	42	18	12	12	63	48
7. Arsenal	66	42	10	9	14	61	49
8. Sheffield Wed.	65	42	17	14	11	53	45
9. Nottingham F.	64	42	19	7	16	56	43
10. Aston Villa	58	42	15	11	16	60	60
11. Watford	55	42	14	13	15	81	71
12. West Bromwich	55	42	16	7	19	58	62
13. Luton	53	42	15	9	18	57	61
14. Newcastle	52	42	13	13	16	55	70
15. Leicester	51	42	15	8	21	65	73
16. West Ham	51	42	13	12	17	51	68
17. Ipswich	50	42	13	11	18	48	57
18. Coventry	50	42	15	5	22	47	64
19. Q.P.R.	50	42	13	11	18	53	72
20. Norwich	49	42	13	10	19	48	64
21. Sunderland	40	42	10	10	22	40	62
22. Stoke	17	42	3	8	31	24	91

Montent en division I :
Oxford, Bimingham, Manchester City.
Buteurs :
1. Dixon (Chelsea) et Lineker (Leicester) 24 buts.
3. Falcao (Tottenham) 22 buts.
Finale de la Coupe :
Manchester United b. Everton 1-0.
Finale de la Coupe de la League :
Norwich b. Sunderland 1-0.

AUTRICHE

	Pts	J.	G.	N.	P.	p.	c.
1. Austria Vienne	54	30	25	4	1	85	17
2. Rapid Vienne	45	30	18	9	3	85	30
3. Linz ASK	38	30	17	4	9	49	37
4. Innsbruck	32	30	12	8	10	51	44
5. Admira Vienne	32	30	11	10	9	39	38
6. Sturm Graz	32	30	13	6	11	51	52
7. Klagenfurt	31	30	10	11	9	39	38
8. Eisenstadt	28	30	9	10	11	29	31
9. Voest Linz	28	30	10	8	12	39	43
10. Graz AK	28	30	8	12	10	31	35
11. Donawitz	27	30	11	5	14	38	47
12. Wiener SK	25	30	10	5	15	40	55
13. SV Spittal	24	30	9	6	15	28	55
14. Fav AC	21	30	7	7	16	26	62
15. Salzbourg	18	30	7	4	19	35	69
16. Vienna	17	30	4	9	17	33	51

Aucun club ne monte en division I, celle-ci étant réduite à douze clubs.
Buteurs :
1. Polster (Austria), Nyilasi (Austria) et Kranjcar (Rapid) 17 buts.
Finale de la Coupe :
Rapid Vienne b. Austria Vienne 3-3 (6 pen à 5).

BELGIQUE

	Pts	J.	G.	N.	P.	p.	c.
1. Anderlecht	59	34	26	7	1	100	25
2. FC Bruges	48	34	19	10	5	80	48
3. FC Liège	48	34	17	12	5	64	38
4. Waregem	45	34	19	7	8	64	39
5. Beveren	41	34	17	7	10	67	32
6. La Gantoise	40	34	14	12	8	62	38
7. Antwerp	39	34	13	13	8	44	48
8. Standard Liège	33	34	10	13	11	42	43
9. Waterschei	32	34	9	14	11	29	37
10. Lokeren	30	34	10	10	14	55	59
11. Cercle Bruges	29	34	10	9	15	33	51
12. FC Malines	28	34	9	10	15	37	54
13. Courtrai	27	34	8	11	15	41	64
14. Seraing	26	34	9	8	17	42	64
15. Lierse	25	34	7	11	16	26	53
16. Beerschot	24	34	7	10	17	33	60
17. Saint Nicolas	21	34	6	9	19	42	73
18. Racing Jet	19	34	5	9	20	38	76

Montent en division I :
RWD Molenbeek, Charleroi.
Buteurs :
1. Martens (La Gantoise) 22 buts.
2. Czernyatynski (Anderlecht) et De Grijs (FC Bruges) 21.
Finale de la Coupe :
Cercle Bruges b. Beveren 1-1 (5 pen à 4).

BULGARIE

	Pts	J.	G.	N.	P.	p.	c.
1. Trakia Plovdiv	33	30	15	5	10	68	32
2. Lokomotive Sofia	33	30	13	8	9	45	41
3. Pirin Blagoevgrad	31	30	12	7	11	42	43
4. Botev Vratza	29	30	13	3	14	48	41
5. Slavia Sofia	29	30	14	2	14	49	48
6. Etar Tirnovo	28	30	14	1	15	49	50
7. Spartak Pleven	27	30	11	7	12	47	52
8. Tchernomore Varna	26	30	11	7	12	41	45
9. Sliven	26	30	11	5	14	41	45
10. Beroe Stara Zagora	26	30	11	5	14	41	51
11. Dounav Russe	26	30	10	7	13	39	51
12. JSK Spartak Varna	26	30	11	4	15	35	49
13. Mineur	25	30	11	5	14	32	65
14. Tchernom. Burgas	21	30	8	5	17	35	57

N.B. Les matchs nuls 0-0 ne rapportent aucun point.
Le CSKA Sofia et le Levski Spartak, ayant été dissous après la 29e journée, ne sont pas classés.
Montent en division I :
Akademik Svichtov et Lokomotive Plovdiv.
Finale de la Coupe :
titre non attribué.

DANEMARK

	Pts	J.	G.	N.	P.	p.	c.
1. Vejle B.K.	41	30	17	7	8	60	36
2. Aarhus	40	30	15	10	5	50	30
3. Lyngby	38	30	18	2	10	55	34
4. Bröndby Cop.	36	30	14	8	8	49	35
5. Brönshöj	34	30	11	12	7	40	34
6. Köge B.K.	30	30	12	6	12	39	36
7. Ikast	29	30	13	3	14	44	45
8. Herflöge	29	30	10	9	11	37	41
9. Odense B.K.	28	30	10	8	12	47	40
10. Naestved	27	30	9	9	12	46	51
11. Hvidovre	27	30	7	13	10	28	37
12. Frem Copenh.	27	30	10	7	13	44	56
13. Esbjerg	26	30	11	4	15	46	55
14. Fremad Herning	26	30	9	8	13	30	50
15. K.B. Copenh.	25	30	10	5	15	36	46
16. B. 1909 Odense	17	30	6	5	19	20	55

Montent en division I :
B.1903 Copenhague, B. 1893 Copenhague et Kastrup.
Buteurs :
1. Tychosen (Vejle) 24 buts.
2. Munk-Nielsen (Odense B.K.) 21.
3. Nielsen (Lyngby) 19.
Finale de la Coupe :
Lyngby b. Esbjerg : 3-2.

ECOSSE

	Pts	J.	G.	N.	P.	p.	c.
1. Aberdeen	59	36	27	5	4	89	28
2. Celtic Glasgow	52	36	22	8	6	77	30
3. Dundee Utd	47	36	20	7	9	67	33
4. Glasgow Rangers	38	36	13	12	11	47	38
5. St Mirren	38	36	17	4	15	51	58
6. Dundee	37	38	15	7	14	48	50
7. Hearts	31	38	13	5	18	47	64
8. Hibernian	27	36	10	7	19	30	61
9. Dumbarton	19	36	6	7	23	29	64
10. Morton	12	36	5	2	29	29	100

Montent en division I :
Motherwell et Clydebank.
Buteurs :
1. McDougall (Aberdeen), 21 buts.
2. McClair (Celtic), 18.
3. McGarvey (Celtic), 14.
Finale de la coupe :
Celtic Glasgow b. Dundee United 2-1.

EIRE

	Pts	J.	G.	N.	P.	p.	c.
1. Shamrock Rovers	49	30	22	5	3	63	21
2. Bohemians Dublin	43	30	19	5	6	57	21
3. Athlone	40	30	17	6	7	54	23
4. UCD	38	30	12	14	4	41	28
5. Limerick	37	30	16	5	9	61	40
6. Galway	29	30	9	11	10	49	42
7. Waterford	29	30	11	7	12	44	41
8. Dundalk	28	38	9	10	11	34	39
9. Cork City	28	30	10	8	12	30	39
10. Home Farm	27	30	11	5	14	43	47
11. St. Patrick's	27	30	10	7	13	38	45
12. Shelbourne	26	30	9	8	13	39	45
13. Sligo	26	30	7	12	11	34	47
14. Drogheda	24	30	7	10	13	43	60
15. Finn Harps	19	30	6	7	17	38	71
16. Longford	10	30	3	4	23	27	86

Aucune équipe ne monte en division I, celle-ci étant réduite à douze clubs.
Buteurs :
1. O'Connor (Athlone) et Ganbor (Limerick) 17 buts ; 3. Jameson (Bohemians Dublin) 15.
Finale de la Coupe :
Shamrock Rovers b. Galway : 1-0.

ESPAGNE

	Pts	J.	G.	N.	P.	p.	c.
1. FC Barcelone	53	34	21	11	2	69	25
2. Atletico Madrid	43	34	16	11	5	51	28
3. Athletic Bilbao	41	34	13	15	6	39	26
4. Gijon	41	34	13	15	6	34	23
5. Real Madrid	36	34	13	10	11	45	38
6. Real Sociedad	34	34	11	12	11	41	33
7. Osacuna	34	34	13	8	12	38	38
8. Espanol Barcelone	34	34	11	12	11	40	44
9. Valence	33	34	9	15	10	40	37
10. Saragosse	33	34	11	11	12	39	39
11. Santander	32	34	10	12	12	27	34
12. Séville	31	34	10	11	13	29	41
13. Valladolid	30	34	7	16	11	39	45
14. Betis Seville	30	34	11	8	15	37	43
15. Hercules Alicante	30	34	9	12	13	28	45
16. Malaga	29	34	7	15	12	23	36
17. Elche	26	34	6	14	14	18	37
18. Murcie	22	34	6	10	18	24	52

Montent en division I :
Las Palmas, Cadix, Celta Vigo.
Buteurs :
1. Hugo Sanchez (Atletico Madrid) 19 buts.
2. Valdano (Real Madrid) 17.
3. Archibald (FC Barcelone) 14.
Finale de la Coupe :
Atletico Madrid b. Athletic Bilbao 2-1.

FINLANDE

	Pts	J.	G.	N.	P.	p.	c.
1. Hake Valkeakoski	31	22	11	9	2	43	26
2. Turku PS	29	22	11	7	4	56	31
3. Kuusysi Lahti	28	22	10	8	4	41	24
4. Ilves Tampere	28	22	12	4	6	42	28
5. HJK Helsinski	26	22	10	6	6	49	37
6. PS Rovaniemi	24	22	9	6	7	33	38
7. PS Kemi	21	22	7	7	8	35	36
8. Kuopio PS	19	22	6	7	9	25	32
9. PT Pori	17	22	7	3	12	32	42
10. Kuopio Koparit	15	22	3	9	10	23	28
11. KPV Kokkola	15	22	6	3	13	30	56
12. MP Mikkeli	11	22	2	7	13	22	53

Phase finale 1/2 finale

	Aller	Retour
Ilvas Tampere - **Turku PS**	2-1	0-4
Kuusysi Lahti - Haka Valkeakoski	2-0	1-2

Finale

	Aller	Retour
Kuusysi Lahti - Turku PS	4-0	4-4

Kuusysi Lahti Champion (pour la 3[e] place : Ilves b. Haka 2-1 et 2-1).
Montent en division I : Oulu TP et Kuopio TP
Buteurs : 1. Lipponen (Turku PS) 23 buts ; 2. Lius (Kuusysi Lahti) 18.
Finale de la Coupe : HJK Helsinki b. Kuusysi Lahti 2-1.

GRECE

	Pts	J.	G.	N.	P.	p.	c.
1. Paok Salonique	46	30	19	8	3	54	26
2. Panathinaïkos	43	30	17	9	4	61	30
3. AEK Athènes	43	30	16	11	3	58	29

4. Olympiakos	42	30	17	8	5	53	23
5. Iraklis	41	30	19	3	8	59	33
6. Larissa	35	30	14	7	9	55	35
7. Aris Salonique	30	30	8	14	8	38	37
8. Panionios	30	30	9	12	9	34	40
9. Ethnikos	27	30	11	5	14	35	47
10. OFI Crète	26	30	10	6	14	46	49
11. Apollon	25	30	9	7	14	30	40
12. Kalamaria	24	30	9	6	15	24	38
13. Doxa	22	30	8	6	16	33	42
14. Panachalki	21	30	8	5	17	26	51
15. Egaleo	13	30	3	7	20	28	66
16. Pierikos	12	30	3	6	21	29	77

Buteurs :
1. Mavros (AEK Athènes) 27 buts ;
2. Anastopoulos (Olympiakos) 16 ;
3. Saravakos (Panathinaïkos) et Tsirimokos (OFI Crète) 15.

Finale de la coupe :
Larissa b. P.A.O.K. Salonique 4-1.

HONGRIE

	Pts	J.	G.	N.	P.	p.	c.
1. Honved Budapest	46	30	20	6	4	63	25
2. Raba Eto Györ	36	30	15	6	9	57	49
3. Videoton	36	30	14	8	8	43	28
4. Zalagaerszeg	34	30	13	8	9	38	31
5. Vasas Budapest	31	30	10	11	9	56	44
6. Bekescsaba	30	30	12	6	12	42	53
7. Csepel	30	30	10	10	10	23	27
8. Debrecen	30	30	11	8	11	35	33
9. Haladas	29	30	10	9	11	32	34
10. Ujpest Dosza	28	30	10	8	12	37	35
11. Pecs	28	30	9	10	11	33	35
12. Tatabanya	28	30	11	6	13	44	47
13. Ferencvaros	28	30	11	6	13	34	38
14. MTK Budapest	27	30	11	5	14	44	45
15. Eger	25	30	10	5	15	26	42
16. Szeged	14	30	6	2	11	32	73

Montent en division 1 :
Volan et Siofok Banyaz.

Buteurs :
1. Detari (Honved) et Kiprich (Tatabanya) 18 buts ;
3. Hannich (Raba Eto), Kiss (Vasas) et Szabo (Videoton) 13.

Finale de la coupe :
Honved Budapest b. Tatabanya 5-0.

ISLANDE

	Pts	J.	G.	N.	P.	p.	c.
1. I.A. Akranes	38	18	12	2	4	33	18
2. Valur Reykjavik	28	18	7	7	4	24	16
3. I.B. Keflavik	27	18	8	3	7	19	22
4. K.R. Reykjavik	25	18	6	7	5	20	23
5. Vikingur Reykjavik	24	18	6	6	6	29	28
6. Fram Reykjavik	22	18	6	4	8	23	22
7. Thor Akureyri	22	18	6	4	8	25	25
8. Thro. Reykjavik	22	18	5	7	6	19	19
9. U.B. Breidablik	20	18	4	8	6	17	20
10. K.A. Akureyri	16	18	4	4	10	23	29

Montent en division I : Vidir, Hajnafjordur.

Finale de la Coupe :
I.A. Akaranes b. Fram Reykjavik 2-1.

IRLANDE DU NORD

	Pts	J.	G.	N.	P.	p.	c.
1. Linfield	39	26	17	5	4	67	22
2. Coleraine	38	26	14	8	4	55	30
3. Glentoran	34	26	14	6	6	54	27
4. Portadown	31	26	13	5	8	34	29
5. Cliftonville	28	26	10	8	8	37	35
6. Crusaders	27	26	9	9	8	32	37
7. Glenavon	26	26	11	4	11	45	53
8. Ballymena	25	26	9	7	10	38	33
9. Distillery	24	26	8	8	10	35	41
10. Larne	22	26	10	2	14	37	47
11. Ards	21	26	8	5	13	32	40
12. Newry	20	26	7	6	13	39	57
13. Bangor	19	26	5	9	12	24	39
14. Carrick	12	26	3	6	17	24	52

Aucun promu, aucun relégué

Buteurs :
1. McGaughey (Linfield) 34 buts.

Finale de la Coupe :
Glentoran b. Linfield 1-11 puis 1-0.

ITALIE

	Pts	J.	G.	N.	P.	p.	c.
1. Vérone	43	30	15	13	2	42	19
2. Torino	39	30	14	11	5	36	22
3. Inter Milan	38	30	13	12	5	42	28
4. S. Gênes	37	30	12	13	5	36	21
5. Juventus	36	30	11	14	5	48	33
6. Milan AC	36	30	12	12	6	31	25
7. AS Rome	34	30	10	14	6	33	25
8. Naples	33	30	10	13	7	34	29
9. Fiorentina	29	30	8	13	9	33	31
10. Atalanta	28	30	5	18	7	20	31
11. Udinese	25	30	10	5	15	43	46
12. Avellino	25	30	7	11	12	27	33
13. Côme	25	30	6	13	11	17	27
14. Ascoli	22	30	4	14	12	24	40
15. Lazio Rome	15	30	2	11	17	16	45
16. Cremonese	15	30	4	7	19	22	48

Montent en division I :
Pise, Bari, Lecce.

Finale de la Coupe :
Sampdoria de Gênes b. Milan AC : 1-0 et 2-1

Buteurs :
1. Platini (Juventus) 18 buts.
2. Altobelli (Inter Milan) 17 buts.
3. Maradona (Naples) 14 buts.

LUXEMBOURG

	Pts	J.	G.	N.	P.	p.	c.
1. Jeunesse Esch	37	22	17	3	2	65	20
2. RB Differdange	32	22	13	6	3	41	22
3. Avenir Beggen	28	22	12	4	6	51	25
4. Pro. Niedercorn	28	22	11	6	5	45	30
5. Spora Luxembourg	24	22	9	6	7	34	28
6. Union Luxembourg	23	22	9	5	8	45	39
7. Aris Bonnevoie	18	22	6	6	10	36	44
8. Olym. Eischen	18	22	8	2	12	27	42
9. St. Dudelange	16	22	5	6	11	26	48
10. Al. Dudelange	15	22	6	3	13	20	50
11. FC Wiltz	13	22	6	1	15	45	55
12. U.S. Rumelange	12	22	4	4	14	19	51

Montent en division I :
Grevenmacher et Hesperange.

Finale de la Coupe :
Red Boys Differdange b. Jeunesse Esch 1-0.

NORVEGE

	Pts	J.	G.	N.	P.	p.	c.
1. Valerengen Oslo	32	22	13	6	3	40	14
2. Viking Stavanger	25	22	9	7	6	33	23
3. Start Kristiansand	25	22	10	5	7	33	29
4. Bryne	24	22	7	10	5	37	36
5. Lilleström	23	22	8	7	7	39	30
6. Rosenborg Trondheim	23	22	8	7	7	36	37
7. Kongsvinger	23	22	9	5	8	29	32
8. Molde	21	22	7	7	8	36	41
9. Eik Tonsberg	19	22	8	3	11	30	36
10. Moss FK	17	22	4	9	9	26	30
11. Fredrikstad	17	22	5	7	10	23	35
12. Strindheim	15	22	5	5	12	18	37

Montent en division I :
Mjöndalen et Brann Bergen.

Buteur :
1. Brondshaug (Rosenberg Trondheim) 13 buts.

Finale de la Coupe :
Fredrikstad b. Viking Stavanger 3-3 puis 3-2.

PAYS-BAS

	Pts	J.	G.	N.	P.	p.	c.
1. Ajax Amsterdam	54	34	24	6	4	93	48
2. PSV Eindhoven	48	34	17	14	3	84	33
3. Feyenoord Rott.	48	34	21	6	7	87	51
4. Sparta Rott.	42	34	17	8	9	62	52
5. FC Groningen	41	34	15	11	8	57	43
6. FC Den Bosch	36	34	10	16	8	45	32
7. Fortuna Sittard	34	34	14	6	14	49	43
8. DC Twente	34	34	12	10	12	60	64
9. Haarlem	33	34	12	9	13	51	57
10. FC Utrecht	32	34	13	6	15	47	42
11. Roda JC	32	34	11	10	13	51	59
12. Excelsior	30	34	9	12	13	47	51
13. AZ 67 Alkmaar	30	34	8	14	12	59	70
14. MVV Maastricht	29	34	10	9	15	39	55
15. Go Ahead Eagles	28	34	11	6	17	46	59
16. Volendam	25	34	9	7	18	37	67
17. NAC Breda	19	34	7	5	22	35	68
18. PEC Zwolle	17	34	4	9	21	34	88

Montent en division I :
Heracles, Venlo, NEC Nimègue.

Buteurs :
1. Van Basten (Ajax) 22 buts.
2. Houtman (Feyenoord) et Thoresen (PSV) 21 buts.

Finale de la Coupe :
FC Utrech b. Helmond 1-0.

POLOGNE

	Pts	J.	G.	N.	P.	p.	c.
1. Gornik Zabrze	42	30	16	10	4	38	16
2. Legia Varsovie	41	30	17	7	6	36	19
3. Widzew Lodz	38	30	13	12	5	34	16
4. Lech Poznan	38	30	14	10	6	41	31
5. Zaglebie Sosnowiec	31	30	11	9	10	37	38
6. LKS Lodz	30	30	11	8	11	31	32
7. Ruch Chorzow	29	30	10	9	11	28	28
8. Gornik Walbrzyck	29	30	8	13	9	32	35
9. Motor Lublin	27	30	9	9	12	30	36
10. Katowice	26	30	7	12	11	22	28
11. Pogon Szczecin	26	30	9	8	13	29	36
12. Lechia Gdansk	26	30	8	10	12	23	34
13. Balztyk Gdynia	26	30	9	8	13	22	35
14. Slask Wroclaw	25	30	8	9	13	34	36
15. Radomiak	25	30	8	9	13	29	32
16. Wisla Cracovie	21	30	7	7	16	19	33

Buteurs :
1. Iwanicki (Motor Lublin) 14 buts.
2. Okonski (Lech Poznan) 13 buts.
3. Urban (Zagl. Sosnowiec) et Ciolek (Walbrzych) 11 buts.

Finale de la Couep :
Widzew Lodz b. Katowice 0-0 (3 pen. à 1).

PORTUGAL

	Pts	J.	G.	N.	P.	p.	c.
1. FC Porto	55	30	28	3	1	78	13
2. Sporting Lisbonne	47	30	19	9	2	72	26
3. Benfica Lisbonne	43	30	18	7	5	65	28
4. Boavista Porto	37	30	13	11	6	37	26
5. Portimonense	36	30	14	8	8	51	41
6. Belenenses	30	30	11	8	11	40	48
7. Academica	29	30	12	5	13	45	47
8. Braga	28	30	9	10	11	46	43
9. Guimaraes	25	30	9	7	14	33	39
10. Penafiel	25	30	7	11	12	25	42
11. Setubal	25	30	7	11	12	35	50
12. Salgueiros	23	30	8	7	15	40	58
13. Rio Ave	23	30	7	9	14	27	43
14. Farense	22	30	7	8	15	21	49
15. Varzim	17	30	2	13	15	23	49
16. Vizela	15	30	4	7	19	31	71

Montent en division I :
Maritirno Funchal, Covilha, Aves, Chaves.

Buteurs :
1. Gomes (FC Porto) 39 buts.
2. Mannicke (Benfica) 17 buts.
3. Manuel Fernandes (Sporting) 16 buts.

Finale de la Coupe :
Benfica b. FC Porto 3-1.

R.D.A.

	Pts	J.	G.	N.	P.	p.	c.
1. Dynamo Berlin	44	26	20	4	2	90	28
2. Dynamo Dresde	38	26	15	8	3	69	34
3. Lok. Leipzig	38	26	17	4	5	55	26
4. Wismut Aue	32	26	12	8	6	38	33
5. Magdebourg	31	26	11	9	6	53	35
6. Rot Weiss Erfurt	30	26	10	10	6	47	39
7. Carl Zeiss Iena	25	26	9	7	10	36	27
8. Francfort/Oder	22	26	7	8	11	41	38
9. Karl Marx Stadt	21	26	7	7	12	39	48
10. Hansa Rostock	21	26	6	9	11	37	51
11. Stahl Brandenbourg	20	26	5	10	11	25	39
12. Stahl Riesa	20	26	6	8	12	29	55
13. Chemie Leipzig	17	26	4	9	13	26	56
14. Motor Suhl	5	26	1	3	22	16	92

Buteurs :
1. Ernst (Dynamo Berlin) 24 buts.
2. Pastor (Dynamo Berlin) 22 buts.

Finale de la Coupe :
Dynamo Dresde b. Dynamo Berlin 3-2.

R.F.A.

	Pts	J.	G.	N.	P.	p.	c.
1. Bayern Munich	50	34	21	8	5	79	38
2. Werder Breme	46	34	18	10	6	87	51
3. FC Cologne	40	34	18	4	12	69	66
4. Mönchengladbach	39	34	15	9	10	77	53
5. Hambourg	37	34	14	9	11	58	49
6. Mannheim	37	34	13	11	10	47	50
7. Bayer Uerdingen	36	34	14	8	12	57	52
8. Schalke 04	34	34	13	8	13	63	62
9. Bochum	34	34	12	10	12	52	54
10. Stuttgart	33	34	14	5	15	79	59
11. Kaiserslautern	33	34	11	11	12	56	60
12. Eintracht Francfort	32	34	10	12	12	62	67
13. Bayer Leverkusen	31	34	9	13	12	52	54
14. Borussia Dortmund	30	34	13	4	17	51	65
15. Fortuna Düsseldorf	29	34	10	9	15	53	66
16. Arminia Bielefeld	29	34	8	13	13	46	61
17. Karlsruhe	22	34	5	12	17	47	88
18. Brunswick	20	34	9	2	23	39	79

Montent en division I :
Nuremberg, Hanovre, Sarrebrück.
Buteurs :
1. K. Allofs (FC Cologne) 26 buts.
2. Völler (Werder Breme) 25 buts.
3. T. Allofs (Kaiserslautern) et Allgöwer (Stuttgart) 19 buts.

Finale de la Coupe :
Bayer Uerdingen b. Bayern Munich 2-1.

ROUMANIE

	Pts	J.	G.	N.	P.	p.	c.
1. Steaua Bucarest	54	34	23	8	3	71	24
2. Dinamo Bucarest	52	34	21	10	3	59	31
3. Sportul Bucarest	48	34	20	8	6	71	28
4. Universite Craiova	39	34	17	5	12	61	46
5. Gloria Buzau	34	34	13	8	13	51	51
6. ASA Tirgu Mures	33	34	13	7	14	32	32
7. FC Arges Pitesti	32	34	12	8	14	44	35
8. Corvinul Hunedoara	32	34	15	2	17	51	52
9. Politech. Timisoara	32	34	12	8	14	35	52
10. FC Bihor Oradea	31	34	13	5	16	39	43
11. Rapid Bucarest	30	34	10	10	14	36	43
12. FC Olt	30	34	13	4	17	34	42
13. FCM Brasov	30	34	13	4	17	33	41
14. C.R. Valcea	29	34	11	7	16	26	50
15. SC Bacau	28	34	11	6	17	36	41
16. Jiul Petrosani	28	34	11	6	17	26	58
17. FC Baia Mare	26	34	11	4	19	30	46
18. Politechnica Iasi	24	34	8	8	18	36	56

Montent en division I :
Dinamo Victoria Bucarest, Petrolul Ploiesti et Univ. Cluj Napoca.
Buteurs :
1. Hagi (Sportul) 20 buts.
2. Piturca (Steaua Bucarest) 19 buts.
3. Sandu (Sportul) et Camataru (Craïova) 17 buts.

Finale de la Coupe :
Steaua Bucarest b. Universite Craïova 2-1.

SUEDE

	Pts	J.	G.	N.	P.	p.	c.
1. IFK Göteborg	32	22	14	4	4	43	19
2. AIK Stockholm	31	22	12	7	3	28	12
3. Malmö FF	27	22	11	5	6	47	24
4. Hammarby IF	26	22	11	4	7	42	30
5. IFK Norrköping	24	22	8	8	6	33	30
6. Brage Borlänge	20	22	7	6	9	21	25
7. Kalmar FF	20	22	5	10	7	17	25
8. Halmstad BK	19	22	7	5	10	18	26
9. Oergryte Göteborg	17	22	5	7	10	24	36
10. Oester Växjö	16	22	5	6	11	28	36
11. Elfsborg Boras	16	22	5	6	11	24	39
12. Gefle IF	16	22	4	8	10	21	44

Tournoi final

1/4 finales :
IFK Göteborg b. Halmstad BK : 0-0 et 2-1.
I.F.K. Norrköping b. AIK Stockholm : 1-0 et 1-2.
Brage Borlänge b. Malmö FF : 1-0 et 2-2
Hammarby IF - Kalmar FF : 2-3 et 3-0.
1/2 finales :
IFK Göteborg b. Brage Borlänge : 2-2 et 5-1
IFK Norrköping b. Hammarby IF : 0-0 et 0-0 (5 pén. à 4)
Finale :
IFK Göteborg b. IFK Norrköping : 5-1 et 2-0.
IFK Göteborg champion
Montent en division I :
MJällby et Trelleborg FF
Buteurs :
1. Ohlsson (Hammarby IF) 14 buts.

Finale de la Coupe :
AIK Stockholm b. Oester Växjo 1-1 (4 pen. à 3).

SUISSE

	Pts	J.	G.	N.	P.	p.	c.
1. Servette Genève	46	30	19	8	3	71	28
2. Aarau	42	30	16	10	4	62	43
3. Xamax Neuchâtel	39	30	14	11	5	59	34
4. St. Gall	37	30	13	11	6	66	32
5. Sion	36	30	14	8	8	56	49
6. Grasshoppers	32	30	11	10	9	53	47
7. FC Zurich	31	30	11	9	10	59	52
8. FC Bâle	31	30	11	9	10	46	49
9. Young Boys Berne	30	30	10	10	10	42	45
10. Lausanne	29	30	10	9	11	50	57
11. Wettingen	26	30	7	12	11	31	35
12. Lucerne	26	30	9	8	13	33	53
13. Vevey	24	30	9	6	15	40	47
14. La Chaux-de-Fonds	24	30	6	12	12	41	54
15. SC Zoug	14	30	4	6	20	27	71
16. Winterthour	13	30	4	5	21	32	72

Montent en division I :
Granges et Baden.
Buteurs :
1. Cina (Sion) 24 buts.
2. Pellegrini (Lausanne) 21.
3. Brigger (Servette Genève) 19 buts.

Finale de la Coupe :
Aarau b. Neuchâtel 1-0.

TCHECOSLOVAQUIE

	Pts	J.	G.	N.	P.	p.	c.
1. Sparta Prague	43	30	19	5	6	64	23
2. Bohemians Prague	43	30	17	9	4	58	24
3. Slavia Prague	39	30	16	7	7	59	33
4. Ostrava	39	30	14	11	5	40	23
5. Dukla Prague	32	30	13	6	11	51	40
6. Olomouc	31	30	10	11	9	50	47
7. B. Bystrica	31	30	15	1	14	38	44
8. Cheb	30	30	12	6	12	44	38
9. Trnava	29	30	10	9	11	33	39
10. Lok. Kovice	27	30	9	9	12	34	44
11. Vitkovice	26	30	8	10	12	30	41
12. Presov	24	30	9	6	15	28	46
13. Inter Bratislava	23	30	7	9	14	25	33
14. Zilina	23	30	8	7	15	26	49
15. Petrzalka	21	30	6	9	15	29	47
16. Slovan Bratislava	19	30	6	7	17	24	59

Montent en division I :
Dunajska Streda et Ceske Budejovice.
Buteurs :
1. Knoflicek (Slavia Prague) 21 buts.
2. Prilozny (Olomouc) 18 buts.
3. Janecka (Bohemians Prague) 16 buts.

Finale de la Coupe :
Dukla Prague b. Lokomotive Kosice 3-2.

TURQUIE

	Pts	J.	G.	N.	P.	p.	c.
1. Fenerbahce	50	34	18	14	2	65	25
2. Besiktas	50	34	19	12	3	49	19
3. Trabzonspor	42	34	14	14	6	38	26
4. Ankaragucu	38	34	12	14	8	33	27
5. Galatasaray	36	34	11	14	9	34	28
6. Sakaryaspor	36	34	14	8	12	44	39
7. Kocaelispor	34	34	11	12	11	30	31
8. Sarlyer	33	34	8	17	9	47	45
9. Orduspor	33	34	11	11	12	35	36
10. Eskisehir	32	34	10	12	12	39	48
11. Gencierbirligi	31	34	9	13	12	41	45
12. Zonguldak	31	34	9	13	12	31	35
13. Bursaspor	31	34	9	13	12	39	47
14. Malatyaspor	31	34	10	11	13	35	46
15. Altay Izmir	30	34	8	14	12	34	39
16. Denizlispor	29	34	9	11	14	39	48
17. Antalyaspor	28	34	11	6	17	33	49
18. Boluspor	17	34	3	11	20	20	53

Buteurs :
1. Aykut (Sakaryaspor) 20 buts.

Finale de la Coupe :
Galatasaray b. Trabzonspor 2-1 et 0-0.

U.R.S.S.

	Pts	J.	G.	N.	P.	p.	c.
1. Zenith Leningrad	47	34	19	9	6	60	32
2. Spartak Moscou	45	34	18	9	7	53	29
3. Dniepropetrovsk	42	34	17	8	9	54	40
4. Tchern. Odessa	41	34	16	9	9	49	38
5. Dynamo Minsk	40	34	15	13	6	43	28
6. Torpedo Moscou	40	34	15	10	9	43	36
7. Dynamo Tbilissi	36	34	14	8	12	36	41
8. Kaïra Alma-Ata	34	34	13	8	13	44	42
9. Jalguiris Vilnius	34	34	12	11	11	30	38
10. Dynamo Kiev	34	34	12	13	9	46	30
11. Ararat Erevan	31	34	12	7	15	46	50
12. Metallist Karkhov	29	34	12	5	17	42	53
13. Chakhtior Donetsk	29	34	10	9	15	47	46
14. S.K.A. Rostov	27	34	10	7	17	48	58
15. Neftchi Bakou	26	34	9	8	17	30	50
16. Dynamo Moscou	26	34	8	10	16	35	43
17. Pakhtakor Tachkent	25	34	10	5	19	37	58
18. C.S.K.A. Moscou	19	34	5	9	20	24	55

N.B. :
Au delà du dixième match nul, ceux-ci ne rapportent plus de point.
Montent en division I :
Fakel Voronech et Torpedo Koutaïssi.
Buteurs :
1. Andreev (SKA Rostov) 19 buts ;
2. Mchitarian (Ararat Erevan) 18 buts ;
3. Cheludkov (Zenith Leningrad), Protassov (Dniepropetrovsk) et Tarassov (Metallist Karkhov) 17 buts.

Finale de la Coupe :
Dynamo Kiev b. Chakhtior Donetsk : 2-1.

YOUGOSLAVIE

	Pts	J.	G.	N.	P.	p.	c.
1. Sarajevo	48	34	19	10	5	51	31
2. Hajduk Solit	44	34	16	12	6	66	42
3. Partizan Belgrade	39	34	14	11	9	47	34
4. Etoile Rouge Belgr.	38	34	16	6	12	63	38
5. Vardar Skoplje	37	34	16	5	13	67	58
6. Dinamo Zagreb	36	34	14	8	12	47	38
7. Zeljeznicar Sarajevo	34	34	11	12	11	53	46
8. Rijeka	34	34	12	10	12	49	48
9. Sutjeska	33	34	11	11	12	41	43
10. Pristina	32	34	13	6	15	44	49
11. Velez Mostar	31	34	10	11	13	39	45
12. Osijek	31	34	12	7	15	37	46
13. Sloboda Tuzla	31	34	10	11	13	28	37
14. Dinamo Vinkovci	30	34	11	8	15	40	51
15. Buducnost Titograd	30	34	11	8	15	32	51
16. Vojvodina	29	34	10	9	15	36	47
17. Iskra Bugojna	28	34	9	10	15	32	49
18. Radnicki Nis	27	34	8	11	15	27	48

Montent en division I :
OFK Belgrade et Celik Zenica.
Buteurs :
1. Zlatko Vujovic (Hajduk Split) 25 buts.
2. Pancev (Vardar Skoplje) 20.
3. Musemic (Sarajevo) 19.

Finale de la coupe :
Etoile Rouge Belgrade b. Dinamo Zagreb 3-2 et 1-1.

COUPE DU MONDE 1986
Eliminatoires (LE POINT AU 30-6-85)

ZONE EUROPE

GROUPE 1
(Albanie, Belgique, Grèce, Pologne)

Belgique-Albanie	3-1
Pologne-Grèce	3-1
Pologne-Albanie	2-2
Grèce-Belgique	0-0
Albanie-Belgique	2-0
Grèce-Albanie	2-0
Belgique-Grèce	2-0
Belgique-Pologne	2-0
Grèce-Pologne	1-4
Albanie-Pologne	0-1

	Pts	J.	G.	N.	P.	p.	c.
1. Pologne	7	5	3	1	1	10	6
2. Belgique	7	5	3	1	1	7	3
3. Albanie	3	5	1	1	3	5	8
4. Grèce	3	5	1	1	3	4	9

Restent à jouer :
11-9 : Pologne-Belgique
16-10 : Albanie-Grèce
- **Le premier qualifié, le deuxième en barrage contre le deuxième du groupe 5.**

GROUPE 2
(Malte, Portugal, RFA, Suède, Tchécoslovaquie)

Suède-Malte	4-0
Suède-Portugal	0-1
Portugal-Tchécoslovaquie	2-1
RFA-Suède	2-0
Tchécoslovaquie-Malte	4-0
Portugal-Suède	1-3
Malte-RFA	2-3
Malte-Portugal	1-3
Portugal-RFA	1-2
RFA-Malte	6-0
Malte-Tchécoslovaquie	0-0
Tchécoslovaquie-RFA	1-5
Suède-Tchécoslovaquie	2-0

	Pts	J.	G.	N.	P.	p.	c.
1. RFA	10	5	5	0	0	18	4
2. Suède	6	5	3	0	2	9	4
3. Portugal	6	5	3	0	2	8	7
4. Tchécoslovaquie	3	5	1	1	3	6	9
5. Malte	1	6	0	1	5	3	20

Restent à jouer :
25-9 : Tchécoslovaquie-Portugal
25-9 : Suède-RFA
12-10 : Portugal-Malte
16-10 : RFA-Portugal
16-10 : Tchécoslovaquie-Suède
16-11 : RFA-Tchécoslovaquie
17-11 : Malte-Suède
- **Les deux premiers qualifiés.**

GROUPE 3
(Angleterre, Finlande, Irlande N., Roumanie, Turquie)

Finlande-Irlande du Nord	1-0
Irlande du Nord-Rmumanie	3-2
Angleterre-Finlande	5-0
Turquie-Finlande	1-2
Irlande du Nord-Finlande	2-1
Turquie-Angleterre	0-8
Irlande du Nord-Angleterre	0-1
Roumanie-Turquie	3-0
Irlande du Nord-Turquie	2-0
Roumanie-Angleterre	0-0
Finlande-Angleterre	1-1
Finlande-Roumanie	1-1

	Pts	J.	G.	N.	P.	p.	c.
1. Angleterre	8	5	3	2	0	15	1
2. Irlande du Nord	6	5	3	0	2	7	5
3. Finlande	6	6	2	2	2	6	10
4. Roumanie	4	4	1	2	1	6	4
5. Turquie	0	4	0	0	4	1	15

Restent à jouer :
28-8 : Roumanie-Finlande
11-9 : Turquie-Irlande du Nord
11-9 : Angleterre-Roumanie
26-9 : Finlande-Turquie
16-10 : Roumanie-Irlande du Nord
16-10 : Angleterre-Turquie
13-11 : Angleterre-Irlande du Nord
14-11 : Turquie-Roumanie
- **Les deux premiers sont qualifiés.**

GROUPE 4
(Bulgarie, France, Luxembourg, RDA, Yougoslavie)

Yougoslavie-Bulgarie	0-0
Luxembourg-France	0-4
RDA-Yougoslavie	2-3
Luxembourg-RDA	0-5
France-Bulgarie	1-0
Bulgarie-Luxembourg	4-0
France-RDA	2-0
Yougoslavie-Luxembourg	1-0
Yougoslavie-France	0-0
Bulgarie-RDA	1-0
Luxembourg-Yougoslavie	0-1
Bulgarie-France	2-0
RDA-Luxembourg	3-1
Bulgarie-Yougoslavie	2-1

	Pts	J.	G.	N.	P.	p.	c.
1. Bulgarie	9	6	4	1	1	9	2
2. Yougoslavie	8	6	3	2	1	6	4
3. France	7	5	3	1	1	7	2
4. RDA	4	5	2	0	3	10	7
5. Luxembourg	0	6	0	0	6	1	18

Restent à jouer :
11-9 : RDA-France
25-9 : Luxembourg-Bulgarie
28-9 : Yougoslavie-RDA
30-10 : France-Luxembourg
16-11 : RDA-Bulgarie
16-11 : France-Yougoslavie
- **Les deux premiers sont qualifiés.**

GROUPE 5
(Autriche, Chypre, Hongrie, Pays-Bas)

Chypre - Autriche	1-2
Hongrie - Autriche	3-1
Pays-Bas - Hongrie	1-2
Autriche - Pays-Bas	1-0
Chypre - Hongrie	1-2
Chypre - Pays-Bas	0-1
Pays-Bas - Chypre	7-1
Hongrie - Chypre	2-0
Autriche - Hongrie	0-3
Pays-Bas - Autriche	1-1
Autriche - Chypre	4-0
Hongrie - Pays-Bas	0-1

	Pts	J.	G.	N.	P.	p.	c.
1. Hongrie	10	6	5	0	1	12	4
2. Pays-Bas	7	6	3	1	2	11	5
3. Autriche	7	6	3	1	2	9	8
4. Chypre	0	6	0	0	6	3	18

- **La Hongrie qualifiée ; les Pays-Bas en barrage contre le deuxième du groupe 1.**

GROUPE 6
(Danemark, Eire, Norvège, Suisse, URSS)

Eire - URSS	1-0
Norvège - Suisse	0-1
Danemark - Norvège	1-0
Norvège - URSS	1-1
Norvège - Eire	1-0
Suisse - Danemark	1-0
Danemark - Eire	3-0
Suisse - URSS	2-2
Eire - Norvège	0-0
URSS - Suisse	4-0
Eire - Suisse	3-0
Danemark - URSS	4-2

	Pts	J.	G.	N.	P.	p.	c.
1. Danemark	6	4	3	0	1	8	3
2. Eire	5	5	2	1	2	4	4
3. Suisse	5	5	2	1	2	4	9
4. URSS	4	5	1	2	2	9	8
5. Norvège	4	5	1	2	2	2	3

Restent à jouer :
11- 9 : Suisse - Eire
25- 9 : URSS - Danemark
9-10 : Danemark - Suisse
16-10 : Norvège - Danemark
16-10 : URSS - Eire
31-10 : URSS - Norvège
13-11 : Suisse - Norvège
13-11 : Eire - Danemark
- **Les deux premiers qualifiés.**

GROUPE 7
(Ecosse, Espagne, Pays de Galles, Islande)

Islande-Pays de Galles	1-0
Ecosse-Islande	3-0
Espagne-Pays de Galles	3-0
Ecosse-Espagne	3-1
Pays de Galles-Islande	2-1
Espagne-Ecosse	1-0
Ecosse-Pays de Galles	0-1
Pays de Galles-Espagne	3-0
Islande-Ecosse	0-1
Islande-Espagne	1-2

	Pts	J.	G.	N.	P.	p.	c.
1. Ecosse	6	5	3	0	2	7	3
2. Pays de Galles	6	5	3	0	2	6	5
3. Espagne	6	5	3	0	2	7	7
4. Islande	2	5	1	0	4	3	8

Restent à jouer :
10-9 : Pays de Galles-Ecosse.
25-9 : Espagne-Islande.
- **Le premier qualifié, le deuxième en barrage contre le vainqueur du groupe Océanie.**

ZONE AMSUD

GROUPE 1
(Argentine, Colombie, Pérou, Venezuela)

Colombie-Pérou	1-0
Venezuela-Argentine	2-3
Colombie-Argentine	1-3
Venezuela-Pérou	0-1
Pérou-Colombie	0-0
Argentine-Venezuela	3-0
Pérou-Venezuela	4-1
Argentine-Colombie	1-0
Venezuela-Colombie	2-2
Pérou-Argentine	1-0
Argentine-Pérou	2-2
Colombie-Venezuela	2-0

	Pts	J.	G.	N.	P.	p.	c.
1. Argentine	9	6	4	1	1	12	6
2. Pérou	8	6	3	2	1	8	4
3. Colombie	6	6	2	2	2	6	6
4. Venezuela	1	6	0	1	5	5	15

- **L'Argentine qualifiée pour la phase finale, le Pérou et la Colombie pour le second tour.**

GROUPE 2
(Chili, Equateur, Uruguay)

Equateur-Chili	1-1
Uruguay-Equateur	2-1
Chili-Equateur	6-2
Chili-Uruguay	2-0
Equateur-Uruguay	0-2
Uruguay-Chili	2-1

	Pts	J.	G.	N.	P.	p.	c.
1. Uruguay	6	4	3	0	1	6	4
2. Chili	5	4	2	1	1	10	5
3. Equateur	1	4	0	1	3	4	11

- **L'Uruguay qualifiée pour la phase finale, le Chili pour le second tour.**

GROUPE 3
(Bolivie, Brésil, Paraguay)

Bolivie-Paraguay	1-1
Bolivie-Brésil	0-2
Paraguay-Bolivie	3-0
Paraguay-Brésil	0-2
Brésil-Paraguay	1-1
Brésil-Bolivie	1-1

	Pts	J.	G.	N.	P.	p.	c.
1. Brésil	6	4	2	2	0	6	2
2. Paraguay	4	4	1	2	1	5	4
3. Bolivie	2	4	0	2	2	2	7

- **Le Brésil qualifié pour la phase finale, le Paraguay pour le second tour.**

DEUXIEME TOUR
(Chili, Colombie, Paraguay, Pérou)

ZONE CONCACAF

1er TOUR

Salvador-Porto Rico	5-0
Porto Rico-**Salvador**	0-3
Antilles Néerl.-Etats-Unis	0-0
Etats-Unis-Antilles Néerl.	4-0
Panama-Honduras	0-3
Honduras-Panama	1-0
Antigua-Haïti	0-4
Haïti-Antigua	1-2
Surinam-Guyane	1-2
Guyane-**Surinam**	1-1

- Guatemala qualifié d'office ; Canada, Costa Rica et Trinidad-Tobago qualifiés après forfaits de Jamaïque, Barbade et Grenade.

2e TOUR
GROUPE 1
(Honduras, Salvador, Surinam)

Salvador-Surinam	3-0
Surinam-Salvador	0-3
Honduras-Surinam	1-1

Surinam-Honduras 1-2
Salvador-Honduras 1-2
Honduras-Salvador 0-0

	Pts	J.	G.	N.	P.	p.	c.
1. Honduras	6	4	2	2	0	5	3
2. Salvador	5	4	2	1	1	7	2
3. Surinam	1	4	0	1	3	2	9

- **Honduras qualifié pour le troisième tour.**

GROUPE 2
(Canada, Guatemala, Haïti)

Canada-Haïti 2-0
Canada-Guatemala 2-1
Haïti-Guatemala 0-1
Guatemala-Canada 1-1
Haïti-Canada 0-2
Guatemala-Haïti 4-0

	Pts	J.	G.	N.	P.	p.	c.
1. Canada	7	4	3	1	0	7	2
2. Guatemala	5	4	2	1	1	7	3
3. Haïti	0	4	0	0	4	0	9

- **Canada qualifié pour le troisième tour.**

GROUPE 3
(Costa Rica, Etats-Unis, Trinidad et Tobago)

Costa Rica-Trinidad et Tobago 3-0
Trinidad et Tobago-Costa Rica 1-1
Etats-Unis-Trinidad et Tobago 2-1
Trinidad et Tobago-Etats-Unis 1-2
Costa Rica-Etats-Unis 1-1
Etats-Unis-Costa Rica 0-1

	Pts	J.	G.	N.	P.	p.	c.
1. Costa Rica	6	4	2	2	0	6	2
2. Etats-Unis	5	4	2	1	1	5	4
3. Trin. et Tobago	1	4	0	1	3	3	8

- **Costa Rica qualifié pour le troisième tour.**

3e TOUR
(Canada, Costa Rica, Honduras)

11-8 : Costa Rica-Honduras
17-8 : Canada-Costa Rica
25-8 : Honduras-Canada
1-9 : Costa Rica-Canada
8-9 : Honduras-Costa Rica
14-9 : Canada-Honduras

ZONE AFRIQUE

1er TOUR

Togo-**Guinée** (Togo forfait)
Egypte-Zimbabwe 1-0
Zimbabwe-**Egypte** 1-1
Kenya-Ethiopie 2-1
Ethiopie-**Kenya** 3-3
Ile Maurice-Malawi 0-1
Malawi-Ile Maurice 4-0
Zambie-Ouganda 3-0
Ouganda-**Zambie** 1-0
Madagascar-Lesotho (Lesotho forfait)
Tanzanie-Soudan 1-1
Soudan-Tanzanie 0-0
Sierre Leone-Maroc 0-1
Maroc-Sierra Leone 4-0
Libye-Niger (Niger forfait)
Benin-Tunisie 0-2
Tunisie-Benin 4-0
Côte-d'Ivoire-Gambie 4-0
Gambie-**Côte-d'Ivoire** 3-2
Nigeria-Liberia 3-0
Liberia-**Nigeria** 0-1
Angola-Sénégal 1-0
Sénégal-**Angola** 1-0
Angola qual. (5 pen. à 4).
Algérie, Cameroun, Ghana exempts du premier tour.

2e TOUR

Guinée-Tunisie 1-0
Tunisie-Guinée 2-0
Soudan-Libye 0-0
Libye-Soudan 4-0
Angola-Algérie 0-0
Algérie-Angola 3-2
Egypte-Madagascar 1-0
Madagascar-**Egypte** 1-0
Egypte qual. (3 pen. à 2).
Kenya-Nigeria 0-3
Nigeria-Kenya 3-1
Zambie-Cameroun 4-1
Cameroun-**Zambie** 1-1
Maroc-Malawi 2-0
Malawi-**Maroc** 0-0
Côte-d'Ivoire-Ghana 0-0
Ghana-Côte-d'Ivoire 2-0

3e TOUR
Quarts de finale
(élimination directe par matches aller et retour)

1-0 : Nigeria-Tunisie
0-0 : Egypte-Maroc
2-0 : Algérie-Zambie
0-0 : Ghana-Libye
Restent à jouer :
20-7 : Tunisie-Nigeria
26-7 : Libye-Ghana
28-7 : Maroc-Egypte
28-7 : Zambie-Algérie

ZONE ASIE

1er TOUR
GROUPE 1A
(Arabie Saoudite, Emirats Arabes Unis*)

Arabie S.-E.A.U. 0-0
E.A.U.-Arabie S. 1-0
*Oman forfait
- **Emirats Arabes Unis qualifiés pour le second tour.**

GROUPE 1B
(Irak, Jordanie, Qatar*)

Jordanie-Qatar 1-0
Jordanie-Irak 2-3
Qatar-Irak 3-0
Qatar-Jordanie 2-0
Irak-Jordanie 2-0
Irak-Qatar 2-1

	Pts	J.	G.	N.	P.	p.	c.
1. Irak	6	4	3	0	1	7	6
2. Qatar	4	4	2	0	2	6	3
3. Jordanie	2	4	1	0	3	3	7

*Liban forfait.
- **Irak qualifié pour le second tour.**

GROUPE 2A
(Koweït, Syrie, Yemen)

Syrie-Koweït 1-0
Yemen-Syrie 0-1
Koweït-Yemen 5-0
Koweït-Syrie 0-0
Syrie-Yemen 3-0
Yemen-Koweït 1-3

	Pts	J.	G.	N.	P.	p.	c.
1. Syrie	7	4	3	1	0	5	0
2. Koweït	5	4	2	1	1	8	2
3. Yemen	0	4	0	0	4	1	12

- **Syrie qualifiée pour le second tour.**

GROUPE 2B
(Bahreïn, Sud Yemen*)

Sud Yemen-Bahreïn 1-4
Bahreïn-Sud Yemen 3-3
*Iran exclu.
- **Bahreïn, qualifié pour le second tour.**

GROUPE 3A
(Malaisie, Népal, Corée du Sud)

Népal-Corée du Sud 0-2
Malaisie-Corée du Sud 1-0
Népal-Malaisie 0-0
Malaisie-Népal 5-0
Corée du Sud-Népal 4-0
Corée du Sud-Malaisie 2-0

	Pts	J.	G.	N.	P.	p.	c.
1. Corée du Sud	6	4	3	0	1	8	1
2. Malaisie	5	4	2	2	1	6	2
3. Népal	1	4	0	1	3	0	11

- **Corée du Sud qualifiée pour le second tour.**

GROUPE 3B
(Bangladesh, Inde, Indonésie, Thaïlande)

Indonésie-Thaïlande 1-0
Indonésie-Bangladesh 2-0
Indonésie-Inde 2-1
Thaïlande-Bangladesh 3-0
Thaïlande-Inde 0-0
Thaïlande-Indonésie 0-1
Bangladesh-Inde 1-2
Bangladesh-Indonésie 2-1
Bangladesh-Thaïlande 1-0
Inde-Indonésie 1-1
Inde-Thaïlande 1-1
Inde-Bangladesh 2-1

	Pts	J.	G.	N.	P.	p.	c.
1. Indonésie	9	6	4	1	1	8	4
2. Inde	7	6	2	3	1	7	6
3. Thaïlande	4	6	1	2	3	4	4
4. Bangladesh	4	6	2	0	4	5	10

- **Indonésie qualifiée pour le second tour.**

GROUPE 4A
(Bruneï, Chine, Hong Kong, Macao)

Macao-Bruneï 2-0
Hong Kong-Chine 0-0
Macao-Chine 0-4
Hong Kong-Bruneï 8-0
Chine-Bruneï 8-0
Bruneï-Chine 0-4
Bruneï-Hong Kong 1-5
Bruneï-Macao 1-2
Macao-Hong Kong 0-2
Hong Kong-Macao 2-0
Chine-Macao 6-0
Chine-Hong Kong 1-2

	Pts	J.	G.	N.	P.	p.	c.
1. Hong Kong	11	6	5	1	0	19	2
2. Chine	9	6	4	1	1	23	2
3. Macao	4	6	2	0	4	4	15
4. Bruneï	0	6	0	0	6	2	29

- **Hong Kong qualifié pour le second tour.**

GROUPE 4B
(Corée du Nord, Japon, Singapour)

Singapour-Corée du Nord 1-1
Singapour-Japon 1-3
Japon-Corée du Nord 1-0
Corée du Nord-Japon 0-0
Japon-Singapour 5-0
Corée du Nord-Singapour 2-0

	Pts	J.	G.	N.	P.	p.	c.
1. Japon	7	4	3	1	0	9	1
2. Corée du Nord	4	4	1	2	1	3	2
3. Singapour	1	4	0	1	3	2	11

- **Japon qualifié pour le second tour.**

2e TOUR
Quarts de finale
(élimination directe par matches aller et retour)

1. Emirat Arabes Unis-Irak
2. Syrie-Bahreïn
3. Corée du Sud-Indonésie
4. Hong Kong-Japon

3e TOUR
Demi-finales
(élimination directe par matches aller-retour)

Vainqueur 1-Vainqueur 2
Vainqueur 3-Vainqueur 4
- **Les deux vainqueurs qualifiés pour le tournoi final.**

ZONE OCEANIE
(Australie, Israël, Nouvelle-Zélande, Taïwan)

3-9 : Israël-Taïwan
8-9 : Taïwan-Israël (en Israël)
21-9 : Nouvelle-Zélande-Australie
5-10 : Nouvelle-Zélande-Taïwan
8-10 : Israël-Australie
12-10 : Taïwan-Nlle-Zélande (en Nlle-Zélande)
20-10 : Australie-Israël
23-10 : Australie-Taïwan
26-10 : Nouvelle-Zélande-Israël
27-10 : Taïwan-Australie (en Australie)
3-11 : Australie-Nouvelle-Zélande
10-11 : Israël-Nouvelle-Zélande
- **Le vainqueur en barrage contre le deuxième du groupe 7 européen. Le vainqueur final qualifié pour la phase finale au Mexique.**